川黔古盐道

与西南地区经济社会发展研究

李浩 著

STUDY ON
THE ANCIENT SALT ROAD
IN SICHUAN-GUIZHOU
AND
THE ECONOMIC AND SOCIAL DEVELOPMENT
IN SOUTHWEST CHINA

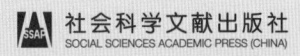

社会科学文献出版社
SOCIAL SCIENCES ACADEMIC PRESS (CHINA)

序

李浩教授的国家社科基金项目"川黔古盐道与西南地区经济社会发展研究"顺利结项，其最终成果即将付印出版，可喜可贺。该项目源于他的博士学位论文《国民政府主黔时期贵州盐政研究（1935～1949）》。

李浩是我 1997 年进入高校任教的第一批学生中克勤克俭的代表。艰苦朴素、孜孜不倦是他最大的品性。在 20 多年的交往中，我们已建立起一种亦师亦友的关系。我曾经对他的博士论文选题、国家社科基金项目的申报论证提出过建议，对他这段时期的学术经历自然比较熟悉。专著面世之际，他让我写个序，自然有其道理，我也无理由推脱。但我对于西南区域史的认识，基本局限于民间秘密结社史（或称中国秘密社会史）的范畴，这几年因学科建设需要，对西南红色文化资源也有所了解，其他方面则知之甚少。因此，名为作序，实则谈谈感想而已。

中国有句俗语叫"民以食为天，百味盐为先"。食盐不仅为人类提供生存必需的养分和味道，也是国家经济发展之命脉和重要的战略资源，事关社会安定乃至国运兴衰。古今中外，围绕食盐所引发的政治、经济、军事、文化、社会事件数不胜数。凤凰网历史电子期刊曾做过一期"食盐与国家权力的轮回"专辑，我由此知道，在欧洲，古罗马文明的兴衰与盐业垄断紧密相连，萨尔茨堡、利物浦、威尼斯、吕讷堡等都市的崛起都与制盐技术和盐业利润密不可分。美洲大陆上玛雅、阿兹特克、印加三大文明的中心都建立在便于获得食盐的地方，美洲的历史可以说是一部以盐为中心的战争史。非洲在发现石油之前，食盐可能是其最重要的经济资源，盐是撒哈拉沙漠中最大的财富。在亚洲，印度国父甘地领导的"非暴力不合作运动"在1930年的"食盐进军"中达到了高潮。日本在"二战"期间对中国进行了大规模的盐业掠夺，并通过设立具有殖民性质的盐务机构达到以华治华的目的。中国上古时期，黄帝和炎帝为了争夺食盐产地连战三场，号称"中华第一战"，其后炎黄部族为与蚩尤争夺池盐而统一，自此奠定了中华民族的雏形。自春秋以降，盐政就是中国传统政治制度和国家治理的重要组成部分，盐税是封建国家财政收入的重要支柱。许多起义和动乱都与盐有关，比如唐末的黄巢、王仙芝，元末的朱元璋、张士诚、陈友谅等人都是私盐贩子出身。在我所从事的中国秘密社会史研究领域，盐与民间秘密结社组织的关系也非同一般，盐场官署一直是秘密会党攻击的重要目标，近代名震海内外的青帮，其源头"安庆帮""安清道友""巢湖帮"等主要就是在运河、淮河地带从事走私特别是贩卖私盐活动。咸丰三年，漕运改为海路后，粮船水手行帮与皖北、江北等地安庆帮、安清道友、以贩盐为生的"青皮党"及著名盐枭融为一体，由此形成了专门从事走私贩私甚至武装贩卖私盐的集团，即晚清三大帮会之一的青帮。

食盐极为重要，但产地分布很不均衡，这就产生了以食盐为主的货运通道即盐道。中国古盐道较多，其中川盐古道因其线路多、辐射广、路况险等而闻名全国。据学者们考证，川盐古道包括川鄂、川湘、川黔、川滇四条线路，始于四川（含今重庆），贯穿整个中国腹地，纵横交错数千里，大多穿行于崇山峻岭和高峡幽谷之中，是明清直至新中国成立西南资源大调配大交换的纽带，不仅极大保障了沿线群众物质生活需要，刺激了沿线村落、城镇、民间组织的形成发展，也促进了大西南地域文化和民族文化的交融。川黔古盐道作为川盐古道的一部分，在长期的历史进程中，逐渐形成了以赤水河、綦江、永江、乌江四条河流为走向的仁边、綦边、永边、涪边四条线路。它们不仅是川黔贸易往来的商道，也是川黔政治联系的官道，同时发挥着巴蜀文化与滇黔文化传播交流的功能。可以说，川黔古盐道形成与兴衰的历史是明清至新中国成立期间西南经济社会变迁的一个缩影。对川黔古盐道的系统研究是全面认识该时期西南经济社会发展的一把钥匙。

尽管川盐古道在很大程度上具有与古丝绸之路、茶马古道相媲美的历史文化价值，学界对于川盐古道的关注却远没有达到丝绸之路和茶马古道的程度。川黔古盐道看起来选题很小，但蕴含的历史信息极为丰富。宏观的如国家权力意志与大西南经济社会的变迁、大传统与小传统的张力、历史文化遗产与西部可持续发展；中观的如不同民族、群体、组织之间的互动，各种利益集团之间的博弈，区域社会的形成与发展，民族文化、群体特征的比较；微观的如个体、家族、村落的爱恨情仇，特定地名的历史记忆，民歌乐舞的文化传承等，历史学、民俗学、社会学、政治学、文化学、人类学、考古学等各个领域的学者都能从中找到自己感兴趣的话题，这也就决定了川黔古盐道的多重研究维度和方法路径。

李浩博士的《川黔古盐道与西南经济社会发展研究》从整体史的视角，比较详细地论述了川黔古盐道的基本情况，从政治、经济、军事、文化教育、民族关系等五个方面系统考察了川黔古盐道对于历史时期西南地区（主要是贵州）经济社会发展的影响，同时对挖掘川黔古盐道历史文化资源助力旅游开发和经济发展进行了一定思考。成果的学术价值和现实意义、研究思路和研究方法、主要特色和创新之处，作者已在该书绪论部分进行了说明，是否精当，读者自会评判，在此不加赘述。我的基本认识是，树立整体史研究的视角意识固然难能可贵，但对于川黔古盐道的整体史研究肯定不是一个课题、一部著作所能完成的。整体史研究不等于总体史研究，总体史研究注重内容的集合，整体史研究强调要素的联系。该书无疑在总体史研究方面迈出了可喜的一步，但离整体史研究的目标还有较大距离。如何把握好"从上往下看"和"从下往上看"的关系，如何强化普遍联系的整体观念，如何消除不同学科立场和理论壁垒，如何实现不同方法之间的有机融合，这些都还有待于本书作者以及其他研究川盐古道的学者们共同努力。

谨此为序。

贵州省史学会会长　欧阳恩良
2020 年 5 月 4 日

摘 要

川黔古盐道是川盐古道的一部分，是以川盐为大宗商品的贸易通道。它们历经川、黔两省，大部分在贵州，包含以四条河流为主的仁边、綦边、永边、涪边古盐道。它们形成于明代，发展于清代，进一步发展于民国时期（1912~1946年），衰落于1946年后。

川黔古盐道不仅是川盐入黔、销黔的重要通道，也是西南地区重要的古官道商路，还是西南地区重要的文化线路。其中千里乌江的涪边古盐道堪称"西南丝绸之路"。有别于丝绸之路和茶马古道，川黔古盐道有着独特的主题内容，给川盐入黔所经之地的政治、经济、文化、社会生活等带来了重要影响。

本书以川黔古盐道形成与发展，古道上建筑、古镇、居民等实体以及古道上政治、经济、军事、文化教育、民族关系变迁为主要考察、研究对象，分析川黔古盐道与西南地区经济社会发展的互动，探讨其内在规律，为当今社会发展提供历史借鉴。

绪论部分分析了关于川黔古盐道的国内外研究动态，指明了本书选题研究的学术价值和现实意义，介绍了研究重点难点、研究思路和研究方法。

第一章介绍了川黔古盐道的发展概况，主要介绍涪边、綦边、仁边、永边四条古盐道形成和发展历史，重点阐释各个时期各古盐道发展概况。

第二章主要围绕"川黔古盐道与西南地区政治发展"展开论述，讲述川黔古盐道古镇政治中心的形成和发展，古盐道沿线地区的盐政管理、会馆治理及帮会治理，思考川黔古盐道对西南地区，尤其是对贵州的政治影响。

第三章以"川黔古盐道与西南地区经济发展"为主旨，介绍古盐道沿线地区经济发展概况，指出盐税是古盐道重要的经济问题，分析古盐道对西南地区交通发展、商业贸易、经济联系等方面的影响。

第四章主旨为"川黔古盐道与西南地区军事活动"，关注古盐道沿线地区与盐务相关的军事措施、军事活动，探讨相关军事活动所产生的影响。

第五章关注"川黔古盐道与西南地区文化教育发展"，概述古盐道沿线地区文化教育发展情况，探析古盐道对西南地区文化教育发展的历史作用。

第六章紧扣"川黔古盐道与西南地区民族交往交流交融"这一主题，描述古盐道沿线地区的民族分布概况，分析古盐道沿线地区的民族交往交流交融状况，探讨古盐道对西南地区民族交往交流交融的影响。

川黔古盐道的历史不仅是一部西南地区交通发展史，而且是西南地区政治经济发展史、文化交流史、民族交往交流交融史。结语部分归纳总结了川黔古盐道对西南地区政治、经济、文化、民族融合等产生的影响。

目 录

绪 论 ··· 1

第一章 川黔古盐道概况 ··· 9
第一节 涪边古盐道 ·· 11
第二节 綦边古盐道 ·· 18
第三节 仁边古盐道 ·· 25
第四节 永边古盐道 ·· 35

第二章 川黔古盐道与西南地区政治发展 ································· 39
第一节 川黔古盐道沿线地区古镇政治中心的形成与发展 ············· 39
第二节 川黔古盐道沿线地区的盐政管理 ······································ 50
第三节 川黔古盐道沿线地区会馆治理 ·· 63
第四节 川黔古盐道沿线地区的帮会治理 ······································ 83
第五节 川黔古盐道对西南地区的政治影响 ·································· 94

第三章 川黔古盐道与西南地区经济发展 ································· 99
第一节 盐税是古盐道重要的经济问题 ·· 100
第二节 川黔古盐道沿线地区商业经济发展 ································ 109
第三节 川黔古盐道对贵州的经济影响 ·· 133
第四节 川黔古盐道对西南地区经济的影响 ································ 148

第四章 川黔古盐道与西南地区军事活动 …… 153
第一节 川黔古盐道与盐务相关的军事措施 …… 153
第二节 川黔古盐道与军务活动 …… 158
第三节 川黔古盐道上军事活动的影响 …… 168

第五章 川黔古盐道与西南地区文化教育发展 …… 171
第一节 川黔古盐道沿线地区文化发展 …… 172
第二节 川黔古盐道沿线地区教育发展 …… 189
第三节 川黔古盐道对贵州文化教育的影响 …… 201
第四节 川黔古盐道对西南地区文化教育的影响 …… 204

第六章 川黔古盐道与西南地区民族交往交流交融 …… 208
第一节 川黔古盐道沿线地区的民族分布概况 …… 209
第二节 川黔古盐道沿线地区的民族交流 …… 227
第三节 川黔古盐道对西南地区民族发展的影响 …… 233

结 语 …… 245

参考文献 …… 251

后 记 …… 262

绪　论

一　国内外相关研究的学术史梳理及研究动态

川黔古盐道既是川盐入黔、销黔的重要通道，也是西南地区重要的古官道商路，还是西南地区重要的文化线路。区别于"丝绸之路"和"茶马古道"，该古盐道以盐运文化为特色，对沿线地区经济社会发展有重大影响。

（一）关于古官道商路的研究

关于古官道商路的研究早已引起国内外学界、政界广泛重视，尤其是著名的丝绸之路、茶马古道等。对已有研究成果进行统计，到目前为止，研究最热门的是丝绸之路，其次是茶马古道。其中关于丝绸之路和茶马古道的研究非常多、非常全面，相关研究成果数以千计，不胜枚举。但有关其他古道的研究还处于起步阶段，研究成果为数不多。如关于西南古道的研究，著作只有蓝勇的《四川古代交通路线史》，论文仅有龙燕怡的《西南古道》、范建华的《西南古道与汉、唐王朝开边》、管彦波的《西南史上的古道交通考释》、刁丽俊的《西南丝绸古道对保山文化的影响》等少数几篇。此与西南古道在历史上的重要地位与作用很不相称，亟须加强这方面的研究。

（二）关于川盐古道的研究

"川盐古道"是始于四川（含今重庆）东部及南部，对鄂、渝、湘、黔产生巨大影响的贯穿整个中国腹地的运盐古道。研究川盐运销及形成的运盐古道，有助于还原川盐古道线路，认识川盐从生产到运输、销售以及各销区民众食用川盐的方式和习惯，以便探讨川盐古道与文化线路、川盐运销与流域开发、川盐古道与区域社会变迁等问题。关于川盐古道的研究，学界也有所关注。2019年12月，以"川盐古道"为篇名在中国知网上进行搜索，相关论文39篇，报纸1篇，会议论文4篇，博硕士论文3篇。相关研究情况主要集中于以下几个方面：一是对川盐古道的定义、分布、特征等基本问题进行了研究，如杨雪松、赵逵的《潜在的文化线路——"川盐古道"》，彭恩的《川盐古道及文化初探》及赵逵、桂宇晖、杜海的《试论川盐古道》等；二是从国家层面、文化角度对川盐古道的形成原因和作用进行了探讨，如李郭的《川鄂古道石柱段的盐运文化及国家力量的渗透》及陆邹、杨亭的《"巴盐古道"在"国家化"进程中的历史地位》；三是研究川盐古道沿线的民居演变、聚落成因问题，如赵逵的《川盐古道：文化线路视野中的部落与建筑》及《历史尘埃下的川盐古道》；四是对川盐古道的保护、开发进行研究，如刘彦群的《川滇黔古盐道与旅游开发研究》及杨国庆、吴晓铃的《川盐古道迈出申遗第一步》。目前关于川盐古道的研究往往只注重某一方面或某些方面研究，还没有全面系统深入思考川盐古道对西南地区发展影响的专题研究。

（三）关于川黔古盐道的研究

川黔古盐道对川黔乃至西南地区的政治、经济、军事、文化、民族关系等发展均大有裨益。但到目前为止，关于川黔古盐道的研究尚未引起学界的高度关注和重视。以"川黔古盐道"为篇名在中国知网上进行搜索，仅有4篇相关论文。但与川盐入黔相关的论文有60多篇，其主要研究情况为：一是对川盐入黔路线及川盐的历史作用进行了初步探讨，如母光信《川盐入黔与仁怀的经济文化》及罗进、魏登云的《仁岸川盐入黔路线及其作用研究》，邓军的《川黔古盐道》展现了川黔古盐道的基本面貌，并针对现状提出了保护与开发建议，该研究再次印证川黔古盐道是重要线性文化遗产，值得学界深层次探析其在历史进程中的作用与影响；二是探讨川盐入黔促进了盐路地方政治、民族现代化等问题，如裴恒涛的《川盐入黔与赤水河流域的社会互动》；三是探讨川盐入黔促进了盐路地方交通发展，如彭恩、阚廷均的《清代川盐入黔与赤水河流域交通和城镇开发》。

从已有研究成果使用资料来看，往往只注重档案资料、地方志等文献资料，或整理成文献汇编，或稍加分析写成评述性文章，缺少综合运用考古资料、口述史资料、田野调查资料的研究；从研究方法上来看，常常采用单一的历史学或文献学来研究，而鲜有综合运用历史学、人类学、考古学、社会学、民族学等多学科交叉方法的研究；从研究内容来看，多数限于初步分析川黔古盐道中的某一段盐道的历史概貌及其作用，而作为川盐古道重要组成的川黔古盐道是重要的文化线路，它有着独特的主题内容，有别于丝绸之路和茶马古道，给川盐入黔所经之地的政治、经济、文化、社会生活等带来了重要影响。目前，尚未有整体系统研究、深层次研究川黔古盐道的成果。同时，目前盐业研究界更多注重对盐政盐务、盐业生产、盐业科技等方面的研究，对盐业运输的关注却远远不够，本研究可在此方面做出努力。

二 研究意义

丝路文化、古道文化研究方兴未艾，在自贡曾联合四川、重庆、云南、贵州、湖北、湖南"五省一市"将川盐古道捆绑申报全国重点文物保护单位之时，在贵州到了决战脱贫攻坚、决胜同步小康最后的紧要关头之际，探讨川黔古盐道对西南地区经济社会发展的影响具有重要的理论价值及现实意义。

（一）学术价值

川黔古盐道的历史是西南地区交通发展史、政治经济发展史、文化交流史及民族关系发展史的重要映射。本书拟以川黔古盐道与西南地区经济社会发展研究为对象，以新的视角、新的方法，全面考察和研究川黔古盐道，深层次诠释川黔古盐道的形成发展、分布及其与地方社会的相互影响、相互作用，具有独特和重要的学术价值。

（1）综合运用历史学、人类学、考古学、社会学、民族学等多学科交叉方法对川黔古盐道进行全面、系统、整体的研究。

（2）从西南地区政治国家化内地化、文化交流、民族融合等深层次、多角度来研究川黔古盐道。

（3）综合运用文献资料、考古资料、口述史资料、田野调查资料来研究川黔古盐道。

本书的研究有利于更加系统地了解西南地区的社会发展情况，可以丰富和完善西南地区政治史、经济史、文化史、民族史、社会生活史等研究。

（二）应用价值

1. 为川盐古道申遗提供学理支撑

2014年4月至7月，自贡市盐业历史博物馆组织相关研究人员开展了"寻访川盐古道"大型学术考察，重走了川黔、川滇、川鄂、川湘、川渝古盐道，累计考察58天，行程1.5万公里。专家组一致认为，川盐古道是西南地区极具文化影响力但尚未挖掘的重要线性文化遗产。贵州素不产盐，其绝大部分食盐，是从四川自流井（今自贡）运入。川盐入黔主要形成了四大口岸，即仁、綦、涪、永四大口岸，其中乌江、赤水河等水运就是重要路线，从重庆涪陵到贵州思南，乌江古道上的盐号"星罗棋布"。故对川黔古盐道展开综合调查，梳理该古道上的文化遗产将有助于将川盐古道打造成全国重点文物保护单位，并为申报世界文化遗产做准备。

2. 为保护开发川黔古盐道提供学术准备

随着现代交通体系的完善，"川黔古盐道"已经失去往日的繁华和喧嚣，历史上沉淀在这些线路上的政治和文化特征却仍旧以物质或非物质的形态存在。随着城镇化、工业化的发展，一些古盐道濒临消失。如随着彭水、沙坨、构皮滩等乌江中下游的水电站新建，目前，乌江水位逐步上升，最能有力见证乌江"川盐入黔古道"文化的码头、纤夫古道、盐商客栈等建筑古迹将沉没江底。同时，其他三条"川盐入黔古道"也因现代交通、城镇等建设，遭到不同程度的破坏。

3. 为开发古道文化旅游、促进地方经济发展提供理论支撑

开发利用川黔运盐古道文化遗产，必将为西南地区经济社会发展添砖加瓦。本课题的研究有助于挖掘古道文化、古驿站文化，打造最有特色的川黔运盐古道驿站名片，发展特色旅游、文化旅游产业，促进地方经济发展。

三　重点难点

重点：川黔古盐道对西南地区政治的影响，重点分析川黔古盐道如何促使川黔一步步加强与中央政府紧密联系问题；川黔古盐道与西南地区经济社会发展的相互影响；川黔古盐道对西南地区文化教育发展的影响与历史表征；川黔古盐道对西南地区民族关系发展的影响等。

难点：对川黔古盐道的每一条线路进行全面、深入的综合调查，需要大量的时间、精力和人力。对见证"川盐入黔古道"文化的码头、纤夫古道、盐商客栈等建筑古迹难以全部一一实地考察。

四　思路方法

（一）基本思路

本书收集整理、分析和辨别相关档案资料、历史文献、地方志及文集等，并实地调查川盐入黔的运输线路，对川黔古盐道与西南地区经济社会发展问题展开全面研究。首先，梳理出川黔古盐道的形成与分布情况。其次，主要运用历史学、政治学、社会学、经济学、民族学的相关原理与方法对川黔古盐道与西南地区政治、经济、军事、文化、民族关系等问题的相互影

响、相互作用进行解读，分析川黔古盐道对西南地区政治、经济、交通、文化和民族交流融合等方面的历史作用，探讨川黔古盐道历史文化功能。最后，探寻川黔古盐道与地方社会互相促进、协调的发展规律，为现代地方经济社会的健康快速协调发展提供历史借鉴。

（二）研究方法

（1）历史文献法。以历史学的实证方法为主，即通过对历史文献资料的搜集整理与分析，掌握川黔古盐道的形成与分布及古盐道上的政治、经济、文化与民族发展概况等史料。

（2）考古研究方法。对古道上的建筑物、碑刻、道路等进行实物考证。

（3）口述史方法。访谈古道上的居民，了解古道上的传说、民间故事和趣闻等。

（4）田野调查法。考察古道重要遗迹，访问相关历史人物，体验"历史现场"，搜集民间文献，收集大量第一手资料，弥补官方资料或地方文献的遗漏和不足。

（5）多学科交叉的研究方法。尽量借鉴历史学、人类学、考古学、社会学、民族学等多学科的基本原理及方法研究川黔古盐道对西南地区经济社会发展的影响。

五　创新之处

（1）从资料上来看，已有研究成果使用的资料往往只注重档案资料、地方志等文献资料。本书拟综合运用历史文献相关资料、田野调查资料、地方志资料、考古资料、口述史资料来研究川黔古盐道。

（2）从研究深度来看，川黔古盐道不仅是古官道商路，而且是政治通道，加快了西南地区的政治发展进程。川黔古盐道是经济改革之道，探索经济、金融现代化之路。其更是移民之路，不断促进西南地区民族交流和融合。但综观目前研究，关于川黔古盐道对于地方经济社会发展的深层次影响的认识远远不够，本书将在此方面做出努力。

（3）从研究方法来看，目前学界关于川黔古盐道的研究方法还比较单一。从研究现状来看，大多数成果主要运用文献分析法或历史分析法。本书实行多学科的交叉研究，即运用历史学、考古学、民族学、社会学等学科的理论与方法进行交叉、综合研究。

（4）从研究时空来看，以往关于川黔古盐道的研究成果，往往只涉及某一时间段或局限于某一地点或只着重于食盐运销某一方面，没有全面整体研究。有必要全面梳理川黔古盐道相关资料并对川盐入黔的运输线路展开综合调查，弄清楚川黔古盐道的主要线路及其特征，还原川黔古盐道历史文化，分析川黔古盐道与西南地区政治、经济、文化、民族关系等方面的互动情况，揭示川黔古盐道的历史作用。到目前为止学界还没有相关方面的专题研究。本书尽量对川黔古盐道进行全方位、全时段研究，涉及从古盐道的形成到衰退的整个历史时期，内容涉及各重要历史时期的政治、经济、军事、文化、民族关系等。

六　相关概念界定

（一）川黔古盐道

川黔古盐道是川盐古道的一部分，是从四川到贵州的以食盐为大宗的商业贸易通道，历经川、黔两省，大部分在贵州，形成了以四条河流为主的仁边、綦边、永边、涪边古盐道。川黔古盐道形成于明代，发展于清代，进一步发展于民国时期（1912～1946 年），衰落于 1946 年后。

（二）西南地区

1840 年以前的中国"西南"，一直是一个动态的概念，各个历史时期所指的"西南地区"的地域范围并不是一成不变的，也不是完全一致的，但是其所指的方向、方位大体是相同的。1840 年以后，"西南地区"所指的地区也没有完全统一的说法。有广义和狭义的说法。广义主要指川、滇、黔以及藏、桂两地,甚至湘、鄂、粤西部地区。如研究民国初年西南军阀的"西南",则涉及川、滇、黔、桂、湘、粤六省区。狭义主要指川、滇、黔三省。本书所讲的"西南地区"主要指川、滇、黔三省,着重指川、黔两省。

第一章
川黔古盐道概况

清朝之前，历代都没有实行引岸制度，直到清雍正七年（1729年）川陕总督黄廷桂、四川巡抚宪德奏行计口授盐之法，提出川盐专商引岸制度，即根据人口定销额，再定行盐路线，各盐场之间逐渐形成场岸流通网络，自此引岸制度开始确立。川盐自计口授盐之后实行计岸和边岸政策，计岸则计口授盐，按人口配售食盐，一般计岸售四川省内食盐；边岸则包括滇、黔两省行销川盐口岸。元代至顺时期（1330～1332年）川盐开始行销贵州。明初，以马易盐，川盐始销云南昭通。滇省虽亦产井盐，但产量不高，需要外地来盐补充。贵州本不产盐，全靠外盐供应。这一时期川盐运销两省，既不经常，且数量不大。清初，川盐生产破坏严重，不可能外销。康熙年间，盐业复苏，滇黔恢复销售川盐。但正式纳入运销计划则在雍正九年（1731年）。川盐行销两省区域，清代称为边岸。川盐入黔在清朝设立了四个边岸，分别是仁岸、綦岸、永岸、涪岸。"而黔岸又分四路，由永宁往曰永岸，由合江往抵黔之仁怀曰仁岸，由涪州往曰涪岸，由綦江往曰綦岸"。[①]由此，川盐入黔形成四大边岸。

1944年，四岸改称为"四边销区"，贵州省档案馆全宗号为M41（财政部贵州盐务管理局）的档案资料记载，民国32年10月至11月，贵州仁边

---

① 赵尔巽等：《清史稿》，中华书局，1977，第3633页。

销区官盐运销各营业处（包括合江、赤水、习水、猿猴、二郎滩、鸭溪、马场坪、金沙、安顺、贵阳、土城、滥泥沟、马桑坪等营业处）将仁岸全部业物（包括盐斤、盐款等）交还贵州盐务管理局的交接文书中已经用"仁边"一词。

川盐进入贵州的路线主要有四条，从东往西依次为：第一条是涪边古盐道，沿乌江上溯至沿河、思南，运销黔东地区；第二条是綦边古盐道，由綦江上运至松坎驿，转陆运至播州各地；第三条是仁边古盐道，经赤水河至仁怀（今赤水），陆运至黔北、黔西北；第四条是永边古盐道，由泸州经永宁河至永宁（今四川叙永），陆运至贵州毕节及贵州西部。① 这四条线路都在长江以南，古盐道以水道为主。其中最长的为涪边古盐道，最短的为永边古盐道。四条盐道主要分布在黔北地区。

涪边古盐道。川盐从涪陵溯乌江水运至龚滩，然后经沿河、德江属新滩、潮砥等地经三次起岸换船至思南，再从思南陆运至石阡、镇远销售；另一路运至铜仁府的则由沿河起岸，陆运经甘龙口、寨英而分销府属各县。

綦边古盐道。川盐经綦江河水运至綦江转运贵州，亦分为两路：一路由陆路运至正安州的安常；一路经赶水至松坎转遵义。到遵义的一路又分为两路：一路陆运至刀靶水转运贵阳；一路陆运至草塘、平越、余庆、黄平等地。

仁边古盐道。川盐自合江溯赤水河至仁怀厅（今赤水），经猿猴（元厚）、二郎滩、兴隆滩至仁怀县属之茅台。自茅台起岸后，分为两路：一路由茅台经仁怀、鸭溪沿川黔驿道至贵阳，再分运都匀、下司或罗斛、定番等地；一路由茅台经鲁班场、打鼓新场（今金沙）、滥泥沟、牛场至安顺。

永边古盐道。川盐由永宁河水运至叙永，也分两路陆运：一路经赤水河（川黔交界处属毕节境）至毕节发运至威宁；一路经毕节至水城、普安厅、兴义府等地集散。②

---

① 夏鹤鸣、廖国平：《贵州航运史（古、近代部分）》，人民交通出版社，1993，第80～81页。
② 《贵州通史》编委会：《贵州通史3：清代的贵州》，当代中国出版社，2003，第236～237页。

这些古盐道开始于明代，发展于清代，进一步发展于民国时期（1912～1946 年），衰落于 1946 年后。

第一节 涪边古盐道

川黔涪边古盐道①，是以四川涪陵为起点，将四川井盐从涪陵转运，溯乌江经过彭水到达龚滩，起盐换船继续沿乌江上溯至贵州境内的沿河、思南、德江、石阡等地，再由各地将食盐分散销售的一条古代运盐道路，其主要水运路线为：涪陵（今重庆市）—羊角碛—江口镇—武隆—洪渡—彭水—龚滩镇—新滩—思渠镇—沿河—淇滩—板场乡—德江潮砥镇—思南县—石阡县。水运到达思南后，分两路进行运输，一路为水运，继续沿乌江支流龙川江运往石阡；一路为陆运，由背夫背往思南县各乡镇以及印江、遵义等地区。由思南水运到石阡的食盐，为川黔涪边古盐道水运的最后一站，食盐到达石阡后，分散发售于各乡镇，同时由背夫或各地商人运往镇远、铜仁及黔中腹地。

一 涪边古盐道的形成

在中国历史进程中，食盐被历代统治者视为稳定疆土的重要物资之一，被严格管控。在明永乐十一年（1413 年）以前，地处西南一隅的贵州分属四川、湖广、云南三个行省管辖，一直属于中央王朝的化外之地，偏离中原文化中心。当时的贵州在政治上没引起中央政府的重视，而是常常以羁縻州

---

① 关于涪边古盐道有不同说法，但是总的来看大同小异。如学者龚锐在《乌江盐油古道文化研究》中认为"涪岸是指四川、自贡、荣县和犍为三地所产盐巴，运抵川境涪陵（今属重庆）后再行转运，溯乌江经彭水至龚滩后，龚滩转运，起盐运船经沿河而达新滩，再次盘滩转运至德江潮砥，然后第三次换船抵达思南；有的盐巴还需第四次换小船，经乌江支流龙川河后抵达石阡。但以上水运码头并非盐油古道的终点，古道在继续向贵州腹地及重庆、湖南边境延伸。从这些码头出发，还经陆运销往三处：一是由沿河通向松桃、铜仁、秀山；二是由思南经石阡龙家坳至思州（今岑巩），再转运至龙溪口及镇远；三是重庆彭水运往正安、务川，这是盐运的主要线路"。

的形式与中央保持着联系。元朝以后，朝廷出于军事上的需要，才开始逐渐加强对贵州地区的管理。

涪边古盐道是依托乌江流域进入贵州的，而乌江古时称为延江、涪陵江、涪江、黔江，直到元代开始称乌江。乌江是贵州境内最早通航的河流之一，早在战国时期，乌江便开始用作运输而被开发，秦昭襄王二十七年（公元前280年），秦国张仪与司马错重视黔中地区的战略地位，溯舟涪陵水（乌江）夺取楚国黔中地，置黔中郡。《华阳国志》就有"从积（今涪陵）南入，泝舟涪水（乌江）……取楚商於之地置黔中郡"[①]的记载。这是关于乌江运输的最早记载。汉到唐，逐渐在乌江沿岸设置州县，唐麟德二年（665年），在黔州设都督府统辖附近各州，自此，乌江支流洪渡河口的洪杜县成为乌江进入贵州的门户，不论是使节的往返、官吏的调迁，还是贡赋的运输都经过乌江，加速了乌江及乌江沿岸州县的发展，人口不断增加，商贸活动不停，从而促进了沿江城镇的形成与发展。

宋初，在施州、黔州等边境之地设置戍兵，由夔州路供应粮食，由于夔州及黔州地区属"蛮地饶粟而常乏食盐"[②]，朝廷便准许"以粟易盐"，以解决民食所需。景德二年（1005年）又同意"以盐易丝帛"[③]。可见，在北宋时黔州边境已开始了粮与盐、丝帛与盐的互换与交易活动，从而使乌江成为主要运道。另外，因宋辽经常发生战争，为应付庞大的财政开支，朝廷便从各路征调物资应急。当时在夔州任转运使的丁谓建议"两川四路绫罗、锦绮、绢布、轴帛等，每日纲运甚多，递铺常有积压。其余药物更有水路纲运，不可胜举……夔州路收买药物，于正帛纲内附，载往荆州转附赴京"。[④]可见，当时四川夔州等地水运极为繁忙，是贸易活动中心。

由上可知，在明以前，乌江沿岸便开始了贸易运输，当时食盐也是其中运输品之一，但多用于军事。从一定程度上来说，明以前乌江上的盐运路线

---

① 常璩：《华阳国志》卷一，齐鲁书社，2010，第12页。
② 脱脱等：《宋史》卷二八三，刘浦江等点校，吉林人民出版社，2006，第6831页。
③ 脱脱等：《宋史》卷一八三，刘浦江等点校，吉林人民出版社，2006，第2793页。
④ 夏鹤鸣、廖国平：《贵州航运史（古、近代部分）》，人民交通出版社，1993，第50页。

是川黔涪边古盐道最初形式。且明以前由于贵州还不是省级行政区，没有统一的行盐销盐政策，故有关乌江沿线的盐运记载并不多。

二 涪边古盐道的发展

明朝时候，涪边口岸成为川盐入黔的重要集散地之一，加速了涪边古盐道的发展。由于乌江横亘贵州中北部，其上游和中游落差大，滩险多。下游思南至河口段水量大，落差较缓，但险滩仍散布于不同河段，其中龚滩、新滩、潮砥最险，食盐运输到此地需卸下货物，更船而行。弘治年间，龚滩成为川盐入黔的重要转运地，是川盐入黔的必经之地。《思南县志》记载，嘉靖十八年（1539年），四川按察使田秋条剌川、贵两台使上疏曰："贵州自开设以来，江流阻塞，盐利不得入贵，官民两病"，于是朝廷便对乌江进行"凿壅疏流，传檄喻商，货盐入贵者赏，民皆乐趋，往来不绝"。万历十一年（1583年），贵州布政使郑雯首次提出疏凿乌江的建议，拟从贵阳省城开南明河、清水河直达思南，最后汇入乌江。万历二十四年（1596年），舒应龙再次提出开发乌江水道以通省城的倡议，并组织渔船、水手、石匠等对乌江进行踏勘，酌估开凿事宜。万历年间，石阡府知府也曾对石阡河进行疏凿，清理了石阡至塘头河道60余里，打通了9处险滩，便利了舟楫往来。乌江河道及其干流、支流的疏凿，使得乌江航运拓展延伸至中游段，盐粮的运输更加便利，增大了运输量。到明万历年间，废除"开中"行纲法，即对于向朝廷缴纳盐税的商人，将其列入纲册，使其拥有合法运销食盐的专利权。将贵州各地划分各食盐销区，如镇远、铜仁等府因近湖广而食淮盐，改为食川盐；思南等地因近四川而继续食川盐。根据郭子章《题征路苗善后疏》记载，在四川射洪、胡才、清平渡、古井口等地收买的食盐，一半运由綦江发卖，一半运由思南发卖，由思南发卖的川盐则由乌江运入。据《酉阳县志》记载，"过往花盐船只抽取税银，每年获利数万"，由乌江进入贵州的食盐数量之多、运盐规模之大可窥一斑。

清初，为巩固政权，安抚边陲，对贵州的治理，一方面继续实行"改土归流"政策，另一方面实行奖励垦荒、减租免税、兴修水利等政策。这些政策促进了贵州经济的发展，一定程度上提升了贵州百姓购买食盐的自给能力，贵州百姓食盐的需求量有所增加。在盐法上，承袭明朝纲法，整饬盐商秩序，实行相对宽松的行盐销盐政策，采用官督商销政策，即由盐商从盐场购盐，分运至合江、涪陵、江津、叙永四岸趸售给销商，再由各销商运至贵州境内销场进行销售或转到贵州各销售点进行零售。据《清史稿》记载："其行盐法有七：曰官督商销，曰官运商销，曰商运商销，曰商运民销，曰民运商销，曰民运民销，曰官督民销，惟官督商销行之为广且久。凡商有二：曰场商，主收盐；曰运商，主行盐。其总揽之者曰总商，主散商纳课。"[1] 川盐实行的便是"官督商销"制，使得岸有专商，引有定额。

雍正九年（1731年），改为"计口授盐"，即按人口多少来进行配盐，规定一日每人配盐五钱，招专商承引。乾隆六年（1741年），川盐入黔引额核计4422万斤，由仁、綦、永、涪四岸输入。到乾隆十一年（1746年），由乌江、綦江输入的川盐共2207引，1655万斤，运销至遵义北部、思南、镇远、平越、都匀等地；由赤水河输入1811引，1358万斤，运销仁怀、遵义西部、修文、贵阳、安顺、开州（今开阳）等地；由四川永宁（今叙永）陆路输入1878引，1409万斤，运销大定、毕节、平远（今织金）、威宁、南笼、普安及云南昭通、镇雄等地。其中前三条线路的输入量约占川盐入黔的70%[2]。清道光年间，四川总督丁宝桢为改善黔省民众食盐之苦，命唐炯督办盐政，制定了"官督商运商销"之法，盐税就场征收，在四川产盐地设官运局，专门管理贵州食盐运销事宜，招商认购认销。并规定由"涪岸"运入贵州盐21载，大约226.8万斤，并将川盐制成四种花色以示区别，而涪岸输入的盐为炭巴形块状，一方面便于搬运，另一方面便于起岸后人背马驮，通过乌江运往各地。

清政府关于贵州的食盐运销政策，一方面，促进了贵州的经济社会的发展，另一方面，使川盐入黔量不断增加，运销范围不断加大。虽然还有部分

---

[1] 赵尔巽等：《清史稿》卷一二三，许凯等点校，吉林人民出版社，2006，第2468页。
[2] 夏鹤鸣、廖国平：《贵州航运史（古、近代部分）》，人民交通出版社，1993，第99页。

老百姓特别是地处偏远的黔民仍过着"盐贵淡食"的生活，但就整体而言，其解决了部分人，尤其是驻军在黔的官员、军民等的食盐问题。

食盐运量的加大，促进了航运的发展。经过明朝政府对乌江航道的疏浚，乌江航运得以发展。清代，政府对乌江进行疏凿。如道光十二年（1832年），思南城南十里的镇江阁带因滩险失事，知府杨以增等组织开辟左岸山径数百米，船舶过滩时客商登岸步行，并首次提倡修凿纤道。咸丰六年（1856年），德江县境一段河道因塌岩而成新滩，水道断航，于是开出两岸搬运道数百米。光绪三年（1877年）四川总督丁宝桢因川盐入黔而上疏朝廷，"川盐入黔，由涪陵至龚滩入贵州，因沿途滩恶险阻，民自愿捐资款，因势利导，加以修整，以利舟楫"，对乌江河运进行整治，沿岸商民欣然捐资，自涪陵至龚滩370余里，疏凿50余座险滩，使之能分端倪航行木船，先后费时三年多，这是乌江航道史上的一次壮举。思南人刘维琼（云开）也曾兴工整治过河运，据民国《思南县志稿》载："……雷洞以上，滩石险阻，数百年无舟船之利。郡人武生刘维琼（刘云开），募众兴工，从雷洞逆流而上，有渔人问津之意。新凿关门石，水由三叉石、银盆，下三滩达余庆属之通本坪，初开码头，未成场市。又由通本坪上开梁家渡、鱼子、毛盖石、三滩达湄潭属之沿江（渡）（贵州巡抚统英初设义渡）。开凿后，定造船只，沿江十五里至安家沱渡，又八里到文家店义渡……一带土产，直达乾溪子，下达四川涪陵。"[①] 综上所述，疏通乌江航运有其必要性，政府及有识之士曾为此做出诸多努力。

与以前相比，相对便利的水运加上盐运带来的巨大利益，吸引了许多外来商人到黔经商，相继出现了许多大盐号。以沿河为例，清嘉庆年间，就有上海人到沿河开设商号，道光元年（1821年），又有陕西人到沿河开设了"天字号"商号，清末民初，私商经营食盐者日众，外地商人来思南经营的有所谓十大盐号。继之又有沿河人来思南开设万丰和、集利云等盐号。他们利用乌江从思南收购大量粮食出省，又转运食盐入黔，其中食盐每年约达

---

① 马震蓖修，陈文燨主纂《思南县志稿》，贵州省图书馆藏，1965，第565~566页。

40000 包（每包 200 市斤），折合 4000 吨。思南商人见有利可图，也竞相效尤，于是恰丰和、张益丰、悦来和、大生号等相继出现，继之，又有沿河商人恒丰源、水昌恒、久如茂、广源长等挤进思南市场，大大促进了思南市场的开发与经济的发展。

光绪三年（1877 年），四川总督丁宝桢开办官运，对川盐实行官运商销，取缔了私商垄断的局面，确定由四岸总体收盐税，不再征收过境税，在四岸及附近各厅县设置售盐岸局。每年行黔水引万余张，记 9000 余万斤，可收课银数十万两。自开办官运商销以来，贵州的川盐数量不断增加，在一定程度上解决了贵州民众生活上"盐贵淡食"的问题。

明清时期入贵州的食盐半数都经由乌江运往思南发卖。清代，川盐经涪陵由乌江转运沿河，复分水陆运至贵州的铜仁、印江、石阡、思南、镇远，四川的酉阳、秀山，湖南的花垣、凤凰、麻阳等地，年数万斤。乌江成为贵州至四川的交通要道，商船运输盛极一时，使涪边古盐道得到了进一步的发展，同时促进了贵州黔东北地区的商品交换和商品流通，促进了商业贸易的发展。

三 涪边古盐道的进一步发展

1912～1926 年，军阀统治贵州，省内派系斗争频繁，各自征收盐税，且盐税名目繁多，对食盐的运销采取放任政策，由商人自由贩运。虽盐价由官方核定，但盐商私加杂费，囤积居奇，抬高盐价，使黔民常常处于"盐贵淡食"之困境，如居住偏远山区的往往一斗米才能换一斤盐，人们的困苦生活不堪想象。经营食盐带来的巨大利益，促使川盐仍然源源不断地运往贵州。各盐商也争先在沿河、思南等地开创盐号，如 1919 年，在石阡县城开店经营川盐的有吉大昌、全美宫、瑞丰衡、聚兴祥、德茂衡、复兴衡、熊义顺、杜池阶、黄兴和等九家盐号，其中以吉大昌、全美宫经营为最；到 1936 年，计有 19 家。各大盐商在石阡、思南、沿河等地开设盐号，销售食盐，获得了巨大利益。据《石阡商业志》记载，民国时期，由思南运往石阡的川盐，每年六七百万斤，其余零销于县内的 60 万～90 万斤，最多可达

100万~120万斤。其余则由盐商分别运往镇远、岑巩、龙颈坳设站转销施秉、三穗、玉屏，以至湖南晃县等①。

经过不断地疏通河道，涪边古盐道进一步发展，盐道不断延伸，直至黔中腹地，从而使进入贵州川盐数量不断增加，打开了黔北地区的市场，有助于缓解贵州"食盐难"之问题。

1937年，日本发动全面侵华战争，致使中国东部以及东北部陷入混乱，南京国民政府西迁至重庆，给西南地区带来了众多人口，对食盐的需求也急剧上升。抗战时期，贵州人口不断增加，食盐的消费量也随之增加。根据《贵州省统计年鉴》关于1939~1945年川盐输入贵州食盐情况来看，每年入贵川盐量在不断增加，其中涪岸平均每年10万担左右，具体见表1-1。

表1-1　1939~1945年食盐输入贵州情况

单位：担

年份	全省总量	川盐总量	仁岸运量	綦岸运量	涪岸运量	永岸运量
1939	905936.4	875370.7	284493.0	208571.8	130838.9	251466.3
1940	881706.3	859014.5	235304.5	205307.2	103679.3	324723.5
1941	942969.5	940228.4	267981.0	195763.8	97588.2	378895.4
1942	1027466.6	1021419.4	256744.4	211190.4	90805.4	462679.2
1943	1068408.0	1066964.2	299044.6	228903.9	96048.4	442967.3
1944	1006742.8	964179.5	260883.9	204537.0	95583.6	403175.0
1945	839369.6	825845.9	228388.3	215507.6	87875.8	294074.2

资料来源：夏鹤鸣、廖国平，《贵州航运史（古、近代部分）》，人民交通出版社，1993，第191页。

四　涪边古盐道的衰退

抗战胜利后，国民党政府迁回南京，重庆作为陪都政治中心的地位不复存在，使因抗战需要而发展起来的贵州水运转向低潮；加上国民党政府全力以赴应对内战，不重视战后经济的恢复发展，导致通货膨胀，社会经济崩

---

① 贵州省石阡县商业局：《石阡县商业志》（内部资料），1988，第14页。

溃，民众购买力降低，致使出现食盐滞销或不销现象。内战期间，疏于航道的管理，航道阻塞，船舶无法航行。随着中国近代化的发展，由于公路、铁路的修建，汽车运输、火车运输更加方便，更加经济划算，水运运输变得更加萧条，进而致使繁盛一时的以水运为主的涪边古盐道逐渐退出历史舞台。

第二节　綦边古盐道

川黔綦边古盐道从江津县出发，沿綦江一路逆水南下，可达綦江县。水运的最后一站为贵州省桐梓县松坎镇，盐船到达松坎镇后便只能椓船卸盐上岸，由背盐工将盐陆运至桐梓县、遵义府、瓮安县、平越直隶州、贵阳府、都匀府、独山县、荔波县等府州县。

一　綦边古盐道路线

（一）水路

綦边古盐道水路以綦江为主，是川盐进入贵州的又一重要通道。綦江在古代地方志的记载中称为"僰溪"或"南江"，如《（民国）江津县志》载："僰溪，在县东南，源自夜郎溪，曰綦河、曰南江皆指此。"[1] 也有学者认为"綦江县至江口入长江处段应称为綦江"。[2] 水运起点为江口码头，终点为桐梓县松坎驿或新站场。总长为600余里。"綦岸则由江津江口以溯松坎小河六百余里，又由松坎至新栈可六十里"。[3] 具体情况：綦边古盐道水运航路的起点应是四川省重庆府江津县江头码头，盐船自自贡运盐至江津江口码头后转江进入綦江航线，沿綦江逆水而上可达綦江县，后继续溯水到达贵州省桐梓县松坎驿始止。虽然松坎至新栈段仍可水运，但是这段水运十分

---

[1] 聂述文修，刘泽嘉纂《（民国）江津县志》，载《四川府县志辑》，巴蜀书社，1992，第542页。
[2] 谭其骧：《中国历史地图集》，中国地图出版社，1987，第50~51页。
[3] 《中国地方志集成·四川府县志辑7》，巴蜀书社，1992，第802页。

艰险，"□①不得凿新栈一带而□□□岩坠石，动塞漕口，旋疏旋遏，船过仍艰，费与陆等，工讫不就"。② 因这段航路艰险，且运输成本很高，所以此航路通常都是被废弃不用的，盐船至松坎便卸盐转至陆运。

（二）陆路

綦边古盐道的陆路运输依托于清代贵州省内的诸条官道和驿站。③ 綦岸的陆路运输起点是桐梓县松坎驿，依托于清朝时期贵州省的诸条官道，一路南下，经过新站场抵达桐梓县，再经过板桥铺、四渡站铺可抵达遵义府城，在这里分两条路：一条路依托湘江、湄江、乌江抵达平越直隶州属之瓮安县；另外一条由遵义府城南下在遵义府与贵阳府的交界地乌江铺渡过乌江进入贵阳府境，再经过养龙司、息烽、扎佐后，抵达贵阳府城。从贵阳府城经龙里到达贵定后，继续往东抵达平越直隶州城（今福泉市），由贵定往南进入都匀府境内，可抵达都匀府城、独山、荔波等府州县。綦边古盐道总长1640里。

二　綦边古盐道盐运概况

因史料记载不足，不能统计清代各时期綦边古盐道的食盐运量。乾隆时期是清朝全盛之期，这一时期綦边古盐道的食盐运量具代表性，鉴于此，用乾隆时期綦边古盐道的食盐运量管窥一斑。

乾隆十一年，贵州总督张广泗上奏"复查川省额行黔引五千八百九十六张，内除綦江彭水等处盐引二千二百零七张……一由川省永宁销引一千八百七十八张……一由合江销引一千八百一十一张"，④ 又乾隆十四年，云贵总督爱必达咨略"查的川盐额销黔引共五千八百九十六张，内有三处口岸，一由川省之彭水綦江等处行销黔属之下游地方者共引二千二百零七张，一由川省合江行销黔属之上游地方者共引一千八百一十一张，一由川省永宁行销

---

① 方志为影印版，因某些原因导致字迹不清，用"□"表示字迹不清楚部分。
② 《中国地方志集成·四川府县志辑7》，巴蜀书社，1992，第802页。
③ 贵州清代驿站区位图可参见《中国历史地图集》第50~51页贵州陆路交通图。
④ 丁宝桢：《四川盐法志》卷十，清光绪刻本影印，第198页。

黔属上游及滇省之昭通、镇雄等处各地方者共引一千八百七十八张"。[1] 两条史料记载的盐引数目相同，四大边岸食盐运量所占比重却有出入。爱必达认为川盐入黔有三处，但是清朝初期川盐入黔四大边岸就已形成，为何爱必达却仅记三处？另外，在张广泗和爱必达的叙述中均有"彭水""綦江"之语，綦江当指綦边古盐道，彭水实际在涪边古盐道运输路线之上，因此，爱必达记载川盐入黔边岸为三处实属谬误，张广泗和爱必达二人应是把綦边古盐道和涪边古盐道的食盐运量记为一体，由此我们可以得出表1-2数据。

表1-2　乾隆时期川盐入黔四大边岸食盐运量情况

单位：张，%

食盐运输边岸	食盐运量（盐引）	所占比重
永边古盐道	1878	31.9
仁边古盐道	1811	30.7
綦、涪二边古盐道	2207	37.4
合计	5896	100

由表1-2可知，就食盐运量（盐引）来说，綦、涪二边古盐道合计占比37.4%。

从运输里程来说，綦岸的运输里程实属四大口岸之最。以清代和民国的相关史籍里记载的里程看，江津江口码头—松坎驿，660余里[2]；松坎—桐梓，140里[3]；桐梓—遵义府城，120里[4]；遵义府城—贵阳府城，280里[5]；贵阳府城—贵定县，110里[6]；贵定县—都匀府，130里[7]；都匀府—荔波县，200里[8]，叠加起来，从江津江口码头到荔波县的运输距离就有1640

---

[1] 丁宝桢：《四川盐法志》卷十，清光绪刻本影印，第200页。
[2] 《中国地方志集成·四川府县志辑7》，巴蜀书社，1992，第802页。
[3] 平翰修，郑珍、莫友芝纂《（道光）遵义府志》，巴蜀书社，2006，第151页。
[4] 《黔南识略·黔南职方纪略》，杜文铎等点校，贵州人民出版社，1992，第253页。
[5] 《黔南识略·黔南职方纪略》，杜文铎等点校，贵州人民出版社，1992，第241页。
[6] 《黔南识略·黔南职方纪略》，杜文铎等点校，贵州人民出版社，1992，第35页。
[7] 《黔南识略·黔南职方纪略》，杜文铎等点校，贵州人民出版社，1992，第84页。
[8] 《黔南识略·黔南职方纪略》，杜文铎等点校，贵州人民出版社，1992，第107页。

里。据梁方仲先生考究,"清光绪三十四年(1908年)重定度量衡时明确规定里制为:'五尺为一步,二步为一丈,十丈为一引,十八引为一里。'在'新制说略'中指出:'长短度分为两种:一曰尺度,以尺为单位,所以度寻之长短也。一曰里制,以一千八百尺为一里,用以计道路之长短也。里制即积尺制而成。盖道里甚长,若仅以尺计,则诸多不便,故必别为里制'"①。又据吴慧先生研究,清代一尺等于今之32厘米②,换算下来,清代的一里路大致相当于今之576米,再换算成今天里程单位,清代的1640里大概为今之940公里。当然,因为上述之里程数结合了不同时期不同史籍的记载,所以得出的数字可能存在偏差,但我们结合綦边盐运路线来看,綦边的盐运贯通了贵州南北,这是其他三大边岸所不及的,所以结合盐运里程和盐运路线来讲,綦边古盐道不管是在运输范围还是运输里程上,都属于四大边岸之最。

綦边古盐道的食盐运输依靠水运和陆运,由重庆府江津县出发,经过水运进入贵州省境内以后,在松坎驿起岸,往南陆运至贵州省之遵义府、贵阳府、平越直隶州、都匀府等地。綦边古盐道的食盐运输范围可达到黔北、黔中、黔南等地区。

三 綦边古盐道盐运特点

(一)滩多险急,舟行不易

清代綦江的水运十分艰险,古籍有"九沱十八子,一百零八滩。子亦滩也"③之说,又有"江多碎石或石脊横亘"④之语,綦江的水运艰险可见一斑。又史载:"舟始松坎至龙沧子而石扼之,至羊蹄洞而石扼之,至盖石洞而石又扼之。羊蹄洞、龙沧子硨矶谽谺,悬绠倒行,空舻而下犹可也,若盖石洞巉

---

① 梁方仲:《中国历代户口、田地、田赋统计》,中华书局,2008,第527页。
② 吴慧:《中国历代粮食亩产研究》,中国农业出版社,1985,第234页。
③ 《中国地方志集成·四川府县志辑7》,巴蜀书社,1992,第803页。
④ 《中国地方志集成·四川府县志辑7》,巴蜀书社,1992,第803页。

岩截业，上下舟不复，相揭来矣"①。

綦边古盐道水运最大危险之处在于盖石洞、羊蹄洞段："盖石洞，在县南八十里，河源出牂牁，乱石如柱，舟楫不通，凡载物至此必雇夫搬运"②，"羊蹄洞，在县南一百里，过盖石洞，舟行亦阻"。③ 滩多必然导致舟行不易，尤其险滩随时可能导致行船搁浅，耽误时日；甚至船毁人亡，"前舟一滞，后舟时椓十余以待"。④ 其间舟行綦江需起滩歇店三次，盖石洞一次，羊蹄洞一次，龙沧子一次，才能抵达贵州桐梓县之松坎。由此，作表1-3⑤以为参考。

表1-3 清代綦江航运滩头情况

河流	滩头（滩）	地方志载险滩数（滩）	起岸数（次）
綦江	108	3	3

（二）江情复杂，一船难达终点

綦江的水面、水深等情况因时因地变化不定，导致一次盐运很难一船从起点运行到终点，途中往往要多次更换不同的船才能完成整个过程。盐从自贡自流井运出，到达江津江口码头后，需换成吨位较小的软板船、双飞燕船才能继续运行，"自贡的盐经江口码头转运进来在真武场专门修有一个盐巴堆站，然后转成10吨以下的软板船运往綦江东溪、贵州等地"。⑥ 虽然，綦江在清朝各个时期都或多或少有整治河道，如"丁文成督川时，改盐官运，悉滩状，岁糜千金铲乱石，尤属羊蹄数洞"，⑦ 但是在清代整治河道技术不

---

① 《中国地方志集成·四川府县志辑7》，巴蜀书社，1992，第803页。
② 宋灏修，罗星等纂《（道光）綦江县志》，载《四川府县志辑》，巴蜀书社，1992，第365页。
③ 宋灏修，罗星等纂《（道光）綦江县志》，载《四川府县志辑》，巴蜀书社，1992，第365页。
④ 《中国地方志集成·四川府县志辑7》，巴蜀书社，1992，第803页。
⑤ 此表从陈熙晋纂修《仁怀直隶厅志》和戴纶喆纂修《民国綦江县志》辑录得出。
⑥ 张亮：《江津盐运古道、盐商刍议》，载《川盐文化圈研究：川盐古道与区域发展学术研讨会论文集》，文物出版社，2016，第225~231页。
⑦ 《中国地方志集成·四川府县志辑7》，巴蜀书社，1992，第803页。

发达的状况下，河道整治也只能是"无成效而滩头石角嗷嗷嘈嘈，不得谓蹇泸犹昔矣"。① 又因为綦江在各航运段的水流急缓不一、江面宽窄不同、江水深浅难料等，如綦江的下游"渐就平缓"，可以航行载运10吨以下的软板船，上游则只能用小船并且"虚舟□□□人力推挽□，乃□过"，② 正如诗云："大船大于五间屋，小船小于一石斛。"③ 从表1-3可知，在水运途中就得换船起运3次。

（三）受天气影响大，航运期短

綦江处于亚热带季风性和湿润型气候地区，特点为夏季炎热多雨，冬季温和少雨。"降水量的多寡直接影响流域径流量的丰枯"。④ 降雨量不足必然导致河流径流量的减少，那么綦江的水面便会变得狭窄，不利于行船。

史载"秋冬水杀寒流没胫，节节为之究难，满载而行，漕口且多狭隘，前舟一滞，后舟时椓十余以待，惟大江水发潮上南江口，可数十里为无阻耳"。⑤ 可见，汛期才是綦江的盐运繁忙期。

（四）古盐道上的纤夫与背盐工

清代，船的动力主要靠水手操桨，有时还得靠纤夫拉船。"船上的人员都是安排好的，撑竿的在船尾，掌舵的在船头。拉纤的纤夫们有前、中、后及两翼的布局，在一根主绳上，分成两翼形成树干与树枝的队形，为主的在前，以便在拉纤方向上和力度上进行协调和指挥"。⑥ 史载关于綦江纤夫的史料较少，我们可以用川盐入黔另一口岸仁岸赤水河的运输来略窥一斑，据今人论述，赤水河的水路运输从合江到赤水县城每天需雇纤夫500~600人，赤水县城至元厚镇每天需雇纤夫200人，元厚镇至土城每天需雇300多人，土城

---

① 《中国地方志集成·四川府县志辑7》，巴蜀书社，1992，第803页。
② 《中国地方志集成·四川府县志辑7》，巴蜀书社，1992，第803页。
③ 《中国地方志集成·四川府县志辑7》，巴蜀书社，1992，第873页。
④ 杨志刚等：《1961~2010年西藏雅鲁藏布江流域降水量变化特征及其对径流的影响分析》，《冰川冻土》2014年第1期，第162~172页。
⑤ 《中国地方志集成·四川府县志辑7》，巴蜀书社，1992，第803页。
⑥ 陈晰：《浅谈巴东纤夫的组织结构演变》，《法制与社会》2009年第34期，第219~220页。

到二郎滩每天需雇400~500人,二郎滩到茅台村每天需雇400~500人,① 可知,仁岸航路至少需要纤夫2000名。綦江险滩林立,"九沱十八子,一百零八滩",盐船行驶不可能单靠水手划桨就能通过,必须雇大量的纤夫拉船,纤夫有本属于船只的船工,但更多的是雇员,也就是专靠拉纤为生的人,"船工是当然的拉纤人,但在险滩流急之处仅凭船工自己的力量就远远不够了,于是在这些地方便聚集了不少专以拉滩为生的人……纤夫经过乱石堆时,还要负责摆纤缆,否则纤绳就会断,造成不可挽回的生命和财产损失"。② 可知,拉纤是门要求较高的技术活,每遇险滩必雇专业的纤夫拉纤,从而衍生出以拉纤为生的群体。綦江险滩矗立,如没有专业的拉纤人员,航运只能陷入停滞状态。

"黔省不产盐,须从川肩挑背负",③ 盐船在桐梓县松坎驿上岸以后,食盐的运输就得陆运,这时候人力运输的重要性就凸显出来,这一类群体通常被称为"背夫""背子客""背老二""背佬儿""力夫""力脚子"。④ 贵州谚语有云"天无三日晴,地无三里平",⑤ 綦边古盐道的食盐运输,路途遥远而且道路艰难,水运的不畅通必然得靠"背夫"。"壮夫二百斤,健妇百斤零"。⑥ 食盐从松坎上岸后得靠"背夫"背运才能抵达各个目的地,否则,贵州民众,尤其是居住在边远山区的少数民族,日常食盐问题更是难以解决。"在特定的历史阶段,背夫承担起了整个西南少数民族地区的盐货补给"。⑦

---

① 罗进、魏登云:《仁岸川盐入黔路线及其作用研究》,《安徽农业科学》2012年第5期,第306~308页。
② 邓晓:《川江航运文化初探》,《中国文化论坛》2002年第2期,第53~58页。
③ 陈熙晋纂修《仁怀直隶厅志》,巴蜀书社,2006,第342页。
④ 满黎、杨亭:《消失的背夫:对巴盐古道盐运主体的人类学考察》,《四川理工学院学报》(社会科学版)2014年第2期,第18~23页。
⑤ 中国科学院民族研究所贵州少数民族社会历史调查组、中国科学院贵州分院民族研究所:《清实录·贵州资料辑要》,贵州人民出版社,1964,第23页。
⑥ 罗进、魏登云:《仁岸川盐入黔路线及其作用研究》,《安徽农业科学》2012年第5期,第306~308页。
⑦ 满黎、杨亭:《消失的背夫:对巴盐古道盐运主体的人类学考察》,《四川理工学院学报》(社会科学版)2014年第2期,第18~23页。

第三节　仁边古盐道

仁边有两层含义，其一，从广义上来讲，仁边即川黔仁边食盐销区，包含今天四川省泸州市合江县、古蔺县，贵州省赤水市、习水县、仁怀市、遵义市、金沙县、安顺市、贵阳市、修文县、息烽县、平坝县、清镇市、黔西市、都匀市、平塘县、丹寨县、关岭县、镇宁县、麻江县；其二，从狭义角度来看，仁边仅是川盐入黔盐运的一个口岸，当时称"仁岸"。这里主要采用第一种含义。

川黔仁边古盐道，是指川盐入黔的第三条运盐道路，自四川省合江县溯赤水河至贵州省仁怀市茅台镇的运盐古道，简称"合茅道"。其具体线路：复兴场—丙滩场—胡市场（今葫市）—猿猴场（今元厚）—土城—瓢儿滩—顺江场—二郎滩—兴隆场—二合树—杨子林—茅台村，茅台之后皆为陆运，分为两路：一经鸭溪分运；二经新场（今金沙）分运。至鸭溪分两路：一路经刀靶水、扎佐至贵阳；一路经团溪、猪场至平越（今福泉）牛场。茅台至新场又运至滥泥沟（今大关）分三路：一是经滥泥沟、镇西卫（今卫城）至清镇；二是经滥泥沟、六广至平远州（今织金县）；三是经滥泥沟、滴澄桥至安平（今平坝）。

一　仁边古盐道的形成

因贵州不产盐，故贵州盐政曾久未被重视，仅存在一些税收机构。但在元朝以前，历代都有对贵州这片地区进行过开发，如唐蒙出使南越、汉在仁怀设符县、唐设播州等。中央王朝在这些地方设置州县。所驻的军队、官员及随军而来的眷属都需要食盐。这些食盐如何运入？经实地考察和访谈老人，在仁边还没有开通以前，川盐入黔主要通过四川叙永、古蔺陆运到贵州毕节、金沙，或者由四川省泸州市合江县福宝镇运至习水东皇镇，盐运至这些地方再转运至贵州其他地方。

明朝之前，对贵州盐运的记载甚少，《华阳国志》中记载："牂牁万寿县（考：晋祥牁治万寿郡，沮则今无据）山沮，本有盐井，汉末时，夷民共诅盟不开。"①《川盐行销之概要》载：元代至顺元年（1330年）十一月壬申朔，云南行省言："亦奚不薛（今贵州）等地所牧国马，以每月上寅日啖以盐，则马健无病。比因伯忽叛乱，云南盐不可到，马多病死。昭令四川行省，以盐给之。"②按照《元史》记载，则贵州食盐运销在元朝时便开始，元代赤水河流域一带隶属于播州宣慰使司管辖，设有仁怀古滋等处行政机构，加上有赤水河通达长江之利，川盐供亦奚不薛，一部分从自流井经泸州用船运至合江，转船溯赤水河而上，到达仁怀古滋等处于合江交界的鲢鱼溪，卸载后转为陆运，靠人背马驮，翻山越岭经崇盘、七里坎至小关子，沿赤水河岸经猿猴、土城至茅台，再转运到亦奚不薛。这一时期的川盐运输直至元末农民大起义而告结束。③但记载仁边地区的食盐运销，在其他比《元史》早的书中并没有被记载。明清以前，川黔仁边古盐道仅是在其雏形阶段，特别是自四川省泸州市合江县福宝镇至今习水东皇镇这一条古盐道，是此时期川黔仁边古盐道的主干道路。

二 仁边古盐道的发展

明朝川盐入黔，基本上以永宁（今四川叙永）、涪陵、綦江三地为集散地，再辅以四川泸州市合江县福宝镇至今习水东皇镇一线及合江县至沙湾塘（今赤水市文化街道）。明朝食盐供应按行政建制划分销区。④明朝实行"开中"使川盐逐渐成为贵州食盐的主要供应地，为仁边古盐道的发展奠定了基础。1380年，景川侯曹震曾奉命对川黔仁边盐道合江至沙湾塘段进行疏浚，运输量达10~20吨的盐船可直达沙湾塘，上中游险滩过多，在河水丰水期，水位高时，盐船能直达丙安或猿猴，此有利于仁边古盐道的迅速发展。

---

① 常璩：《华阳国志》，重庆出版社，2008，第132页。
② 中共赤水市委宣传部：《川盐入黔仁岸赤水》（内部资料），2007，第1页。
③ 苏林富：《明代赤水河盐运》（个人资料），赤水市档案馆。
④ 赵斌、田永国：《贵州明清盐运史考》，西南财经大学出版社，2014，第50页。

为了巩固政权，清政府在贵州实行减租免税、鼓励开垦、兴桑养蚕等政策，促进了生产力的发展，提高了人们的食盐购买力。由于战争的影响，加之改朝换代，"开中"已不适应时代发展。清初，清政府废除"开中"制，实行官督商销，即盐商从盐场购买食盐，将其分运合江、江津、涪陵、叙永，再分售至贵州境内，在贵州设批发市场，最后由批发商贩运至贵州其他地方。因淮盐运输路程过远，成本过高，贵州改销川盐。为方便川盐入黔，清政府积极支持疏通赤水河。川黔仁边古盐道在明代水运盐道仅开通至赤水县，故舟楫仅仅能到达今赤水市，只有汛期才能达到猿猴。《四川盐法志》中记载"又据安顺府议，府属所食川盐俱属小贩由四川永宁县并仁怀县之猿猴肩挑马载至打鼓新场分歧：一自遵义岩孔、鸭池、干沟运至骆家桥约二十站到府，于普定、安平、青镇三县地方发卖；一自黔西州乌溪河运至平远州三岔河、定南等处至镇宁、永宁、郎岱、归化地方约二十五六站发卖。其来已久，实无囤户亦无定数。盐过土城、岩孔、新场、鸭池、骆家桥五处税口。"① 可以看到清朝前期，仁边古盐道的盐运水路仅是自合江至赤水县，水位高时能达猿猴，因此这个时期仁边古盐道大部分地段多以人背马驮为主。因仁边的地理位置重要，所以清朝前期已重视这条盐运古道，据《四川盐法志》记载："查富顺、荣县两厂盐井，盐自雍正八年定章程，均由合江口岸转运黔省仁怀及茅台村等处售销，该二县递年加增引富顺水引一千四百五十张，荣县水引一千八百九十三张。"② 在赤水河中上游河段未打通之时已将如此之多的盐引交由仁边贩运，足见以后开赤水河为盐运道路不是偶然事情。但因运盐只能达赤水县县城，因而盐作为"水引"而到达合江，但有大部分自此合江福宝陆运至仁边其他地方。

1745 年，贵州总督张广泗，因滇、黔铜铅运京费用浩繁，必须从四川运盐到猿猴转运。因此张广泗向朝廷申请帑金三万八千四十二两有奇，疏开

---

① 《续修四库全书》编辑委员会：《续修四库全书》，上海古籍出版社，2002，第 191 页。
② 《续修四库全书》编辑委员会：《续修四库全书》，上海古籍出版社，2002，第 202 页。

赤水河道，上下游一共68滩。1745年10月1日动工，1746年3月1日完工，运铅官试运铅从赤水河到京，但节省不多，后滇、黔铜铅仍旧陆运至京。盐运却能自合江县溯赤水河至茅台村（今仁怀市茅台镇）。但由于当时技术有限，赤水河航运仍没有完全打通，盐船在赤水河不能完全通航，其中二郎滩至兴隆滩30里，仍由陆运。自赤水至茅台的河道被整治之后，大大降低了川盐入黔的运输成本，每年节省脚银数以万计。开通赤水河以后，川盐古盐道又极大地使水路更加延伸至贵州内地，"一自猿猴至仁怀县八站，县城至府城五站，府城至贵阳省城七站，此自猿猴至遵义府城一十三站，至贵阳省城二十站也"。① 因此盐引也随之增加，"乾隆十年，由合江销引一千八百一十一张，系赴仁怀、遵义、修文、贵阳、开州、安顺等处各地方发卖，各引均有定额。今开通赤虺河道直接猿猴，盐由水道，脚价省便，客贩势必争赴，似应增行仁怀猿猴之引，招商济运以裕民食。查仁怀之引既增，则永宁之引似应改配，但查永宁一路，大定、昭通等府盐贩向系自买驮马、牛只运盐以为生计，未必能改为水运，且现在生齿日繁，盐价昂贵之时，不妨水陆并运，使盐多价减，以惠民苗。"后又"暂为量增六百引，试销一年"，一年以后，又提出增加盐引，"乾隆十一年，增引水引三百三十六张，路引八十三张，由永宁、合江运黔行销，其余如有新井可以运黔行销者，应令川抚酌量增引……"，但是最后因盐产跟不上，故只能由"富顺县增引一百五十张现由合江运黔配销"。② 疏通仁边古盐道的赤水河之后，仁边古盐道每年正常运输食盐1811引，1358万斤，运销仁怀、遵义西部、修文、贵阳、安顺、开州（今开阳）等地。③ 但是好景不长，清朝咸同农民起义，盐政败坏，引岸相互掠夺，私盐猖獗，致使盐价高，民食淡。为了整顿川盐运销，解决贵州长期存在的"盐贵淡食"问题，丁

---

① 《续修四库全书》编辑委员会：《续修四库全书》，上海古籍出版社，2002，第193页。
② 《续修四库全书》编辑委员会：《续修四库全书》，上海古籍出版社，2002，第198页。
③ 夏鹤鸣、廖国平：《贵州航运史（古、近代部分）》，人民交通出版社，1993，第99页。

宝桢①录用唐炯②举荐的华联辉③，最终经历五个月的商议，议定在黔境改革盐运。

四川及贵州经过咸同农民起义，川盐入黔四大边岸的商人几乎全部逃匿，政府多次招募，皆无一人认商，官督商销无以为继。最后，丁宝桢决定实行"官运商销"以改革川盐。丁宝桢在泸州设立黔边岸官运总局，督办"官运商销"一切事宜，在犍、富、射三厂设购盐分局，永、綦、仁、涪四边岸及附近各厅县设售盐岸局。④ 川盐改革以后，使岸有专商，引有定额。仁边至此有了具体盐商商号。仁边岸四家，清朝光绪年间为永隆裕、永发祥、协兴隆、义盛隆。这样使仁边运量增长，对运盐河道要求更高，因此修缮河道十分急迫。1878年，赤水河总办官运盐的唐鄂生提出治理要求。唐鄂生的建议得到四川总督丁宝桢的支持，报请朝廷，并得到批准。于1879年正式开工。起初，部分靠运盐为生的群众有抵触，阻挠者很多，由于政府态度坚决，最后工程得以顺利进行。此次修缮范围自茅台至合江，整治险滩33处，再次疏浚了合江至茅台镇500多里的运盐航路。清朝时期两次对仁边古盐道的整治，使仁边古盐道迅速发展壮大，为以后仁边成为川盐入黔最大岸口铺垫了道路。

综上所述，明清时期川黔仁边古盐道的水运运道经多次疏浚，使盐运里程不断扩大。明朝开通了合江县至赤水盐运段的盐运，改变了仁边一直以来从合江福宝以陆运的方式运盐进入贵州地区的局面，但明代盐运政策不以盐为营利目的，只以稳定社会为主要目的，故使仁边古盐道的航运并没有完全打通，运量虽然较前朝得到增加，但是仍未能彻底改变贵州民众"盐贵淡食"的局面。清代乾隆年间及光绪年间的两次疏通整修赤水河，使川黔仁边古盐道更加顺畅。

---

① 丁宝桢（1820~1886），字稚璜，贵州平远（今织金县）人，咸丰朝进士，光绪二年，被任命为四川总督。
② 唐炯（1829~1909），字鄂生，贵州遵义人，晚号成山老人，道光举人。
③ 华联辉（1833~1885），字柽坞，贵州遵义人。
④ 赵斌、田永国：《贵州明清盐运史考》，西南财经大学出版社，2014，第80页。

1883年，贵州除了开泰（包括今锦屏地区）、古州、黎平、永从及独山、荔波并销粤盐以外，其余已尽是川盐销区。民国初期，各省纷纷独立，因此盐法松弛，致使川盐入黔四大口岸发展极大不平衡，同时川盐销盐区也渐渐被粤盐、滇盐、淮盐倾销。1915年，川盐运销改由公司管理，成立了川区运盐公司，改"官运商销"为"官督商办"。1916年，公司运营又取消，任商人自由贩运，此后十年皆是如此。由于军阀横行，加上川盐在民国时期基本上处于自由贩运，致使盐运日益凋零，川盐入黔四大口岸呈两极发展，仁岸、綦岸得到了快速发展，而永岸、涪岸则停滞不前甚至向后倒退。如仁边盐号在清朝光绪成立的四大盐号，即永隆裕、永发祥、协兴隆、义盛隆，民国时期又新加上郭昆甫及仁边商人新开设的云盛通、大昌荣、德顺昌、同义祥，合称仁岸"八大盐号"，到了1915年，仁岸又增永盛隆、荣盛通、大昌荣、新记四家大盐号；綦岸在光绪年间设立了全兴益、义益号、恒昌裕、宝兴隆、天全美、大生美六大盐号；永岸在光绪年间著名的有永昌公等八家大盐号，永岸盐运历史较为悠久，故而在清光绪年间吸引了资金雄厚的盐商，发展最为顶峰时有盐商五十余家；涪岸则聚集了义字号、天字号、恒顺号、恒升元、大兴公等八家大盐号。涪岸在川盐自由贩运过程发展最为滞后，因涪岸乌江船型特殊，无人自备，日趋减少，盐运至少短销近三分之二。以1932年为例，沿河县境盐船仅存50余只。[①] 军阀割据，兵匪难分，对整个贵州盐运皆有影响。

三 仁边古盐道的进一步发展

1935年10月，国民政府接管贵州，对贵州盐运做了一定的整治，特别是对赤水河道又进行了一次疏通。1937年，日寇发动卢沟桥事变，淞沪会战失利，淮域沦陷。国民政府导淮委员会奉令西迁，受命整理西南各省水道，借谋军公物资转输之畅通。1941年，国民政府因赤水河为川黔运盐要道，唯险滩栉比，航运困难，授命导淮委员会整治。1941年12月，成立赤

---

① 赵斌、田永国：《贵州明清盐运史考》，西南财经大学出版社，2014，第93页。

水河水道工程局，设局于合江县九支，派吴溢为局长以董其事。为实施工程顺利起见，先后在复兴、猿猴、罐子口分设三个工务所，负责推进各段应举之工。另在合江设置办事处，司转运物料器材之责。1942年春，赤复段首先开工。是年冬，工段进展至猿猴；1943年冬，进展至猿土段、马茅段；1944年冬，土郎段均依次兴工。各段概以炸险去浅为主，修辟纤道及丁坝、顺坝、潜坝之治导工事为辅。1945年8月，抗战胜利，导淮委员会奉令复员，赤水河整理工程结束。此次修缮赤水河，将素不能通航之重大滩险大猿猴滩打通，其次如赤猿段大小丙滩、鸭岭三滩、葫芦垴滩、大石梅滩、元土段之黄泥滩、燕滩、落妹老滩、土郎段之滚滩、马茅段之马岩滩、陶公滩、蚂蝗沟滩等，均经加工整理，化险为夷。

1912年至1935年，贵州政权大多数情况下被军阀所控制，盐运无章程，致使盐运停滞，仁边古盐道发展受阻。1937年，日寇侵华，国民政府执行消极抗日政策，致使中国东部、东北皆沦陷于日寇铁蹄之下，国民政府迁首府至西南重庆。因国民政府的迁入，西南地区来了众多外来人口，食盐需求量急剧上升。

这个时期，仁边古盐道同其他运盐古道一起得到较大发展。为保证抗战后方食盐的充足和仁边古盐道的畅通，国民政府给予盐运工准予免服兵役。1937年至1945年，为满足战时物资的需要，兴建公路，整理疏浚盐道，仁边古盐道的盐运水陆盐道延长到1028.50公里，成为贵州运盐量最大的盐运线路，年运输27720担。[①] 抗战时期，仁岸盐运自合江到赤水，经丙安、猿猴、土城等地至二郎滩，再转陆运至茅台，后分两路：一经仁怀、鸭溪、扎佐等地至贵阳，再转龙里、贵定、马场坪等地至都匀，全程694公里；一经新场、滥泥沟等地至安顺，全程841公里。[②]

据1943年交通部川盐驿运干线主任办事处运输科调查，合江至赤水间有盐船100艘，其他船只500艘；赤水至猿猴（今元厚）有盐船200余艘，

[①] 《贵州六百年经济史》编辑委员会：《贵州六百年经济史》，贵州人民出版社，1998，第350~358页。

[②] 顾文栋：《抗战时期贵州盐运纪略》，《盐业史研究》1995年第2期，第42页。

其他船只300余艘,载重10~15吨;猿猴至二郎滩间有盐船140只,其他船只150只,载重5~6吨;马桑坪至茅台间有盐船160只,载重4~5吨,单是盐船就有5000多吨运力。抗战期间,仁边古盐道航运得到空前发展,从事盐运人员也不断增加,特别是在二郎滩至马桑坪段仍靠人背马驮,附近以此为生的人数有2000余人。[①] 抗战时期,汽车已经开始被用于川盐入黔运输,但运量有限,据《贵州财经资料汇编》载,仁边岸用于盐运的车辆有55辆,綦岸40辆,永岸30辆,共计125辆汽车,此时汽车盐运多用于辅助作用,即配合盐运装运。1939~1945年汽车年运量在0.4万~1.34万吨区间波动,不过发展至后来,汽车运盐对水陆运盐还是产生了影响。

四 仁边古盐道的衰退

抗战取得胜利以后,国民政府于1946年5月5日从重庆迁回南京,许多政府机构及高校都迁回原地,人口减少,再加上许多现代交通工具的出现,仁边古盐道盐运及货运都急剧下降,因抗战而达到发展顶峰的仁边古盐道急速衰落。特别是抗战胜利以后,国民党准备发动内战,1946年内战爆发,致使社会经济逐渐接近崩溃,加之贵州境内各种自然灾害不断,仅1947年贵州受灾县市达42个,到1949年仍有24个县市受灾害困扰。人们生活极度贫困,购买力极低,而盐仍不断运入,致使仁边盐的供销产生矛盾,食盐开始滞销。由于食盐滞销,运价不合理,以盐运为生的各船户为了生活,不得不向政府提出救济申请:

赤水县赤猿段盐船商业同业公会请愿书
(民国36年10月11日发)[②]

窃查仁边巴盐进口,向由本段于上下盐船提载专输内岸,在抗战数年当中,粮价物价日趋膨胀,公家对于运缴工资,历次并未核足,因之

---

① 夏鹤鸣、廖国平:《贵州航运史(古、近代部分)》,人民交通出版社,1993,第191~192页。
② 赤水市档案馆,全宗号:166-10,案卷号:186。

船户运官盐，每次无不亏损甚巨，当时以大后方民食为重，战时义务应尽之责，不得不劝导同业忍苦，望于胜利之后，公家当从体恤施以补助。殊至倭寇投降，均皆失望，负累者至今无法解除其痛苦，旋即开放商办，现在军费仍由公家管制，近年百物价格无不回涨，现在米价斗五万余元。关于运缴工资，仍未切实调整，且每次调整增费，又须县政府同意证明，公文所往返，往往迟至月余，所加之费尚未奉到，而物价又已上涨，望尘莫及，又加重承运人之亏累。复查现时各种工人作工，所有工价无不增高，每日均在五六千元，如以拉船纤夫而论，公家现在核发之工价每日仅二千余元，除应备工具以外，何能养活家口，比之顺江船纤工赴渝者，每人每日达五千余元，而外有带收货物。致于船缴一项，每次由承运人购航行米粮菜蔬及沿途现在实际盘缴杂费一切开支，现在实际净差壹百五六十万元之巨，虽经报请调整，但事实上并未切其实际，致使船户一再亏损负累奇重。前此所受痛苦殊难胜言，退业他徒，变价出川，已经数见，又值兹米珠薪桂之年，船户留于艰难当中，现在进退无所适从，困窘莫法，复因工资不足，纤夫多被高价受雇他往，应雇者甚少，致使运道迟缓，而盐载减少改由海棠溪转运，业务大受影响，兹为请求代表伸张民意，恳予救济起见，理合具情请愿，恭祈钧会鉴核惠准提议转请县政府与盐务机关按时切实调整，使将船缴及纤工资核定足，挽回盐运载额，得以力谋加强赶运，证明文件赐予时间上便利迅速颁发，俾减轻船户亏累，以畅盐运，而重民食，均沾大德无暨。

抗战时期，通过各种运输发展起来的船户，到了解放战争时期，无盐可运，许多船主只得将船只售卖或改运百货，创业同公会当局却极力想挽留这些船户，限制船户售卖船只或改运其他业务，甚至还出台了成字第1810号文件[①]：

  赤水上河民船商业同业公会览。案据利民盐号赤水分号赤运四九〇

---

① 赤水市档案馆，全宗号：176-1，案卷号：18。

号代电称"查属商盐斤之循仁边旧道（合赤至茅台）入黔者原仅月额数载。自报端披露□增配销需二万担后，最近川康局陈局长应邀来黔与谷主席会商决定增加月额并拟发除车运将原循海棠溪内运之盐斤改由旧道入口，是仁边旧道之运输今将肩负月额十七八载之重任已，为期不远惟查赤郎线运盐船只因过去船多盐少，难维生活，纷纷将船转卖出河以致目前仅余大中小舟八十只左右，刻仍继续有船出卖值兹盐载加增之际，倘不予以制止，不特将来难期达成供销任务即赖盐运为生之贫民亦将大受影响，为特恳请准即转饬赤水县上河民船商业同业公会限制运盐船只交易范围为（一）交易行为成立后，该船只仍负运盐责任，不得驶离赤水河改运百货，（二）如逾第一项范围，企图出大河改运百货者一律不准交易。右述两项理合电陈钧府鉴核祈赐明令实行，用维运输为祷。"等情据此查该号，所呈尚属实情，让该会严密查禁转饬所属各船户以后，不准擅自卖船，如因生活逼迫，必须卖船时应呈请该公会卖给本业同业人，违者重究，仰即遵照县长钟玉成（卅七）酉（删）印。

国民党政府为保障其内战的胜利，大肆增派粮税，致使工、商、农等业萎缩，而盐作为其税收的重要来源之一，政府提高盐税，致使盐价又加价，而内战使人们购买力下降，逐渐使盐的供销形成巨大的剪刀差。1945年《贵州日报》报道："政府于最近将食盐加价后，民众购买力极弱，致使食盐滞销，常有数日不销现象"（见表1－4和表1－5）。

表1－4 1940～1949年食盐购销统计

单位：担

年份	购进			销售		
	合计	公盐	商盐	合计	公盐	商盐
1940	945796	151930	739865	884940	146810	738139
1941	1006298	209850	796448	820366	212012	607445
1942	1021419	243751	777668	901880	160622	714258

续表

年份	购进			销售		
	合计	公盐	商盐	合计	公盐	商盐
1943	1068405	128404	940001	1024935	225572	799383
1944	1006743	37600	696143	921805	112552	809253
1945	835370	49600	787700	786951	74310	712614
1946	718599	262210	456389	794438	165938	608500
1947	861991	355200	502791	883200	468301	414899
1948	708262	143203	565059	636313	82124	554189
1949	480198	—	—	489712	84872	404838

资料来源：纪勇，《贵州省商业志·盐业篇》（内部资料），1989，第 11~12 页。

表 1-5　贵州食盐运销情况统计（1943~1949 年）

单位：万斤，%

年份	配额		运量		销量	
	盐局核定数	为最高年的比例	总额	为最高年的比例	总额	为最高年的比例
1943	10524	100	10684	100	10249	100
1944	10524	100	10067	94.20	9218	89.90
1945	10524	100	8394	78.60	7870	76.80
1946	10524	100	7186	67.20	7944	77.50
1947	9023	85.50	8620	80.70	8832	86.20
1948	8122	77.20	7083	66.30	6363	59.60
1949	—	—	4802	44.90	4897	47.80

资料来源：夏鹤鸣、廖国平，《贵州航运史（古、近代部分）》，人民交通出版社，1993，第 223 页。

仁边古盐道最初为解决贵州民众"盐贵淡食"问题而开辟的运盐通道，而由于各种原因，并没有完全解决贵州民众"盐贵淡食"的问题，但其发展到抗战时期，为抗战的胜利发挥了较大历史作用。如今仁边古盐道虽已退出运盐历史的舞台，但已被发展成美丽的旅游通道，继续发挥着其重要功能。

第四节　永边古盐道

"永边"又可称为"永岸"，《中国盐政史辞典》释义："永岸"即"永边岸",是"永边岸"的简称,川盐引岸之一。[1] 川黔永边古盐道是川盐由叙永县进入贵州省境的第四条运盐通道。

一 永边古盐道盐运路线

学术界对永边古盐道的运盐路线有颇多研究,如程龙刚、邓军的《川盐古道调查简报》[2] 和《川盐古道的路线分布、历史作用及遗产构成——基于2014～2015年的实地考察》[3],赵逵、杜宇晖、杜海的《试论川盐古道》[4],赵逵的《川盐古道的形成与路线分布》[5] 等。学界基本认同永边古盐道的盐运路线先是盐船自纳溪转江换船进入永宁河,逆水而上到达叙永县,盐船起岸卸盐存仓,然后通过陆运进入黔境,"主线是叙永县—普市—赤水河—金银山—毕节县—兔场—南毗—水程(城)厅—鸡冠营—代马—普安厅。可分为两条主要分线,其一是经过叙永的雪山关到大定的瓢儿井再到大方、织金、普定、安顺、永宁、镇宁,其二是叙永—赤水—毕节—大方—黔西—威宁—水城—兴义—盘县"。[6]

清代《四川盐法志》对永边盐道的盐运路线有较为详细的记载,永边盐运主要配犍为厂和富顺厂之盐。犍为厂盐在四望关、大河坝、县门关、江安县、纳溪县各盘验一次,富顺厂盐在盐关、邓井关、泸州、纳溪各盘验一次,尔后,转江进入永宁河,到叙永县起岸转为陆运,可运抵贵州省之安顺府(今安顺市)、府属之普定县(今普定县)、镇宁州(今镇宁县)、永宁州(今关岭县)、清镇县(今清镇市)、安平县(今平坝区)、郎岱厅(今六枝特区),大定府(今大方县)、府属之平远州(今织金县)、黔西州

---

[1] 宋良曦、林建宇、黄健、程龙刚:《中国盐政史辞典》,上海辞书出版社,2010,第153页。
[2] 程龙刚、邓军:《川盐古道调查简报》,载《川盐文化圈研究:川盐古道与区域发展学术研讨会论文集》,文物出版社,2016,第225～231页。
[3] 程龙刚、邓军:《川盐古道的路线分布、历史作用及遗产构成——基于2014～2015年的实地考察》,《扬州大学学报》(人文社会科学版)2016年第4期,第67～74页。
[4] 赵逵、杜宇晖、杜海:《试论川盐古道》,《盐业史研究》2014年第3期,第161～169页。
[5] 赵逵:《川盐古道的形成与路线分布》,《中国三峡》2014年第10期,第29～45页。
[6] 程龙刚、邓军:《川盐古道的路线分布、历史作用及遗产构成——基于2014～2015年的实地考察》,《扬州大学学报》(人文社会科学版)2016年第4期,第67～74页。

(今黔西县)、威宁州(今威宁县)、毕节县(今毕节市)、水城厅(今六盘水市)、兴义府(今安龙县)、府属之兴义县(今兴义市)、普安县(今普安县)、安南县(今晴隆县)、新城(今兴仁县)、贞丰州(今贞丰县),普安直隶厅(今盘州市双凤镇)。① 亦有今人研究指出:"由永岸运进之盐,从永宁河经叙永入黔,一路销大定、安顺,一路经毕节、威宁、水城、平远至兴义。"② 相关文史资料对永边盐行黔之路线有非常详细的记载,现兹录于下,以供探讨:

川盐经永岸运入贵州,计分以下七条古道路线:

第一条路线:叙永至普安厅。途经里站:普市50里,赤水河110里,金银山100里,毕节60里,兔场100里,南毗120里,水城厅80里,冠鸡营110里,代马90里,普安90里。由叙永至普安,全程共910里。

第二条路线:叙永至威宁州。途经里站:毕节320里,七星关100里,七家湾100里,威宁120里。由叙永至威宁州,全程共640里。

第三条路线:叙永至新城。途经里站:七星关420里,挪呼100里,水城厅50里,八家寨60里,高石坎70里,立牌120里,地瓜坡120里,新城100里。由叙永至新城,全程共1040里。

第四条路线:叙永至妈姑河。途经里站:七星关420里,黑童(疑为"黑章",即今赫章县),妈姑河60里。叙永至妈姑河,全程共530里。

第五条路线:叙永至贞丰州。途经里站:普宜100里,飘儿井180里,大定府90里,兔场140里,鸡场100里,郎岱厅100里,贞丰州180里。叙永至贞丰州,全程共890里。

第六条路线:叙永至归化厅,途经里站:飘儿井280里,茶店190

---

① 丁宝桢:《四川盐法志》卷十,清光绪刻本影印,第208~210页。
② 何伟福:《清代贵州商品经济史研究》,中国经济出版社,2007,第260页。

37

里,平远州71里,三岔河110里,安顺府70里,归化厅140里。叙永至归化厅,全程共860里。

第七条路线:叙永至永宁州。途经里站:三岔河430里,镇惟(宁)州100里,永宁州100里。叙永至永宁州,全程630里。①

二 永边古盐道食盐运销概况

永边古盐道食盐运销量在四条盐道中是比较大的。在一定时期,永边古盐道食盐运销量最大时,差不多占了入黔川盐总量三分之一。

自雍正以来,川盐产量大增,每年的引额也在增加,比如清初顺治八年,四川盐务疲敝,只行4940张盐票,康熙二十五年改行盐引7204张,到雍正八年行水引10027张,雍正九年行11168张,乾隆十八年增至14899张②。乾隆时期,川盐行黔水引有5896张,川盐行黔引额占四川盐引总额的40%左右,不难看出,贵州省在当时绝对是川盐行销的重要区域,这也证明贵州省之于四川盐业发展的重要性。由此可见,当时永边盐道的食盐贸易当是十分繁荣的。清代之后,永边古盐道仍是川盐销黔的重要通道。民国时期,该盐道仍是川黔的交通主动脉之一。1946年以后,随着历史的变迁,永边古盐道逐渐退出运盐历史舞台。

川黔古盐道产生、发展、衰落的历史告诉我们:人是发现世界、改造世界的生力军,是人类历史的缔造者。历史上人们对食盐的渴求与依赖呼唤并造就了川黔古盐道的开通与发展;同时川黔古盐道也深刻影响了西南地区民众的生产、生活乃至社会发展进程。因社会的高速发展,尤其是交通发展,人们不再依赖古盐道从而使古盐道失去了往日的辉煌和光彩。

---

① 政协毕节县委员会文史资料委员会《黔西北地区川盐运销史料》专题协作组:《毕节文史资料选辑·第六辑》(内部资料),1988,第104~105页。
② 吴铎:《川盐官运之始末》,载陶孟和等主编《中国近代经济史研究集刊》第2册,国家图书馆出版社,2008,第150页。

第二章
川黔古盐道与西南地区政治发展

　　明代，为了抵制元蒙骚扰、有效控制西南地区，贵州地区成为重要通道。为了牢牢掌控这一通道，明政府设贵州布政司，使贵州成为省级行政区，进而促进了川黔古盐道的发展。川黔古盐道成为各种要素的交汇区，其政治和军事的作用突出，中央及地方政府异常重视这些盐道，并在盐道沿线区域设官建制，从而使盐道要地成为重要的政治活动中心。川黔古盐道的形成和发展反映了川黔地区乃至西南地区内地化、近代化的过程，是对政治变化发展的观照和映射，更是各种政治力量博弈的结果。

　　本部分阐述川黔古盐道与西南地区政治的相互影响、相互促进。在川黔古盐道沿线地区设官建制、颁布政策等促进了西南地区，特别是川黔地区内地化；地方政府开发、管理盐道影响了川黔古盐道发展。

第一节　川黔古盐道沿线地区古镇政治中心的形成与发展

　　马克思主义认为，经济决定政治，政治反作用于经济。经济的发展直接决定着政治活动。川黔古盐道沿线地区古镇政治中心的形成和发展历史充分体现了这一道理。

一　古镇政治中心的形成

　　早期的贵州，没有城镇之说，直到明永乐十一年（1413年）贵州建省以后，才逐渐兴起，但一般规模较小，职能比较单一，均是以军事政治职能为主，而且数量少，分布也不均匀，往往设在土司所在地。随着川盐运黔的开始、发展和繁荣，盐道沿线地区逐渐形成城（场）镇。这些城（场）镇形成后，国家为了方便征税和治理，便在这些地方设立行政机构，进行有效管理。这样这些城（场）镇便成为行政中心，并反过来促进了这些城（场）镇的发展。

因川盐入黔和食盐运销而兴盛起来的有名和有特色的城（场）镇有许多，如在川黔涪边古盐道沿线地区的彭水镇、思南镇、龚滩镇、和平镇、淇滩镇、洪渡镇、杨柳池镇、石阡镇、板场镇、塘头镇、潮砥镇、文家店镇等（见表2-1）。

表2-1　川黔涪边古盐道上城（场）镇一览

地区	名称	特征描述
重庆酉阳	龚滩镇	龚滩古镇属于重庆市酉阳土家族苗族自治县，坐落于乌江与阿蓬江交汇处的乌江东岸，隔江与贵州省沿河县相望。曾是乌江上著名的险滩之一，距今有1700多年的历史。因是乌江上重要的盐运码头而兴建起来的古镇，是川、湘、黔客货水路的重要转运中心。至今仍保留有"西秦会馆""川主庙"等商号
贵州沿河	和平镇	和平镇为今沿河土家族自治县治所在地，位于乌江下游，受乌江影响，开发较早，是龚滩至新滩间的重要码头，在历史上曾是铜仁、玉屏、石阡、思南、酉阳、秀山等地食盐与农副产品的集散地，是重要的商贸中心，其中，食盐是和平镇在乌江航运中的大宗物资
	淇滩镇	淇滩镇，在沿河县城南部，距县城10公里，曾是乌江上的一个险滩，也是川盐进入贵州的必经之地，是"巴盐"的集散贸易中心，在淇滩镇上，能够见到存储食盐的"仓库"，曾有"沿河第一大集市"之称
	洪渡镇	洪渡镇是乌江从贵州境进入重庆境的最后一个乡镇，距沿河县城76公里，其航段主要是龚滩至贵州出境界石彭之间，因此航段险滩较多，洪渡成为该航运段重要的物品集散和航运人员的休息地
	杨柳池镇	杨柳池在川黔涪边古盐道航运中占有十分重要的地位，据调研，乌江龚滩至新滩航运段的歪屁股船大部分是杨柳池田姓土家族木匠建造的

续表

地区	名称	特征描述
贵州德江	新滩镇	新滩镇位于德江县东北33公里处,靠近乌江,因乌江下游三大险滩之一而得名,是川盐溯乌江进入贵州腹地的必经之地。在通航前,川盐运至此段后必须下船,经人力搬运过滩后再上船航运,因此,新滩成为重要的食盐转运地,大量航运人员和商贾将货物运至新滩后,便将部分物资在此集ား转运,促进了新滩的发展
	潮砥镇	潮砥镇位于德江县东南部,距县城30公里,西南与思南县相接,是乌江三大险滩之一,与新滩一样,在通航之前,所有物资运至此后需人力搬运过滩转运。在民国时期,潮砥设有盐务转运站,并驻有武装盐务队,负责看管仓库、守护船只和监督盐商,是重要的物资集散地
贵州思南	塘头镇	塘头镇是今思南县县治所在地,最初由于乌江航运的发展,先后有川、黔、滇、鄂等省商人、手工业者到此经商,由此发展起来,随着涪边古盐道的发展,其成为重要的食盐集散地,曾被称为"小南京"
	文家店镇	文家店镇地处乌江中上游,舟楫乘便,上可达余庆等地,下可达重庆涪陵,是乌江航运中上游段重要的物资集散地。相传在一百多年前,有一文姓人家在此开店,过往的商旅便在此投宿吃饭,此地渐渐地热闹起来,发展成为几个重要集市,"文家店"之名也由此而来

这些古镇有些如今已发展成为重要的县级城市,有的已发展为重要的文化古镇,但不管怎样变化,这些古镇都是当时的商业中心、文化中心,同时更是政治中心。

二 古盐道沿线地区典型古镇

在川黔古盐道沿线地区,一些河边渡口或码头或陆路上的交通要道,经过长时间的发展、积淀,慢慢地发展成为繁华的城(场)镇,并且成为重要的政治中心。

（一）涪边古盐道沿线典型古镇

1. 思塘镇

思塘镇即今天贵州省铜仁市思南县县城,是县政府所在地,位于乌江西岸,东临乌江与河东乡隔江相望,南抵白虎岩脚,西至五老峰、大岩关、小岩关脚下,北接大同乡。思塘镇是贵州古代乌江最早通航并曾设置州司府的

41

古城，有"黔东首郡"之称。

思塘镇是乌江盐道上的食盐等商品重要贸易集散地，逐渐发展成黔东北的政治、经济、文化中心。从历朝历代对该地区的开发中可看出，在州郡县的设置上，均以思塘为中心向四周扩散进行管制，可见其曾为政治中心。思塘作为宣慰司治所长达50年，其辖地在不同时期有不同变化，但所辖之地最多时达17个长官司，即水德江长官司、蛮夷长官司、思印长官司、沿河祐溪长官司、郎溪长官司、镇远溪洞金容金达蛮夷长官司、施秉蛮夷长官司、偏桥长官司、邛水十五洞蛮夷长官司、臻剖六洞横坡等处长官司、铜仁长官司、省溪长官司、提溪长官司、大万山长官司、乌罗长官司、平头著可长官司等，涵盖了今天的思南、德江、沿河、印江、江口、铜仁、松桃、万山、三穗、镇远、施秉和重庆酉阳部分地域。作为思南府治所长达500年，其辖地也涵盖了今天思南、德江、沿河、印江、务川等县。可见，尽管在明朝之前思南还仅仅以一个州郡县的形式出现，但到了明朝以后，其迅速发展成黔东北地区重要的政治中心。

2. 沿河

沿河古镇，地处湘、鄂、渝、黔各省市边境，是土家族、苗族世代聚居区，是黔东北对外的重要门户、乌江要津。历代对沿河的统治均采取"以土治土"，实行羁縻统治。沿河土家族人民在与自然长期的斗争中，开发自然资源，发展农业、手工业，利用乌江航运之便利，与乌江、长江沿岸地区开展商贾贸易，促进了沿河的民族社会经济发展。明清时期，乌江航运繁荣发展，乌江成为川盐入黔的重要运输通道，同时也是黔地土特产外运的重要交通要道。明清时期，乌江上的沿河县城为土司驻地，成为政治中心。

3. 龚滩

龚滩古镇位于今重庆市西阳土家族苗族自治县西部，坐落于阿蓬江与乌江交汇处，与贵州沿河隔江相望，是三面环水一面靠山的天堑之地。

龚滩古镇自古以来即川（渝）、黔、湘、鄂客货中转站，是由乌江连接重庆的黄金口岸。东接岭口、天馆，西与贵州沿河以乌江中心线为界，南抵后坪，北靠彭水善感乡。全镇面积133平方公里。龚滩古镇是乌江岸边上具有1700多年历史,保存着古代巴人民族生活风貌以及遗留古代民众运盐、背盐文化的历史古镇,历史上完全因水陆的物资转换而发展,后因水运的衰落而失去繁荣的基础条件。

清乾隆元年(1736年)酉阳改直隶州,因龚滩属关隘要地,距州城遥远治理难,设巡检司于此。乾隆二年(1737年),龚滩还有大堂、二堂、花厅,大堂管刑事案,二堂管民事案,花厅管地方绅士诉讼,后为大保、团总、乡约,大保管政权,团总管军权,乡约管地民。清末民初,龚滩设分县(龚滩县佐)。民国23年(1934年)前,镇下设里、间,后镇下设保、甲,镇辖7保8甲。龚滩镇也是当时的政治中心。

4. 淇滩

淇滩位于沿河县中南部,距沿河城南10公里,居住着土家族、汉族、苗族等民族,是乌江航道上的一处险滩,也是乌江岸上的一座文化古镇。

淇滩的兴盛缘于川黔涪边古盐道的发展。淇滩是乌江上有名的水码头,"淇滩"在当地的方言中是"起旱",为下船步行之意。淇滩位于乌江3个"霸王滩"中龚滩和新滩之间,上距新滩45公里,下距龚滩65公里,虽然淇滩距沿河县城仅10公里,但由于乌江险滩众多,往往运送食盐等物资的船到达淇滩后,船工早已筋疲力尽,淇滩也因此成为停泊码头。在公路交通不便利之时,镇与镇之间的联系不便,淇滩便依托乌江的水运便利与运输船只停泊优势,将周围乡镇乃至外县的客商吸引至此,每逢赶集之日,淇滩镇上的商业繁荣、热闹非凡。

明清时期,淇滩属沿河祐溪长官司。清乾隆年间辟齐(淇)滩场,场期"一·六"(日期尾数为"1""6")。1914年,属沿河县,1926年,设四区(淇滩)。1934年,红军建黔东特区第四区革命委员会和淇滩、檬子、梅子、天宫井乡苏维埃政府。1938年,设淇滩联保,1942年,改为淇滩乡。由此可见,淇滩也是一步一步发展成古道上的一个政治中心的。

(二)仁边古盐道典型古镇

仁边古盐道上的城(场)镇也有许多,如土城镇、打鼓新场镇、茅台镇、猿猴镇、丙安镇等。以下介绍这几个非常典型的古镇。

43

1. 土城镇

土城镇（今习水县辖地）位于川黔仁边古盐道上，是川黔盐道上的重镇之一。土城可通茅台镇、鸭溪镇、遵义；一路通东皇、温水、遵义；一路通四川太平渡、古蔺、叙永；一路通赤水、合江、泸县。由此可见，土城是其所在地区的交通中心。土城历史悠久，曾设古磁长官司，"土城一里与叙永、仁怀县二处交错，又为蜀盐商船之所屯泊，距城辽远，川匪潜踪，由厅城逆流而上，非五六日不能至。陆路则逐节奇险，徒步皆艰，防范宜为周密。余处则士习诗书，农安耕凿，生计裕，而讼狱稀，视他郡县为驯良焉。"① 依靠地理优势加之发展历史悠久，土城逐渐发展成川黔仁边古盐道上的一个重要场镇。清朝人陈熙晋有《土城关》云："天际双屯势郁盘，临流独自倚危栏。云中劚石开猿市，树杪呼舟上雁滩。蕉叶多连榕叶绿，橘林时接枣林丹。元和古坝宣和堡，付与斜阳一例看。"② 因其发展规模较大，清朝还将关税点设于土城，道光《仁怀直隶厅志》中记载："有关榷税，水路由二郎滩抵茅台，陆路由太平渡通毕节，由东皇场通新县之二郎里、吼滩里，商民五百余家。"③ 土城是由原来的集市发展而来，发展至后来，土城管辖范围内又出现了相对于土城更小的场市，"场市十三，在仁怀里者三，在河西里者二，在土城里者八，各有定期。"④ 土城发展至最盛的时候是民国时期，据文史资料记载，"土城乃为万商运集之地，以致商场并不亚于县城。"⑤ 因商品交换庞杂，为解决纠纷，1913年成立工商联合会，同时将各行各业归类为18帮口（18帮口包括：盐帮、木帮、布帮、烟帮、栈房帮、水食帮、山货药材帮、京果糖食帮、屠帮、船帮、力行帮、驼帮、斗载帮、酒帮、五金帮、油脂帮、铁帮、经济帮），每帮都选主席管理。当时的土城

---

① 《黔南识略·黔南职方纪略》，杜文铎等点校，贵州人民出版社，1992，第266页。
② 陈熙晋：《仁怀直隶厅志》，赤水市档案局、赤水市地方志办公室点校，中国文化出版社，2016，第541页。
③ 陈熙晋：《仁怀直隶厅志》，赤水市档案局、赤水市地方志办公室点校，中国文化出版社，2016，第67页。
④ 《黔南识略·黔南职方纪略》，杜文铎等点校，贵州人民出版社，1992，第267页。
⑤ 贵州省习水县政协文史研究委员会：《习水县文史资料选辑·第1辑》，1983，第78页。

也是政治管理之要地。

2. 打鼓新场镇

打鼓新场镇介乎黔西、大定、仁怀、遵义四县之间，有汉、彝、苗、仡佬、仲家等民族杂居其中。据传，过去这一带的各民族人民逢三、六、九日赶集时，要击鼓为号，分别在打鼓寨与红岩桥头放置鼓，听鼓声而开市，因而得名"打鼓"。"又据安顺府议，府属所食川盐俱属小贩由四川永宁县并仁怀县之猿猴肩挑马载至打鼓新场分歧：一自遵义岩孔、鸭池、干沟运至骆家桥约二十站到府，于普定、安平、青镇三县地方发卖；一自黔西州乌溪河运至平远州三岔河、定南等处至镇宁、永宁、郎岱、归化地方约二十五六站发卖。其来已久，实无囤户亦无定数。"①"乌江渡为黔蜀要津，其水之北流者一为赤水河至四川合江县入江，一为松坎河至四川綦江县入江，皆川盐输入之道也，境内商贾走集之地则推打鼓岩（一名新场，在黔西州南），贵州四大场之一也，大抵山林深阻，不当冲要，开辟最迟，从前为播州宣慰司、水西宣慰司地。"②1920年，打鼓新场人口有2000多户，多流寓户口。同时因外来经商人口增多，各外地人也带来了其家乡文化，建了诸多会馆，如江西会馆、湖北会馆、四川会馆等。新场是商品的集散地，各地富商在新场开设"八大盐号"，作为转运站，兼销当地附近市镇。转手盐商称"包包铺"，小者为零售店摊，兼营其他。贵州的许多商品也通过打鼓销售他省，如漆、五倍子、香菌、木耳、各种草药等。清末民初，黔北有四大场镇，有"一打鼓，二永兴，三茅台，四鸭溪"之说，打鼓列于首位，可见其经济之发达。③

3. 茅台镇

茅台镇历史悠久，史称"茅台村"。清道光年间人郑珍说"蜀盐走贵州，秦商聚茅台"。发展最盛之时，仁边四大盐号——永隆裕、永发祥、协

---

① 《续修四库全书》编辑委员会：《续修四库全书·史部·政书类》，上海古籍出版社，2002，第191页。
② 黄家服、段志洪：《中国地方志集成·贵州府县志辑1》，巴蜀书社，2006，第51页。
③ 中国人民政治协商会议贵州省金沙县委员会文史资料研究委员会：《金沙文史资料选·第1辑》，1991，第89~90页。

兴隆、义盛隆皆在茅台设盐仓，并形成了当地有名的盐务街，俗称"盐仓街"。在茅台每天来往运盐的脚夫、马帮更是络绎不绝，运盐的脚夫多为周边的农民。农闲之时，每天的运盐人数有一两千人，即使是农忙之时也可达百人。而马帮的规模也很大，据史料记载，每次从茅台到鸭溪的马帮，其马匹数可达七八百匹，从茅台到金沙的马帮，其马匹数则可达八九百匹。① 茅台是当时的交通要道、商业中心，同时也是乡镇级政治中心。

4. 猿猴镇

猿猴镇，地处仁边古盐道水运中段，因滩险而闻名于仁边，因仁边盐运而兴盛。"猿猴镇一百八十里。汛官把总驻防，以镇在猿猴山下而名，地势逼仄，民皆因山为屋，近以蜀盐由厅城下载至其地，转运茅台，商贾所聚，户口较多，约六百余家。"② 在赤水河水道中，唯有赤水城至猿猴镇段在整个仁岸盐运中颇为特殊，由于这段河道从复兴一过，两岸山崖高耸，河道曲折且巨石危立，滩险栉比而致，水流急湍直下，因此，盐船构造独特，其船首高翘，无帆无舵，人们习惯称其为"牯牛船"。牯牛船从狗狮子经过后，沿岸高山对峙，险滩急流增多，行至大丙滩、小丙滩、别滩、鸭岭三滩、葫市滩和石梅寺滩时，因滩险水急，除同行的船之间互相协助拉船过滩外，不论平水、枯水，还需将所载的盐包卸下部分（一般每滩需提载32包）才能过滩。所卸下的盐包由各船的纤夫负责搬运装卸，其搬运装卸费另算，并视其滩的长短来定其工资，工资最高的是葫市滩，其余依次为鸭岭三滩、石梅寺滩，其他各滩工资相一。其中，因葫市滩既险又长，除卸下盐包外，还要在此雇请临时纤夫10人协助拉纤过滩。这种途中临时雇请纤夫过滩被称作"买纤"。"买纤"在合赤段、猿郎段均有发生。此外，灌磺口、红神石、白鱼灏等滩在枯水时也需提驳盐包后，方可上滩。赤水河进行第三次大规模整治后，上述险滩通航条件得到改善，大、小猿猴滩被打通，牯牛船可从赤水县城直

---

① 彭恩、闵廷均：《清代川盐入黔与赤水河流域交通和城镇开发》，《青年与社会》2013年第5期，第142页。
② 陈熙晋：《仁怀直隶厅志》，赤水市档案局、赤水市地方志办公室点校，中国文化出版社，2016，第54页。

46

抵二郎滩,但因水流急湍,直航仅行驶不到一年时间,仍旧改为分段航行。

盐船到达猿猴滩时,因有大猿猴滩所阻,不能直抵镇外,均停泊于滩下,当时大猿猴滩未被打通,门坎水陡高下丈余,而且河道内礁石星罗棋布,赤猿段牯牛船又因船身大、载重大,无法由此过滩,只能停泊滩下,由猿猴转运站的力夫前来卸载搬运到各盐号过秤入仓。由于猿郎段不用盐勘,船主还需另雇临工打开盐勘过秤,负责打开盐勘又被称作"打盐"。临时打盐工工资由船主付给。被打开的盐勘,未损坏的由船主带回,损坏的就和垫盐的盐草一并趸给猿猴"金火帮"熬盐出售。

5. 丙安镇

丙安镇,位于赤水市中部,赤水河右岸,原名是"炳安",后因火灾频发而改为带水旁的丙字,该字在史书中除清道光编纂的《仁怀直隶厅志》和清光绪年间《增修仁怀厅志》均使用"水"旁的丙字以外,① 其他文献并无记载。后改为"丙安",即丙滩场,丙滩场场期则为逢三、六、九,也就是说丙滩场三天一场,可见其交流之频繁。如今,因丙安地理位置因素,近代公路没有经过场镇,使丙安的基本原貌被保存了下来。

《仁怀直隶厅志》记载,丙安"商民八十余户,先是厅城由旺龙场至葫市场至猿猴镇。道光初,改从旧仁怀乘舟至丙滩上岸。由柏香树林沿药溪,经川风坳、古家垒至背照,渡赤水至猿猴镇,较为便捷"。② "大丙滩悬流数丈,港路一线,盐船至此必出所载,上滩,自丙滩以下,水平,舟较多。狗嘶子相传滩有石如狗,两岸人若夜闻水中吹声,数日间必覆舟"。③ 正是因为丙滩的自然环境使然,丙安自仁边古盐道开通以后,渐渐吸引了众多坐商。在丙安的历史记载中就曾有如万寿宫、天后宫、禹王宫、紫云宫、观音庙、王爷庙等诸多庙宇。每逢场期,热闹异常,厅(县)城、复兴、大同、

---

① 苏林富:《古镇丙安》(个人资料),赤水市档案馆。
② 陈熙晋:《仁怀直隶厅志》,赤水市档案局、赤水市地方志办公室点校,中国文化出版社,2016,第55页。
③ 陈熙晋:《仁怀直隶厅志》,赤水市档案局、赤水市地方志办公室点校,中国文化出版社,2016,第32页。

猿猴等地及四处行商，纷纷来此摆摊设市，出售针头麻线、刀剪犁锄，收购山民带来的药材、茶叶、蓝靛、皮毛及其他土特产。[①] 从明清时候起，丙安一直为上下客商歇息之地。无论是从厅（县）城前往猿猴、土城乃至遵义府城的商旅，还是从土城、猿猴以上来厅（县）城乃至入川的客商，均宿于此，从事竹、木、茶、笋及蓝靛等山货生意。湖南湖北的商人还在此修建禹王宫（即两湖会馆），作为两湖商贾往来住宿及求得帮助之处。丙安古镇同样也是商业中心兼乡镇级行政中心。

（三）綦边古盐道上典型古镇

綦边沿线地区形成了许多繁华的城（场）镇，其中典型的、具代表性的有郭扶古镇、中山古镇、赶水镇、松坎镇、新站镇等。这些古镇都是当时乡镇行政机构所在地，是乡镇级行政中心。

郭扶镇。现地处重庆市綦江区中西部渝黔交界处，是綦边古盐道上重要的商贸集散地。郭扶镇东连东溪、篆塘镇，南靠贵州省泥坝镇，西接中峰镇，北邻三江、永新镇。

中山镇。俗称三合场，又名龙洞场，位于重庆市江津区南部的笋溪河畔，是川黔綦边盐道上的重镇之一。中山古镇自古以来就是水陆商贸繁华的贸易重镇，四川、重庆、贵州的大量产品物资都集中此地交易。

赶水镇。现地处重庆市綦江区南部，是渝黔边陲要隘，东邻本区扶欢镇，南与贵州省遵义市桐梓县松坎、羊蹬交界，西同贵州省遵义市习水县温水镇和本区打通、安稳两镇相连，北和本区东溪镇、丁山镇相接。《桐梓县志》中记载："清光绪六年，川员开夜溪河道，上通新站，以船运盐减运力，恤商艰，咸称便利，初川盐入黔悉由陆运其道由石角镇而达赶水，同治初年，径由三溪船运至盖石硐。经羊蹄硐而至赶水，旋又将赶水以上水道开通能达松坎以上之清水溪。"

松坎镇。现地处贵州省遵义市桐梓县域中偏北部，向来为川黔要塞，称"黔北门户"。1373 年，置松坎驿。1595 年，曾设安边同知厅。清末及民

---

① 苏林富：《古镇丙安》（个人资料），赤水市档案馆。

国,为松坎区署驻地。清代至民国中期,綦岸川盐经松坎河航运进入贵州,是航运重要码头,成为四川、贵州两省数县商品集散地。

新站。1373年,在桐梓坡(今新站旧城)设置桐梓驿,后来在桐梓驿对门新修建驿站,所以叫新站。1941年,建新站镇。新站镇位于桐梓县城北面,西北面与重庆市綦江石壕镇接壤。

(四)永边古盐道上典型古镇

古盐道沿线地区的许多场镇因盐而兴,较为典型的有瓢井镇、清池镇、乐道古镇、岩脚古镇等。

瓢井镇。原名瓢儿井,现位于贵州省大方县北部,清朝时期曾在这设永岸局,为当时盐业运销大镇,最高峰时期有19家盐号。据《大方县瓢井镇志》记载,背盐人因为负重大,且在山路上行走,走起来是三步两打杵,汗流浃背,走几步就要用拐耙子支撑着歇息换气。按当时背盐的规矩,盐负在背上,除了住宿和吃中午饭外,背盐人不能将盐放下休息,只能用拐耙挂地支撑着歇息,故一天下来,背盐人非常劳累。时有谚云:"早上神背,中午人背,下午是歪嘴老妈背。"[1]可见这一营生的艰辛。

1949年前,瓢井镇是川黔交通线上的重要集镇,川盐经人背马驮运输至瓢井,当时作为川盐转运站和集散地的瓢井集镇,曾有"三省通衢""八大字号"之称,曾经是大方县乡下最大的集市。直到20世纪40年代末,瓢井盐运业衰落,进盐数量锐减,因盐而兴的瓢井日见萧条。

清池镇。现位于金沙县西北部,是川黔两省所属的仁怀、古蔺、七星关、金沙四县(市)的八乡(镇)边沿接合部。元至顺元年(1330年)川盐入黔,盐路过鱼塘河经清池至打鼓新场(金沙),清水塘成为驿站,铺舍兴起,出现了商品交易,产生了清水塘集镇雏形,为金沙县境古老集镇之一。关于盐业的古迹有"石墁三尺古盐道""渔塘河义渡碑""清池江西会馆(万寿宫)""禹王宫"等,江西会馆为清池特色古镇的标志性建筑。

乐道古镇。现位于四川省泸州市纳溪区天仙镇境内。水路上通永宁道,

---

[1] 贵州省大方县瓢井镇志编纂委员会:《大方县瓢井镇志》(内部资料),2011,第2页。

转赤水，下达纳溪、泸州去重庆、万县。据清乾隆二十四年编修的《直隶泸州志》载，乐道子场建于三国，从云南、贵州进入四川，可选择走水路或陆路。水路走永宁河到江阳，陆路经过乐道驿古道渡河至渠坝驿，再到云溪向泸州走。当时，这条线路是联通四川中部到中原、北方主要的交通干线，有助于促进西南地区与内地的经济文化联系，促进各民族间交往。清代的乐道古镇是川滇黔的要冲，也是重要转运站，鼎盛时每日有200余只大木船在此装卸货物，号称永宁河上第一大码头。①

岩脚古镇。现位于六枝特区西北部。岩脚古镇始建于明朝洪武年间，曾是连接川、滇、黔三省的古驿站，素有"小荆州"之称。光绪年间，岩脚街上有"八大盐号"，分别为永昌号、崇修公、鼎新强、祥济公、同春和、裕丰厚、天镒公、福兴强，八家主要经营油盐、绸缎、布匹和花线绣品，甚至还有笔墨纸砚、成衣小帽等。民国年间，物价飙升，斗米斤盐，稍有实力的字号，基本转手经营食盐。②

第二节　川黔古盐道沿线地区的盐政管理

川黔古盐道沿线地区的盐政管理应包含四川部分地区、贵州大部分地区的盐务管理。但是由于四川地区的盐政管理研究非常多，研究比较透彻，而贵州地区的盐政管理不多，故本章内容以贵州地区为主。

因贵州不产盐，不存在产盐管理问题，贵州的盐务问题仅关系食盐运销问题，故川黔古盐道上的贵州盐政管理或盐务管理主要指食盐运销管理。

一　清代以前的贵州盐政

（一）明代以前贵州盐政简况

盐是人们生活所必需的物品。贵州不产盐，盐在贵州逐渐有了"政治

---

① 《纳溪乐道古镇》，http：//www.wutongzi.com/a/10961.html。
② 《六枝岩脚八大盐号及著名商铺》，http：//www.sohu.com/a/198060132_2668891。

商品"及"经济命脉"的特殊地位。历代王朝曾以盐的运销作为控制贵州的一种重要手段。早在南宋时期，朝廷为了解决军马问题，就制定"盐马贸易"之法，令商人运盐到云贵换马。元代亦承袭此法。元代时的贵州还分属四川、湖广、云南三行中书省。至明永乐十一年（1413年）设贵州布政使司，方为贵州地区行省建制之始，才有贵州盐政管理。

明以前，因不是一个省级行政区域，贵州无行政管理自主权，因而也无单独管理食盐之权，更不可形成具有贵州本地特色的盐政。《华阳国志》在记述贵阳盐务时曾云："……汉晋之间，牂牁即已无盐。迨至唐宋，有分地食盐之政，而牂牁为羁縻州，为化外州，于盐政无与焉。元初顺元重开，盖食滇盐。"① 这一记述展示的虽然只是贵阳的情况，但贵阳为贵州首善之区，显然具有代表性，因此也表明当时整个贵州地方政府对盐务尚无管理权。对此，有学者指出："贵州建省以前，分属四川、云南、湖广三省，没有统一的盐业政策，盐业市场因行政区划的隶属关系自然形成三大区域：靠近四川食川盐，靠近云南食滇盐，靠近湖广食淮盐。"② 这就是说，由于贵州无盐务管理权，因而贵州用盐实际由上述三个地区分别管理。

（二）明代贵州盐政概况

明永乐十一年（1413年），因思南、思州两宣慰司长期争斗，明王朝撤销宣慰司，设贵州承宣布政使司，贵州正式建省，成为全国13个行省之一。自此，贵州盐政被逐步纳入中央政府的视野。镇远、施秉、永从、务川等8县及29个长官司被列入川盐销区。正统二年（1437年），现今的贵阳、遵义、安顺、清镇、息烽、都匀、贵定等地为川盐销区，并制定相关政策加强管理。

1. 运盐政策

明朝政府非常重视食盐的管理，尤其因巩固边疆统治和加强政府财税收入的需要，明朝政府常进行盐政变革。如明朝曾实行几项很有影响的政策：

---

① 贵阳市地方志编纂委员会办公室：《贵阳府志》卷四十六，贵州人民出版社，2005，第913页。
② 马琦：《清代贵州盐政述论——以川盐、淮盐、滇盐、粤盐贵州市场争夺战为中心》，《盐业史研究》2006年第1期，第27页。

"开中"法、"令民计口纳食盐钞"和"纲商法",这些政策在一定程度上影响到贵州民众的食盐状况。

《明史·食货志》曰:"召商输粮而与之盐,谓之开中。""开中"法是明代政府鼓励商人输送米粮等到边塞而给予食盐运销权的制度。明代在贵州行"开中"之法,以盐换粮,是迫于当时形势。明初,贵州社会动荡、战事频繁。为了巩固统治,明王朝在贵州增设了军事、行政机构,建立三十二卫、二十四所,大量增加兵员,导致粮饷猛增。洪武三年(1370年)规定:"令商人输粟于边,给以盐引,令其赴场支盐自行贩运。"为解决军需民食,增加税收,明政府规定商人必须押运粮食到边图地区,由政府登记缴粮的种类和数量,付给价款后,折算应支盐的数量,发给运销的凭证,由商人到指定的产地采购食盐,运到指定的地区销售。贵州在当时还属于不产盐的"边图",所以,贵州的食盐政策是采用"开中"之法。

由于这种制度出于边防报中之需,所以商人必须随调随到,并被要求把粮食及时运送到各卫所。为了节省购粮的运输费用,一些盐商直接在贵州募民垦田,称为"商屯"。明朝的"开中"制,具体实施将盐引分发各卫所,大引400斤,小引200斤,招募商人把军需物资运到卫所置换盐引,然后到指定盐产地购盐,再运销至贵州各地,以解决贵州缺粮缺盐之窘境。[①]

户部也曾在贵州试行过"令民计口纳食盐钞"的政策措施,即按人口分配食盐定量,由群众拿钱买"盐钞"(即有价购盐证),凭证向政府买盐。把食盐纳入官营和定量供应的轨道,有利亦有弊。一方面,这既可增加财税的收入,又可使一般群众免受中间剥削;另一方面,这个办法影响商人运销粮盐的利益和积极性,不利于政府搜集粮食。官营食盐又缺乏充足的物质基础,"钞"发放时间集中,而人民很穷,集中交钱有困难,势必带来弊端,因而遭到地方官员的反对,很快被废止了。

明万历年间还推行过"纲商法",该法规定,只有政府批准名列纲册的盐商才有食盐经营运销的权利,使食盐运销进一步发展为"产盐有定场,

---

① 赵斌、田永国:《贵州明清盐运史考》,西南财经大学出版社,2014。

销盐有定地，运盐有定商"。通过市场范围的划分，这些特权者在各自的产销区内垄断了食盐的运销。这个办法对以后清代和民国时期的盐业政策有深远的影响。①

2. 疏通运道

贵州省食盐历来均由省外输入，尤以川盐为著。贵州多山，水陆运道艰辛。贵州省北部及西北部山高谷深，地势险峻，山道崎岖。水道又以流量小、滩险多、岸高壁陡、险阻难航为特征。故川盐入黔，运输艰险，运费之昂，历来居高不下。这在一定程度上加重了贵州民众食盐之苦，同时也增加了贵州盐务的管理难度。

明代统治者比较重视食盐运道的疏通。为使川盐进入贵州，历代官绅民众不断努力，才逐渐有所成效与进展。1380年，川景侯曹震奉命疏浚赤水至合江段航道，疏浚后辟为川盐入黔航道。1583年，布政使郑雯倡议疏浚乌江干流思南以下河段。1596年，巡抚舒应龙、江东之组织踏勘南明河以通乌江，但后来并没真正落实。石阡知府郭原宾沟通府城至乌江水运，组织开凿支流石阡河塘头以上近百里，石阡遂通航。疏通盐运通道，为川盐入黔提供了方便，降低了运盐成本，降低了盐价，在一定程度上减轻了人们的负担。

明代贵州盐政虽有可取之处，如自"开中"以来，贵州盐食运销大增，基本上解决了官户、军户的食盐问题，并在一定程度上有利于民食，但"盐贵淡食"问题在贵州，特别是在广大贫困山区仍然长期存在。《贵州图经新志》记载，黎平府侗民"不食盐酱，以草木灰腌鱼、肉、笋、菜等，如鲊食之积"。《黔书·盐价》曰："黔无盐，故价昂，民甘食淡。"

二 清代贵州盐政

（一）销区的划分和主要线路

清初贵州食盐主要来自川、滇、淮三个地区，淮盐销售思州、镇远、铜

---

① 贵州省地方志编纂委员会：《贵州省志·商业志》，贵州人民出版社，1990，第273~274页。

仁、黎平四府，滇盐仅售普安一地，其余全为川盐所有。"清初贵州的食盐销售没有统一的规定，没有国家额定的食盐销售量，更没有固定的官盐销售区，由商民自主贩运，淮盐、川盐都可来黔销售，采取就近原则，只要向官府上缴一定的税银即可，由贵州布政使和粮驿道共同管理，隶属于贵州巡抚。""康熙中，普安改食川盐，滇盐退出贵州市场。乾隆中，川盐进入黔东四府，与淮盐并行，最终也把淮盐排挤在外。唯一例外的是粤盐，自乾隆中进入贵州，销售区域逐渐扩大，导致与川盐的冲突，但为行政命令所限，最终形成清代贵州食盐销售市场川盐主导的局面。"[1]

清代仍继续实行口岸制度，但在不同时期，流通渠道也有不同变化。康熙年间，开始批准粤盐运销至榕江、独山、永从（今从江）等县，并规定贵阳、都匀、思南、石阡、大定、威宁等府州及安顺府盘江以下各州县均食川盐，滇盐仅销普安。[2] 乾隆时期，又划分仁、綦、涪、永四大口岸，并具体限定了食盐运销流转路线。仁岸：由合江经赤水、仁怀运入，再分别运销安顺和都匀。綦岸：由荣江入黔，一路销遵义、贵阳；一路销瓮安、黄似；一路销正安。涪岸：由涪陵的乌江入黔，一路销江口、思南、石阡、镇远等地；一路运发铜仁。永岸：由永宁河经叙永入黔，一路销大定、安顺；一路经毕节、威宁至兴义、盘县。[3]

（二）盐政制度

贵州盐务基本格局形成于清代。清代，中国分成了 11 个盐业行政区，每一个盐业行政区由一个产盐区和一个销区组合而成。贵州与四川同处西南地区，且黔省为川盐的一大销区，故两省的盐务在很长一段时期是同属一体系的。据《续遵义府志》（《列传一·唐炯传》）记载，雍正年间，四川巡抚宪德决定"视州县大小计口授盐，曰计岸……后巡抚

---

[1] 马琦：《清代贵州盐政述论——以川盐、淮盐、滇盐、粤盐贵州市场争夺战为中心》，《盐业史研究》2006 年第 1 期，第 29 页。

[2] 马琦：《清代贵州盐政述论——以川盐、淮盐、滇盐、粤盐贵州市场争夺战为中心》，《盐业史研究》2006 年第 1 期，第 29 页。

[3] 贵州省地方志编纂委员会：《贵州省志·商业志》，贵州人民出版社，1990，第 289 页。

黄桂乃于黔边设四埠，有仁怀入称仁岸；綦江入曰綦岸，涪江入曰涪岸，间湖北凤凰三厅；叙永入曰永岸；分行云南、东川、昭通两府皆听商人自行买运，配引以行"。以引岸专商为主，亦存在自由贩运的食盐运销制度。

由于各地的盐业情况不一致，且不同时期的政治经济等情况发展不一，所以，在盐业贸易中运销制度是经常变化的，并且运销制度的形式也是多样的。综观清代前期，主要有"执照制（引法）、工团制（纲法）、票据制（票法）、盐的'定额'税制（归丁）、官运制（官运）、盐场课税制（就场征税）六种不同的制度"①。虽然制度的内容不完全一致，形式各有不同，但它们有着一个共同的特征，即拥有专利的商人掌握盐的分布，政府则严格控制这些拥有专利的商人。其中，执照制度曾经是盐业贸易的基本运销制度形式。

清制规定："凡行盐以商，商有世业，行有地限。其转输于各省者，先纳课而后领运。各按应行之地，随时价而销售之。"② 其要点为由所管官员计口配盐，额定销量，指定运销商户，规定销域，颁发部引，始准其运销，康熙六年，四川改行大引，"每引行盐23000斤"，四川盐引因运道的不同，有水陆的分别，从而每引的包数不同，"水引每引配盐50包，陆引每引配盐4包"，"每包规定配正盐100斤，耗盐15斤，共计115斤"，"水引一张征税银3.405两，每陆引一张征税银0.2724两。"③ 无论是运还是销都得有"引"（执照或是执照的凭证）。它在中国延续了将近七个世纪。在执照制度下，盐业按照两部分进行组织生产和分销。在生产方面，"每个盐场是由许多产盐户组成。每年盐户都要向国家提供一定数量的盐，为此盐户得到最少

---

① 姜道章：《论清代中国的盐业贸易》，张世福、张莉红译，《盐业史研究》2001年第2期，第74页。
② 乾隆：《大清会典·卷六》，第2页。
③ 吴铎：《川盐官运之始末》，载陶孟和等主编《中国近代经济史研究集刊》第2册，国家图书馆出版社，2008，第149、151、158页。

数量的报酬和费用",① 从而有力地控制和垄断生产出来的盐。在销售方面，盐商凭借从政府那里得到的盐业执照从指定的盐场获得限定数额的盐。"这些商人负责把盐交付给在固定销售地区的坐商。这些坐商虽然有一些是零售商，但大多数是批发商。这些坐商在地区的首府提供贮存设施，并把盐卖给整个地区的零售商"，形成一条比较固定且比较完整的销售链条，牢固控制着食盐的销售。川盐引"行黔省之贵阳、安顺、都匀、思南、石阡、大定、平越。并改隶黔省之遵义、滇省之昭通、东川等府、州、县。因道远且险，商人不能前进，皆系川省沿边州县，将部引切角挂验，换给照票，以为前途盘验之据。嗣依河工总督田文镜酌议，田房税契须用税根契纸之例，刊刻双联引根引纸，钤盖四川盐道印信，分发沿边州县，于商运到日，照部引字号张数，填注引根引纸，于中缝大书盐运斤数，以引纸交给盐商，以备前途盘验。"②

盐商独占一定的销区市场变成引岸专商，开始于1617年，经过清代加以发展而逐渐形成并巩固下来。在这种制度下，运商为了垄断一定地区的食盐运销，先向官府交纳一笔费用（实际上是预付款性质），实际上是专商。每年凭引根或票根，可到指定的盐场向场商收购食盐。

在食盐的销售过程中，在岸商专卖制度下，商人们可以获得巨额利润，但一些盐商为"多方牟利，或盐船故令迟到，使盐价很高，或诡称盐将缺乏，致百姓抢买，顿收数倍之利。且复每包缺少斤两，掺和泥沙"。③这使得广大消费者备受盐商的剥削，有的贫苦农民只得积日累月坚忍淡食。因为在这一制度下，食盐"贩运均有一定口岸，不准彼此侵占"，每个销盐地区，都由专门的盐商垄断，所以无竞争可言。消费者必须向专门的盐商买盐，接受他们提出的垄断价格。否则，要么"坚忍淡食"，要么购买私盐。但是，"坚忍淡食"有损于健康，而购买私盐属于犯法行为。

---

① 姜道章：《论清代中国的盐业贸易》，张世福、张莉红译，《盐业史研究》2001年第2期，第75页。
② 《大定县志》，贵州省大方县县志编纂委员会办公室，1985，第88页。
③ 中国第一历史档案馆藏，黄册，乾隆六年二月陕西道监察御史胡定奏。

据清代法律规定:"凡买食私盐者,杖一百。"① 这样,贵州民众就陷于两难境地。

对于边远地区,常采取官运制度。官运制度就是在食盐的运销过程中,政府承担盐的主要运销任务。官运制度是边疆地区常用的主要方法,促成了边远地区的官方运输,贵州地区就是如此。在这些地区,由于路途远,运输工具简单,交通极不方便,盐业贸易对于盐商而言是获利甚微,甚至是无利可图的。盐的销售由设在战略点的公共盐运局网点负责,由具体的盐商补充。零售贸易依然保留在小店主的手中。这样一方面是为保护那些盐商的根本利益,推动盐业贸易的顺利进行;另一方面客观上也有利于民食,使那些边远地区的人们尽可能少受淡食之苦。当然从根本上来讲是为维护和巩固统治。就官运制度而言,有学者指出,为了保证补充充足的低价盐,在远离盐源的地区这种制度就特别有益。其他有利之处有四:产生了统一的销售制度,这种销售与其说它只是服务于一个部分,不如说它服务于整个地区;避免了原先的运输商人发横财;排除运盐沿途腐败的地方官吏索取小费;在某种意义上说,建立了自由竞争的市场。由于官运制度对下层民众有着一定益处,故后来,其他地区逐渐采用这种制度,至清末,中国的大部分地区实施官运制度。

(三)运盐政策

清初,承袭明制,各省行盐,循用纲法。纲法实行日久,弊窦百出,后来出现和形成岸商制度等食盐销售制度。清代贵州民众食盐有淮盐、粤盐、滇盐和川盐,但主要为川盐,因为川盐相对便宜一些。贵州的盐政策主要是引岸专商制度。

1. 推行票法

1840年后,两江总督陶澍在两淮地区先后推行票法,即不论何人,交税后取得盐票,即允许运销食盐。此后,票法遂被人视为救弊良策。咸丰年间,户部打算在全国推行票法,但因各地情况不同,不可强求一律而作罢。

---

① 光绪《大清会典事例》卷762,《刑部·户律课程》。

后复实行"纲法",规定必须经政府登记批准名列纲册的盐商才能运销食盐,对经营食盐严加管理,但仍解决不了食盐供需的矛盾。①

盐务运销制度有官督商销、官运官销、民运民销等。制度不一,毫无系统,而以官督商销居全国之多数。

2. 丁宝桢的盐政"新法"

"咸同以后,川黔两省,屡遭兵燹,行引积滞",特别是在清王朝镇压农民运动的硝烟里,即所谓"黔省苗教各匪猖乱"时期,历时二十余年,"延蔓合省,地方全行糜烂,户口逃亡几尽,其时(陕)西(盐)商遭害者,亦十之八九,遂各歇业不前"。至光绪五年,"每岸虽有数家,多属川黔之人,凑资朋充,本非殷实",第一道趸售商被大为削弱;与此同时,由于贵州开征厘金,"商人运盐到岸,见十抽一,谓之大厘……沿途复有半厘、小厘、落地税各名色,又有查局、分局、验票局、各州县私设卡局,层层派索。每引一张,运入黔境,实抽厘银不下数十两……加以关税之重征,官吏之苛派,土豪地棍之把持需索,商本动致亏折,往往视为畏途",这又大大挫伤了第二、三道趸零售商的经营积极性,使"行商灶户,生意淡薄",整个运销体系已经陷于半旷废状态。其结果之一是:"川中边引积至八万七千有奇,未完税收一百三十六万六千余两,计引积至四十六万一千有奇,未完税收四十七万九千余两,仅此两项即积压盐斤(合黔秤)四千九百多万担,减少税收一百八十余万两。"结果之二是:"向来(贵州)省中盐价,每斤不过三分上下,自咸丰四年军兴以后,增至七八分",至同治初年,据《遵义府志》记录,贵州"来盐稀少,商贩居奇,又长至一钱有零";光绪年间,遵义盐价已经是"千文一斤",一般乡镇则"斗米斤盐",盐荒日益严重。一方面产场积压,另一方面市场脱销,问题就出在运销阻塞上。②

---

① "纲",起于明万历四十五年(1617年),因官收盐场所产之盐,数量不足,不能满足商人的需要,往往久候无盐,以致积欠盐"引"(即商人缴款后用以提取食盐的票证)甚多,改为"纲"法,将商人所领盐"引"分为十纲,其中以一纲行积引,九纲行现引,编成纲册,许多盐商据为窝本,每年照册上旧数派行现引,从此官不收盐,由商人和产盐户直接交易,从而收卖和运销权都归于商人,并准其世袭。此法沿袭日久,弊窦丛生。

② 顾文栋:《丁宝桢盐政改革的斗争》,《贵州文史丛刊》1990年第4期,第39页。

盐运是关系国计民生的大事，丁宝桢迅速恢复川黔引岸，实行官督商运、商销，采取了系列有利于川盐入黔的措施：①在四川自流井产盐基地设"官运局"，专管运销黔盐工作，招商认购认销；②征仁、綦、涪、永四岸，限定盐商家数；③规定各岸运销盐数量；④各岸指定运销盐路线，水陆衔接，四岸每年投入大小船只、马及民工，形成一支川盐入黔的运输大军；⑤统一规定包口重量，实行"以盐运盐"；⑥指定设置沿途运销网点；⑦由"官运局"核定各岸销货价，尽量缩小各岸销货差额，销区间的差额，由四川每年发给贵州协调银40万两，贵州不再加税；⑧成立盐防军安定营；⑨设立江河维护局。上述办法实行后，对保证川盐入黔运销，稳定盐价，起到了一定作用。①丁宝桢"采取官运商销的形式"，"可谓三全共美之良策"。"既可以加强对盐务的管理，稳定物价，杜绝一些走私盐商从中牟取暴利；又能顺应商情，调动盐商的积极性。更主要的是便民得以食贱，安抚民心。"②

（四）疏通运道

贵州盐政问题的关键是要保证有外省盐运入贵州境内，如果无盐入黔，则贵州地方政府无盐政可言。为此，贵州地方政府一方面与邻省政府协商尽可能争取足量盐引，保证盐源丰富；另一方面，组织商运或官运食盐，保证食盐安全，及时进入黔境。其中，如何低成本、低损耗、快捷地把食盐运入贵州境内犹是贵州盐政的重中之重。要解决这一问题，牵涉到疏通运道，而这又是令贵州地方政府非常头痛的问题。但为了政治稳定，为了解决民食问

---

① 贵州省地方志编纂委员会：《贵州省志·商业志》，贵州人民出版社，1990，第274~275页。有关丁宝桢盐政的文章很多，对其盐政"新法"内容的论述因各自行文的重点不同，表述也不全一致，鲁子健的《试论丁宝桢的盐政改革》（《盐业史研究》2000年第2期）论述其主要措施有四方面："1. 建立机构，组织官运引盐的采购、运输批发业务。2. 改革征榷方法，裁革陋规浮费。3. 清理积引，融通畅滞，调剂场岸供求。4. 整顿运务，治理航道。"顾文栋的《丁宝桢盐政改革的斗争》则认为其"具体办法是：第一，开办由产场至引岸的官运；第二，停止贵州盐厘的征课；第三，限制盐商利润，公开售盐牌价"。邹晓辛、吕延涛的《丁宝桢与清末贵州盐政》（《盐业史研究》1989年第2期）认为丁宝桢"采取以下措施：开办黔边及近黔十三厅州县计岸官运盐务；顺应商情，规定各地关卡'概不准分厘重征，需索留难'；及时整顿广西商人持众走私，扰乱盐运正常秩序的问题；实行卤耗归公，以绝舞弊现象；加强税收管理；裁减冗杂手续，力求便商便民"。

② 贵州省文史馆校勘《贵州通志·前事志》卷三十九，贵州人民出版社，1991，第35页。

题，贵州地方政府不得不采取一些措施，如疏通运道。清代贵州地方政府曾组织民力开辟、修建和缩短陆路运盐道路。水运成本小，又节省劳力。相对于陆路来说，水运疏通投入相对较小，而收益较大，见效较快，所以统治者乐于重视水道的疏通。1745年，贵州总督张广泗奏准开发赤水河，派遣遵义知府陈玉㙸等官员治理赤水河上游。1832年前后，思南城南十里的镇江阁经常失事，知府杨以增、吕绍贤主持开辟左岸山径数百米。1862年，整治松坎河道，开通綦江赶水以上至桐梓县属松坎清水溪段航道，避开了一些险道，大大有利于綦岸川盐入黔。清朝政府花大力气疏通航道，对于食盐顺利、便捷运入贵州境内起了重大作用。

丁宝桢盐政改革时期亦十分重视贵州水运的疏通，并将"浚河道"作为其改革的重要内容之一。丁宝桢强调要修理四"边岸"河道，以利船行。光绪四年十一月他向皇帝片陈称，"川盐入黔，河分四岸转运"，为永岸运黔要道、仁岸运黔要道、綦岸运黔要道及涪岸运黔要道，"此四小河发源滇、黔，分流川江，皆窄狭崩崖，激湍乱石，节节有滩。自去年开办官运以来，盐船经过，每至险处，触石即漏，必须提载加纤，万分艰难，非修淘难期畅利。现据绅耆商民等公禀，自愿集资捐款，因势利导，酌加修治，以利舟楫，俾可畅行，盐船无虞失事，而沿河穷民更可以工代赈，于边地商民大有裨益。"① 在这里，丁宝桢不仅认识到了水运对于川盐入黔的重要性，也清醒地看到了其疏通疏导水运的艰巨性。

丁宝桢在疏通赤水河、綦江河航道的同时，亦对涪岸、乌江涪陵至思南之间河道、永岸河道与旱道进行了疏浚与凿通，使四大岸盐运畅通并延伸入贵州境内，且水陆并举，将川盐分运至贵州全境，而致盐引行销，盐价抑降，商皆获利，民能食贱，国增税收，皆大欢喜。②

历经数百年，在历代官绅努力之下，贵州终于形成了水陆兼用的川盐入

---

① 胡大宇：《丁宝桢与川盐入黔》，2000年纪念丁宝桢诞辰180周年暨学术研讨会大会发言稿，2000，第152页。
② 胡大宇：《丁宝桢与川盐入黔》，2000年纪念丁宝桢诞辰180周年暨学术研讨会大会发言稿，2000，第154页。

黔四岸盐路。如清代乌江的航运：思南以上断续可通小型木船至余庆；思南以下可通大型木船以达涪陵，唯其间有潮砥、新滩、龚滩须换船起滩，方能通过。船的载重量根据河道的情况，又可分为数段：思南至潮砥之间船的载重量最小，仅为2.8~3.8吨；潮砥、新滩间航运状况较思南至潮砥段要好，船只载重量约为15吨；新滩至涪陵航运状况最好，船只载重量最大，为28~30吨。每年船只往返在5~10次。龚滩以上，航行不便，运货船只大约30只；龚滩以下水流量增大，水势平缓，航运船只多至200余只。通过乌江水路，运到贵州的货物主要为川盐，从贵州运出的货物主要是桐油、粮食、木材、五倍子等土特产，年五六万吨。①

三　军阀时期的贵州盐政

（一）实行有限制的盐商自由贩运

民国初年取消官运，改为有限制的盐商自由贩运，实行盐场征税和官督商办。当时兼管贵州盐务的四川盐政部曾上书都督府，极言贵州食盐短缺，并认为这是"前清岸有专商、引有定额、束缚压制"的后果，"人生日用食盐不可一日或缺，而使二三岸商垄断之，以重苦吾民至此，言之能勿恫心"。出于这一考虑，都督府决定取消官运，改由盐商自由贩运，实行盐场征税。随后即正式公布章程，规定"此后无论何省何商，均可赴场纳税购盐，自由运售"。② 于是滇、粤、淮盐再次进入贵州，由市场调节自然形成了如下的销售区：东部铜仁、江口、松桃三县为淮盐行销区；南部三合、独山两县为川、粤盐合销区；西部盘县、兴义、安龙三县为川、滇盐合销区；其余各地仍然是川盐行销的范围。

（二）盐务政策变换频繁

1913年，袁世凯为赢得五国借款，聘用英国人丁恩总管盐务，使中央盐务大权为"洋大人"所控制。而此时的贵州盐政，则完全听命于当权军

---

① 贵州省档案馆馆藏史料，全宗60，卷号7651。
② 贵州省地方志编纂委员会：《贵州省志·商业志》，贵州人民出版社，1990，第274页。

阀，为"土皇帝"所掌握。此时贵州盐政混乱，"盐制纷更，悉以省方利便为转移"。

1915年，四川盐运史晏安呈明北京部署转呈大总统批准，恢复引岸制度，颁布了《组织公司大纲》，办理公司盐运。依据《组织公司大纲》，贵州成立了仁怀岸边运盐公司。①在形式上实现了一定的新变化，但这种变化没持续多久。1915年，四川盐运署改弦更张，在四川设立18家运盐公司，改行"公司专卖制"，并规定在贵州年销川盐11703引，合川秤936240担，同时又在贵阳、独山、沿河、兴义等四处设立督销缉私局，负责查禁其他外盐的进入。整个贵州的盐业市场，遂全部为川盐所独占。为维护川盐销区，黔岸川盐机关在贵阳始设黔岸督销缉私局，由省政府派人管理，负责查缉越境私盐及补征盐税。四川食盐政策又恢复为岸商专卖。此办法推行未及一年，中央盐务机构即明令撤销专卖公司，恢复自由运销制。

1916年，政府在重庆设运盐公署，取消官督商办，改由私商自由贩运。1923年，仁岸盐商发展到16家，各盐号均在茅台扩建盐仓。军阀为了巩固自己的统治，不顾民食，想方设法增加盐税。1927年周西成主持贵州政事，以整顿为名，又重征盐税。为达此目的，他改行认商制，重新规定仁岸盐商为10家，在赤水设督销局。1932年，王家烈主黔政，贵阳盐务总局向岸商追加盐税，盐价随之进一步提高。②在这十余年中政策很不稳定，一时自由运销政策，一时引岸专商政策，一时又实行征税政策，有时这些政策还出现反反复复，导致盐政处于混乱之中。

四 国民政府主黔时期的贵州盐政（1935～1949年）

关于国民政府主黔时期（1935～1949年）贵州盐政具体情况，如盐务机构的演变，特别是贵州的食盐运销管理，包括运销区域的划分及主要运输线路、运务管理及销售管理，贵州食盐缉私概况等问题，笔者已在另一本拙

---

① 顾文栋：《贵州近代盐荒论》，《贵州文史丛刊》1984年第1期，第22页。
② 贵州省地方志编纂委员会：《贵州省志·商业志》，贵州人民出版社，1990，第296页。

著中论述①，在此不再详细说明。贵州盐政的重点是食盐运销管理及缉私。贵州的运务政策是随着政局变化而不断变动的。国民政府主黔的短短十多年里，先后经历了从"自由贩运"、"统制商运"、"官运"到"自由贩运"政策的转变。但是在很多情况下，这些变动只是形式上的，即使有较大的变动，也过不了多长时间就又回到原来的政策。

1935 年复行包商专运，次年底又废止。1936 年重新划定全国食盐销区，原来供应淮盐的天柱、锦屏县境改食川盐，天柱商民力争贩运淮盐未果。盘江流域仍以川盐为主，清末开始的粤盐由盘江输入的形势已有变化，1939 年开办官运，1941 年试行口岸官收代运办法，1942 年实行食盐专卖制度，确定民制、官收、官运、官趸售、商零售等原则。1946 年复颁盐政纲领，以民制民运民销为原则。1949 年又改为官运官销，但也允许商人赶场购运行销。虽然盐制经常在变，但川盐水运一直以商运为主。

第三节 川黔古盐道沿线地区会馆治理

川黔古盐道不仅是解决贵州吃盐、四川销盐问题的重要运输通道，而且是川黔民众商品交流之道、文化交流之路。川黔古盐道开通以后，外省经商人员不断来川黔古盐道沿线地区经商，甚至定居。这些商人在定居过程中，势必会遇到诸多问题，如怎样处理与当地人的关系、如何处理同乡之间的关系、如何处理行业之间的关系等。这些均需要一个协调、沟通的非官方组织。作为一种社会组织的会馆应运而生，并且成为一种文化、成为一种治理方式。会馆是历史上商埠中同乡人或同业者在异乡城市所建立的建筑，是同乡官绅商民停留聚会、议事、休闲乃至祭祀的场所；会馆同时又是同乡或同业者的组织，是协调内部关系乃至推进业务、参与异乡社会乃至融入异乡社会等方面的社会性团体，具有强烈的地缘关系和业缘关系。

---

① 李浩：《国民政府主黔时期贵州盐政研究（1935～1949）》，中国经济出版社，2012，第 47～191 页。

关于会馆的定义，学界颇有争议，王日根在《明清民间社会的秩序》中认为："或把会馆认为是工商业者的行会，或把会馆认为是一种同乡组织"；何炳棣在《中国会馆史论》中亦认为"会馆是同乡人在京师和其他异乡城市所建立，专为同乡停留聚会或推进业务的场所，狭义的会馆指同乡所公立的建筑，广义的会馆指同乡组织"。会馆，是"我国历史上商埠中同乡或同业者的社会性团体，具有强烈的地缘关系和业缘关系"，[①] 是"产生于明代的一种特殊的公共建筑类型。在明清两代，会馆开始盛行。这种建筑形式由于特殊的公共建筑性质而包含了较为丰富的社会文化内涵。"[②] 而韩大成在《明代城市研究》中认为"所谓会馆，系寓居异乡城市中同一乡贯的官绅商民所建的馆舍，这是中国封建社会中后期，由于商品经济不断发展，外出商民不断增加与城市中土著和非土著矛盾日渐加剧而出现的一种封建组织"。

综合目前学界比较认同的观点，会馆既是同乡会建立的建筑，又是一种文化，体现着移民和当地文化的融合，同时它还是一种社会组织，是异籍同乡人士在客地设立的社会组织。在川黔古盐道沿线地区，商人们修建了许多会馆。这些会馆是川盐销黔的产物，更是当时当地经济、文化、社会等方面相互作用的结果。但是随着城镇化、工业化、现代化的快速发展，大部分会馆已经损毁，难以一一加以研究。每条古盐道沿线都建立了许多会馆，它们总的情况大体相同。我们主要以仁边古盐道和涪边古盐道的会馆情况加以说明。对川黔古盐道会馆进行研究，总结其发展过程的经验教训，探讨其历史发展规律，有利于丰富川黔古盐道、贵州地方历史研究。

一　会馆的分布

（一）仁边古盐道沿线会馆分布情况

川黔古盐道不仅是以盐为主的商品流通之道，更是一条民族融合、文化交流之道。自仁边盐道开通以后，外省商人往来仁边盐道经商，甚至定居。

[①] 龚锐等：《乌江盐油古道文化研究》，民族出版社，2014，第239页。
[②] 赵逵：《川盐古道：文化线路视野中的聚落与建筑》，东南大学出版社，2008，第198页。

他们在仁边盐道建立了许多会馆。道光《仁怀直隶厅志》卷六记载了忠烈庙、万寿宫、禹王宫、天后宫、南华宫等不同地方的会馆,据统计,在仁怀直隶厅发展最鼎盛时期就有"九宫十八庙"。① 这些会馆建筑沿仁边古盐道分布,如仁怀直隶厅厅城就有忠烈庙、万寿宫、天后宫、南华宫、海灵宫等;再如在今赤水市复兴镇就有禹王宫、关帝庙、万寿宫等会馆;猿猴镇有万寿宫;土城有关帝庙、万寿宫等;旺隆有万寿宫、五皇宫、惠民宫等。这些宫庙多是来黔从事盐运之大商人提议修建或者作为主要出资人修建的,可见仁边古盐道对仁怀直隶厅会馆发展的巨大推动作用。会馆并不是仁边古盐道特有的,在同时期的中国,因人口流动大、资本主义经济初步萌芽,会馆文化得到快速发展,特别是经济发达的地方,会馆发展也快,会馆数量也多。

通过表2-2可知,在仁边古盐道上的会馆中,江西会馆、湖广会馆、四川会馆这三类会馆较多。会馆的分布与其地域的开发及经济发展程度关系密切。如江西商人在川黔仁边古盐道上的贵阳、仁怀、安顺、遵义、平坝、龙里、贵定、广顺(今长顺、惠水、安顺之间)、定番(今惠水)、大定(今织金)、黔西等地建立了万寿宫以解决商人与当地政府、当地民众的矛盾。

表2-2 川黔仁边古盐道会馆分布及数量

单位:家

县份	湖广会馆	江西会馆	广东会馆	福建会馆	秦晋会馆	四川会馆	资料出处
四川省合江县	8	5	7	3			民国《合江县志》
贵州省遵义		2		1		2	(道光)郑珍,《遵义府志》卷八,遵义市志编纂委员会办公室,1986年
仁怀	1	1			1		(道光)郑珍,《遵义府志》卷八,遵义市志编纂委员会办公室,1986年

---

① 陈熙晋:《仁怀直隶厅志》,赤水市档案局、赤水市地方志办公室点校,中国文化出版社,2016,第174~183页。

续表

县份	湖广会馆	江西会馆	广东会馆	福建会馆	秦晋会馆	四川会馆	资料出处
大定(今织金)	1	1		1	1	1	民国《大定县志》卷六
黔西	1	1				1	光绪《黔西州志》卷三
贵阳	2	3				4	道光《贵阳府志》卷三十四、四十一
平远	1	1				1	乾隆《平远州志》卷十三
息烽		1			1	5	民国《息烽县志》卷三
定番	1					1	道光《贵阳府志》卷三十四、四十一
广顺	3					1	道光《贵阳府志》卷三十四、四十一
龙里		1					道光《贵阳府志》卷三十四、四十一
贵定	1	2				2	道光《贵阳府志》卷三十四、四十一
仁怀直隶厅（今赤水）	3	6	1	2	3	1	道光《仁怀直隶厅志》卷六
安顺		1		1			咸丰《安顺府志》卷十八
平坝		1			1	1	民国《平坝县志》

遗憾的是，因各种原因，古道沿线上的大多数会馆已经毁坏。有文字记录的会馆也是寥寥，赤水地区有几个典型的会馆记载，抄录如下。

江西会馆。又称万寿宫，原址位于南正街北段（现为赤水市博物馆）。最早建于清代康熙三十二年（1693）。万寿宫的前门宫墙高十余米，中开大门，整条石门柱、门梁，进门为过厅，厅顶为戏楼。戏楼前为宽敞的民众观戏大坝，坝中偏右侧有水井一口，常年井水不枯。敞坝左右两侧各为一楼一底的抚廊。从坝中拾级而上是一宽敞的大殿，殿内科学分布着16根高约5米，直径约60厘米的偏八角形整石大柱，支撑屋架，蔚为雄伟壮观。屋顶飞檐翘角，大屋脊中竖宝顶，正殿后有附属建筑。整座庙宇两侧筑有高大的防风火高墙。2005年，正殿本着修旧还旧原则，粉饰一新。①

两湖会馆。原址位于万寿宫北侧。是湖南、湖北两省级同乡人修建。馆内供奉古代治水功臣夏禹王，每年的正月十八日举行祭祀，六月六日举行同乡会，因此又称作禹王宫。20世纪80年代中期新建南正街时撤毁。②

福建会馆。位于东门城内，与川会馆、洞阳宫左右相邻，始建于清代，是旅居赤水的福建人集资修建，内供奉祭祀清代加封为"天后娘娘"的宋代闽省莆田人林姑，传说她是得道而殁后显灵海上，曾救助无数遇险船只和船员生命，因此又称天后宫。1999年在旧城改造中撤毁。③

广东会馆。原址在今红十字医院后侧，始建于清代，是广东籍人集资修建，供奉和祭祀唐代佛教禅宗第六代祖师广东海南人惠能，因粤人在此祭祀，故又称为粤人家庙。会馆占地广阔，前有宫墙，整石柱镶嵌大门，大门内过厅、戏楼、敞坝、两抚廊、正殿一应俱全，且雕梁画栋、翘角飞檐、风火高墙，非常壮观。后殿紧邻城隍庙和北门后街。21世纪新建太平东路时，厂房拆毁。④

四川会馆。位于城东大街（今步行街新楼1栋后侧），建于清代中期，由旅赤四川籍人士集资修建。其供奉神祇及祭祀习俗均与原川祖庙相同。会馆北临大街，经过宽敞甬道拾级至大门。大门开于宫墙中部，主体建筑规范，过厅、戏楼、敞坝、两边廊楼一应俱全。从敞坝拾级而上是高大宽敞的正殿，由数根巨柱支撑屋顶，两侧有风火砖墙相夹，可保安全。⑤

---

① 中共赤水市委宣传部：《川盐入黔仁岸赤水》（内部资料），2007，第141页。
② 中共赤水市委宣传部：《川盐入黔仁岸赤水》（内部资料），2007，第139页。
③ 中共赤水市委宣传部：《川盐入黔仁岸赤水》（内部资料），2007，第139页。
④ 中共赤水市委宣传部：《川盐入黔仁岸赤水》（内部资料），2007，第140页。
⑤ 中共赤水市委宣传部：《川盐入黔仁岸赤水》（内部资料），2007，第142页。

(二)涪边古盐道沿线会馆分布情况

川黔涪边古盐道由今重庆涪陵溯乌江而上进入贵州境,沿线经过了两省市的若干地区,在这些地区散布着各地区客商所修建的会馆,如在今重庆市酉阳县龚滩镇还可见到由陕帮商人修建的西秦会馆以及四川人修建的川主庙,还可见到在贵州黔东北地区的石阡、思南、沿河等地遗存着万寿宫、禹王宫等(见表2-3)。

表2-3 川黔涪边古盐道会馆分布情况

所属省份	会馆名称	分布地区
陕西、山西	西秦会馆	龚滩、自贡
湖北	禹王宫、黄州会馆	石阡
湖南	西湖会馆	黎平
江西	万寿宫、仁寿宫、轩辕宫	石阡、思南、沿河
四川	川主宫、川主庙	铜仁、龚滩
福建	天后宫	镇远

注:各省的会馆均以"宫"的形式出现,或直接称为会馆,今四川的会馆在四川境内称为"庙"。

据统计,迄今在涪边古盐道地区依然保留有万寿宫、仁寿宫、万天宫等江西会馆建筑40余座,禹王宫、三楚宫、寿佛宫、湖广会馆、两湖会馆等近30座,川主宫、川主庙、川主祠等四川会馆以及天后宫、娘娘庙等福建会馆各10多座,还有规模宏大、气魄雄伟的陕西会馆(西秦会馆)[①]。坐落在川黔涪边古盐道上的各类会馆是商品经济繁荣的产物,是一种民间的社会组织。来自同一地区的客商们,通过会馆这一纽带,互通信息,互相帮助,共同解决生活中的大小事务,与其他客商进行竞争以谋取自身的发展,逐渐形成了以会馆为依托、以原籍习俗与乡情为纽带的会馆文化圈。它们与本土文化互相竞争又互相融合,形成新的地域性文化圈,丰富了涪边古盐道的历史文化内涵和人们的社会生活。

涪边古盐道上典型会馆有龚滩西秦会馆、思南万寿宫及石阡禹王宫。

[①] 龚锐等:《乌江盐油古道文化研究》,民族出版社,2014,第240页。

龚滩西秦会馆。西秦会馆坐落在重庆市酉阳县龚滩镇古街上。清光绪年间，陕西商人张朋久到龚滩开设盐号，并亲手修建了"西秦会馆"，作为同乡商人会聚、议事、休闲之所。其馆建筑面积1046.87平方米，四合院布局，高墙大院，外壁朱红粉饰，是龚滩古镇面积最大的古建筑。2009年，被重庆市人民政府公布为"市级重点文物保护单位"。

西秦会馆利用地形高差顺坡面而建，坐东向西，四合院布局，四周围建有封火墙。大门临街西开，高出石板街八九级台阶。会馆现存建筑分为正殿、偏殿、耳房、戏楼以及观众台等，内部设计精巧、雕梁画栋，结构复杂，大量石雕、木雕技艺精湛，保存完好。与龚滩镇的吊脚楼建筑相比，具有独特的风格和鲜明的个性。龚滩西秦会馆是龚滩镇以及涪边古盐道上盐运历史演进和盐业经济发展的见证者，在这个古代川盐的集散地，众多盐号如"天字号""利字号""祥发永""吉亨"等相继开设，并竞相建设盐库，储存转运食盐，经过历史的洗礼和岁月的蹉跎，在今天的龚滩镇还能看到规模宏大的西秦会馆建筑，可见当时龚滩古镇上各大盐商帮的繁荣景象。

思南万寿宫。在思南境内二十多个大大小小的场镇上，几乎都能看到万寿宫的遗址，均由江西商民和江西籍居民筹资建造，是他们祭祀、集会、议事之场所，因此也称为江西会馆。在今思南县城的万寿宫，始建于明朝初年，以前称为水府庙，今现存于思南县城的万寿宫为明嘉靖六年时期遗迹。清道光《思南府续志》对万寿宫有如下记载：万寿宫，旧名曰水府祠，祀英佑侯，在城外即今普济庵址。1510年没于水。1534年，长官张橙重建。1574年，郡人市张姓临街店基作祠，祀许旌阳，兼祀英佑侯、晏平浪侯，即今址。1684年，江右荀士英等，募众增市教氏民宅添建。1801年，江右商民大家恢拓，更今名。思南万寿宫整个建筑布局得当，气势宏伟，具有很高的价值。但由于历史的变迁、社会经济发展和思南县城的规划改造，万寿宫遭到了严重破坏。2005年，国家出资对思南万寿宫现存古建筑群进行了原貌修复，修复后的万寿宫，其恢宏雄姿不减当年，尤其是戏楼的修复，它是思南县城若干戏楼中唯一的幸存者，其建造精美、气势磅礴。

石阡禹王宫。地处石阡，由南向北，依次建有山门、宫墙、前殿、戏楼、过殿、正殿。"文化大革命"中，部分砖雕被毁，其余仍很完好，曾为粮食部门作仓库占用。1984年列为县级重点文物保护单位。1985年县财政拨款对山门进行了维修。2015年又进行了维修。宫殿四周斗砖高墙，占地约三百平方米。① 禹王宫内分正殿、后殿、过殿三层进深，其间有前后石铺天井，左右钟鼓楼，过殿为前殿，开山门，置有戏楼。山门为牌楼式石拱门，额书"禹王宫"三字，有二长联：

   撬檩栿桴，想当年栉沐辛勤，千古膜拜神禹；

   江淮河汉，看今朝豆俎馨香，莆田虔礼圣王。

   来格来尝，洪水永绝寰宇，

   有典有则，寸阴常诲世人。

山门左右有小拱门，额书"地平""天成"字样，殿梁上多刻鱼龙玉水图案，枋柱门面雕饰精美。1949年后，禹王宫归粮食部门管理，内部被改建为仓库。"文革"时期，正殿及山门雕塑等物被摧毁。1986年，县人民政府公布石阡禹王宫为重点文物保护单位，对山门雕塑、对联字句进行了维修补书等。

明清时期，中国资本主义产生了经济萌芽，商业得到一定发展，促使人们外出经商，各地兴起了修建会馆的浪潮。如上海会馆很多。上海"五方杂处，侨寓之民实多于土著，故各处之旅沪者，皆立会馆以通声气，宁波人最多，所立者为四明公所；粤人次之，所立者为广肇山庄、潮惠会馆。在湖南、楚北、泉、漳、浙绍、锡金、徽宁、江宁、江西等处，各有会馆，此外未设会馆之处，每月有开同乡会者，亦联络乡情之意也"。② 明清时期，虽

---

① 贵州省石阡县地方志编纂委员会：《石阡县志》，贵州人民出版社，1992，第570页。
② 李维清：《上海乡土志》，上海古籍出版社，1907，第108页。

然相对于沿海地区而言，西南地区商品经济发展有些滞后，但川黔古盐道沿线地区亦修建了不少会馆。

二 会馆兴起的原因

下面以仁边古盐道会馆兴起的原因为例说明。会馆兴建的原因是多方面的。其中人口流动是重要因素。正如学者所言"会馆是明清社会政治、经济、文化变迁的特定产物，它不仅是明清时期商品经济蓬勃发展的必然，亦与明清科举制度、人口流动相伴随"。①

（一）人口流动是会馆兴建的首要原因

"人口不能大规模流动，异地的同乡没有大量聚集，同乡会馆将无法产生……而明清会馆的产生则是明清水运网络形成后人口大规模流动的必然结果"②。人口的流动包括政治性的移民与自由移民。明清时期贵州有两次大规模移民：明朝建立后，于"永乐十一年（1413年），又增设贵州布政使司"③。朝廷为安置游民，"在边疆大兴屯田，有军屯、民屯和商屯三种"④，其中军屯和民屯为政府所组织，具有强制性，而商屯则是商人自主进行，具有自发性，这些移民为贵州人口的增长做出了很大贡献。清代改土归流，同时扩大贵州的行政区域，在少数民族地区安屯设卫，招徕流民，使得大量人口涌入贵州。这些移民在带来大量劳动力的同时，也促进了贵州与各地的经济文化交融，推动了社会进步，为会馆兴建和发展提供了社会需求和人力。

除此之外，由于赤水河航道的疏浚整治，航运繁荣起来，以盐运为主的运输业快速发展，吸引大量外来商人、无业者聚集于此。这些移民不同于明初的军事移民，属于自由移民，其中又可细分为资金移民、技术移民和劳务移民。这些移民也促进了会馆的兴起和发展。

---

① 王日根：《明清民间社会的秩序》，岳麓书社，2003，第176页。
② 赵奎：《"湖广填四川"移民通道上的会馆研究》，东南大学出版社，2012，第15页。
③ 《贵州通史》编辑部：《贵州通史简编》，当代中国出版社，2005，第75页。
④ 史继忠：《贵州汉族移民考》，《贵州文史丛刊》1990年第1期，第29页。

（二）水运发达是会馆修建的重要原因

便捷的交通是会馆兴建发展又一重要原因。社会生产力的发展、交通的便捷为商业的发展提供了广阔的天地，南来北往的商人推进了国内物资的流通，可是由地域文化而产生的不同语言、文化习俗又构成了商人们谋求发展的障碍，同籍商人的会馆由此有了内驱力，他们模仿官绅会馆并发扬光大。①

赤水河作为川南黔北的一条重要经济走廊，不仅是京铝运输的主要航道，也是川盐入黔的主要运道。

赤水河的航运历史悠久，"1380年景川侯曹震奉命进行疏浚，辟为川盐入黔航道"②。但是此次河道疏浚只是整治了赤水河下游，而上游仍然存在多险滩、水流急、通航困难等问题。后来赤水河在清朝又经历了两次大整治。

1743年，贵州总督兼巡抚张广泗采纳仁怀厅通判胡国英整治赤水河的建议，奏请朝廷，并于乾隆十年（1745年）获准，同年十月，整治赤水河工程开工，历时7个月，疏通了从赤水河上游毕节县境内的天鼓岩至中游仁怀厅境的鸡心滩长400多里的航道，整治险滩68处。③赤水河此次整治后，通航里程增加，上游白沙河至兴隆滩段及中游二郎滩段至元厚（猿猴）段基本疏通，船只运载量大大提高，沿河地区码头兴起，新增复兴码头、丙滩码头、元厚（猿猴）码头、土城码头和马桑坪码头。

1878年，盐务官运总局总办确定川盐入黔四大口岸（即仁岸、綦岸、涪岸、永岸）。以仁岸起点的盐道为其中重要的一条运盐路线。为确保盐道畅通，赤水河经过第二次大规模整治，除疏浚茅台村至赤水河汇入长江口航道外，还对仁岸盐道全线的陆运道路、纤道进行全面维修与改扩。工程于1879年初正式开工，1881年2月竣工。工程共用白银2万余两，整治主要险滩33处，一般险滩40余处，零星淘沙检碛多处，沿河道路、纤道、桥梁

---

① 王日根：《明清民间社会的秩序》，岳麓书社，2003，第176页。
② 中共赤水市委宣传部：《川盐入黔仁岸赤水》（内部资料），2007，第45页。
③ 贵州省地方志编纂委员会：《贵州省志·交通志》，贵州人民出版社，1991，第318页。

也修缮完毕。① 此次整治之后,虽然仍有一些地方有险滩存在,但相对之前有了很大的改变。

航运随着赤水河的整治繁荣发展,盐运更加顺利,经招商承运,京铅从赤水河运至长江边,以其为依托的造船、竹木、商贸、酿酒和餐饮服务业迅速发展起来,众多商贾与贫苦农民涌入赤水河中下游地区。且盐运的兴盛,也对酿酒业的发展有极大的作用,清代学者郑珍诗云:"蜀盐走贵州,秦商聚茅台",这无疑是赤水河流域地区发展迅速最好的证明。经济的发展,商人的富裕,为会馆的建立和发展提供了强有力的物质条件和交通条件。

(三)政府的支持是会馆兴建的社会原因

会馆具有管理功能,能使流动人口不致沦于封建统治秩序所及之外,有利于政府管理和社会稳定。"用建会馆,士绅是主",封建政府准建、允其活动、容其生存,故会馆兴建与封建政府支持有重大关系。

三 会馆组织概况

会馆是异乡人员在客居之地依凭地缘关系建立并进行自我管理的一个重要民间组织,有相对固定的组织体系,一般分为会长或总理、值年(办事员)和会员三个层次。

(一)会长或总理

会长一般由同乡人选举产生。"会馆一般选举总理一至二人"。②"同乡会馆由同乡选举有声望的为会长或经理"。③ 会长的主要工作职责是"主持会馆全面工作"④,"总管同乡会及会馆经济、外交等事务"⑤。会馆发展之初,往往由一些在外地具有经济地位或政治地位的外籍商绅官员等进行捐助,并在此基础上进行会馆的建立。这些人在会馆建立之初便作为会长进行

---

① 贵州省地方志编纂委员会:《贵州省志·交通志》,贵州人民出版社,1991,第318页。
② 贵州省镇远县志编纂委员会:《镇远县志》,贵州人民出版社,1992,第552页。
③ 贵州省镇远县志编纂委员会:《镇远县志》,贵州人民出版社,1992,第759页。
④ 贵州省镇远县志编纂委员会:《镇远县志》,贵州人民出版社,1992,第552页。
⑤ 贵州省镇远县志编纂委员会:《镇远县志》,贵州人民出版社,1992,第759页。

维持管理。到了会馆发展后期,会长便由会馆人员根据自身利益或推荐一些政治与经济实力强大的人来担任,这些会长可以是在当地任职的仕官,也可以是经济实力雄厚的大商贾,他们除了在政治或经济方面实力雄厚外,还要品行端正,办事公道,在会馆内部具有一定的威信力和公信力,能够参与会馆的领导和管理,提高会馆的品位、知名度和影响力等。

(二)值年(办事员)

会长"下设值年(即办事员)",一般"五至六人"。其主要职责是"奉总理令处理日常馆务"。① 值年一般是由经济实力比较强、富有较强的组织协调能力并且热心公益的人担任,他们在会馆开展的工作一般也没有酬劳。

(三)会员

"值年下为会员,多则数百家、少则数十户"。② 会员既是会馆管理中的参与者,也是会馆发展的组织者。会员不论是加入还是退出都是自由的,并没有严格限制。沿涪边古盐道进入贵州地区的各地商人,具有巨大的流动性,决定了部分商人不能一直在某个地方长期从事经营活动,尤其是一些零散的小商人,往往在选择了新的经营地后,便会选择离开会馆,因而加入或离开会馆并没有严格的限制。

四 会馆主要活动

建立会馆的目的,是"来贵州旅居或经商的外商人,为在当地扎稳脚跟、拓展实力,互济危困,免遭欺压",故会馆的主要职责是"联系同乡,开办商埠,迎奉过往同籍商人、游人,集资办学,意在荣誉异乡,维护本籍人利益"。③ 会馆主要开展如下活动。

(一)开展定期的节日活动

会馆常常在特定的日子里举行代表乡土文化的活动,如组织戏曲表演、

---

① 贵州省镇远县志编纂委员会:《镇远县志》,贵州人民出版社,1992,第552页。
② 贵州省镇远县志编纂委员会:《镇远县志》,贵州人民出版社,1992,第552页。
③ 贵州省镇远县志编纂委员会:《镇远县志》,贵州人民出版社,1992,第552页。

开展神灵祭拜等活动。地方戏是商人们为满足思乡之情的情感需求，也是强调同一地域的人们在异乡的团结之情的重要表现形式。不论是江西会馆还是湖广会馆，均会有戏曲表演这一娱乐方式。大多数的会馆内部都设有戏台，每逢节日，来自同一地域的商人、乡绅、仕官们都会齐聚一堂，聚餐演戏。戏曲表演的日子往往会选择在会馆竣工建成之日，以表庆贺之意；或是在会馆内部商人的新店开业时进行表演，以示庆贺和宣扬会馆；或是在会馆内部所祭祀的神明的诞辰纪念日等进行表演；或是在进行神灵祭拜时进行戏曲表演等。

（二）发展教育

经济充裕的会馆，曾兴办学校以培育同乡子弟。如赤水地区的两湖会馆举办两湖小学校，川、赣、粤、湖等几个同乡会馆在四川会馆举办蜀翘小学校。[1] 镇远县的两湖同乡会，是湖南湖北籍人之会馆，源于清代，是镇远较大的同乡会之一，设会馆于卫城码头，祀禹王、关公像。曾建两湖小学于冲子口。[2]

（三）进行经济活动

帮助同乡人进行经济活动或会馆本身进行经济及商业活动是其最基本活动之一。"开办商埠"就是会馆职责中的第二条。"同乡会馆有同乡人集资购置房产田地为会馆固定经费，除每年春秋祭祀和乡人集会费用外，对过往同乡经济发生困难的给予资助扶持。"[3] 有的会馆利用多余的房间作为旅社或者出租获得经济收入，还有会田也可以产生收入。

（四）进行公益活动

会馆常常开展大量的慈善公益事业，如医疗服务和济贫义捐等。在民国前，并没有所谓的公共医疗，一般的会馆都会尽可能地设置施针、施药等事务。济贫义捐的被救济人大多是会馆的同乡之人，但也会有一些"非同乡人士"，是对其因失业而面临生活方面的窘境，在其谋得新的职业前提供的

---

[1] 贵州省镇远县志编纂委员会：《镇远县志》，贵州人民出版社，1992，第759页。
[2] 贵州省镇远县志编纂委员会：《镇远县志》，贵州人民出版社，1992，第551页。
[3] 贵州省镇远县志编纂委员会：《镇远县志》，贵州人民出版社，1992，第759页。

救济。除此之外，会馆还会开展养老、育幼等活动。上述活动提高了会馆的影响力。

（五）开展协调活动

开展协调活动，也是会馆最主要、最基本的活动。会馆经常协调来贵州旅居或经商的外乡人与贵州当地人、政府、其他组织之间的关系，乃至协调同乡之间的关系。

五 会馆使用变迁的典型个案

我们仍以仁边古盐道沿线会馆使用变迁情况为典型例子予以说明。社会经济的发展和历史的变迁导致会馆的使用发生了重大变化。

（一）建馆初期，主要由商人占有，会馆主要是同乡活动场所

"亲不亲，故乡人"，会馆最初目的就是把客居他乡的人联络起来，构成"乡土锁链"，经常聚首，相互关照。因此联系同乡情谊是每个会馆的基本职能。除了"联乡情"之外，"谋利益"是各个会馆的另一基本职能，同一地区的客商，互通信息，相互提携，遇事共同商量，联手控制某种商务，与其他地区的客商展开竞争，谋取自身利益。赤水地区的会馆也不例外。

（二）民国时期，会馆为军阀所霸占，会馆往往成为军事用地

万寿宫的使用情况就是典型。辛亥革命以后，因军阀混战，地处黔北川南的赤水成为黔、滇、川三省军阀部队时常来往之地，城内的学校、寺庙、宫观也被征用为营房，万寿宫也是其中之一。这样，万寿宫逐渐失去了联络乡谊的作用。

1923年底，贵州桐梓系军阀周西成率部队占据川南五属（即当时的合江、纳溪、叙永、古宋、古蔺等县）和黔北地区，赤水城成为兵营，各寺庙、宫观驻满军队。万寿宫虽未驻扎军队，却成了周西成开办的"赤水兵工厂"的一部分。

1924年周西成到贵阳出任贵州省主席时，在万寿宫等地继续开办贵州兵工厂赤水分厂。1934年，驻赤水的黔军侯之担部被沈久成收编，兵工厂

赤水分厂被四川军阀刘湘如数接管。[1]

民国中期，禹王宫成为周西成开办的兵工厂，后因失火焚毁，简单恢复后仍继续维持生产。[2]

（三）1949年后，会馆收归国有，会馆大部分成为文化单位场所

1949年12月1日，赤水城宣告解放后，蜀翘小学仍在万寿宫办学。1950年下半年，遵照赤水县人民政府的命令，蜀翘小学与救济院的工读学校合并，更名为"赤水县人民生产教养院实验小学"，校址仍在万寿宫。不久，赤水县人民政府奉命对全县中学、小学进行调整，赤水县人民生产教养院实验小学又奉命与县城的中城完全小学合并，迁出万寿宫，万寿宫也就结束了办教育的使命。

1952年，遵义专区第77电影队开始在赤水、习水、仁怀、三县进行巡回放映，万寿宫又成为电影放映场地。1956年，赤水县建立国营电影放映队，仍以万寿宫作为放映场所。

2005年，为抢救赤水地区数屈指可数的历史文物，发掘历史文化底蕴，赤水市人民政府决定将文化馆暂迁他地办公，拨付专款20万元，启动对万寿宫的抢救修复，并由湖北一支古建筑工程队具体承担修复任务。工程于2005年6月下旬开始，2005年国庆节前完成。如今，原万寿宫被改为赤水市博物馆。

禹王宫解放后收归国有，解放初期县组织话剧歌剧舞剧等在此演出，后建立县川剧团也在此演出。1960年县川剧团撤销后，设电影院于此放映电影。20世纪80年代中期新建南正街时拆毁。[3]

赤水解放后，四川会馆被收归国有。不久，城内各小学合并时，城关镇人民政府迁此办公。21世纪初改造旧城期间，镇政府（后更名市中街道办事处）迁至新建成的位于河滨中路西段的新址，原址拆毁。[4]

---

[1] 中共赤水市委宣传部：《川盐入黔仁岸赤水》（内部资料），2007，第140页。
[2] 中共赤水市委宣传部：《川盐入黔仁岸赤水》（内部资料），2007，第140页。
[3] 中共赤水市委宣传部：《川盐入黔仁岸赤水》（内部资料），2007，第139页。
[4] 中共赤水市委宣传部：《川盐入黔仁岸赤水》（内部资料），2007，第142页。

六 会馆的社会治理功能

坐落在川黔古盐道上的各类会馆是一种民间的、非官方的社会组织，是商品经济发展到一定阶段的产物。会馆还承担着一系列社会治理功能。

（一）维护社会秩序

会馆的产生，是古盐道繁荣发展的产物。自川黔古盐道开通以来，巨大的盐运利益吸引了许多外地商人深入贵州经商。各地客商将同一祖籍地的同乡们会聚在会馆。会员们在会馆内享有相应的权利，同时也要履行一定的义务。在会馆内，会员可以参加会馆在商业方面的协商与决定，享受着会馆所组织的各项活动及处理日常纠纷等权利。同样，作为会员，要遵守会馆内部的章程，缴纳相应的会费，完成相应的职责。这些都有利于稳定外地商人、游人并使其在当地开展有序、守法活动。在地方的社会管理中，会馆在增强外来客商与本土民众之间的相互认同等方面具有重要作用，有利于维护地方社会秩序，在社会控制中具有重要功能。

一般而言，来自同一个地区的同乡，往往有浓浓乡情；同乡在异地相遇相处起来则更加融洽。会馆把这些客居异地的同乡紧密联系在一起。会馆根据会员原籍文化制定一些管理规则。在管理规则下，会馆里的成员所进行的各项活动均受到一定制约，但同时也会从会馆那里获得一定的好处。这些好处主要表现在当会员自身利益在外或在会馆内部受到损害时，可通过会馆进行调节以维护自身利益。

大量外来人口的流动，势必会对地方的传统社会治理带来新问题，如不同区域、不同时期人员的流动没有规律，封建政府的户籍制度无法深入有效管理。而会馆有许多规定，如要求会馆成员不得从事无益于其自身发展、社会进步的活动，要求外来人员自律、向善，不得有伤风败俗、违法乱纪之行为。这样会馆就有助于有效管理外来流动人口，有利于社会安稳。

作为民间自发、自律、自治性组织，会馆能够调解社会许多矛盾及协调利益冲突，能有效地整合社会与政府给予的各种资源，迎合政府加强社会秩序管理乃至稳定社会的愿望，为其会员在贵州从事经济活动创造良好的外部环境，帮助乡党经商，并提供与会馆以外的社会组织、民族沟通交流的条件。

（二）促进民族融合

随着川黔古盐道的兴盛发展，大量客商、客民进入贵州，他们将其各自的原籍文化、生活习俗、原始信仰等带入川黔古盐道沿线地区乃至贵州腹地。许多外来商人在古盐道沿线兴建会馆。中原文化、巴蜀文化等源源不断地带入贵州腹地，促进了贵州多彩文化的发展。

会馆的兴起又直接促进了外商在贵州的事业发展，外来商品进入贵州，直接促进了贵州市场经济的多元化发展，促进了贵州本土各少数民族生产生活的多元化发展。来自各地的文化在会馆乃至民族村落中相互碰撞，相互融合，加强了当地民族与外来人员的交流，当地各民族文化与外来人口所属民族文化不断融合发展，形成了你中有我，我中有你，各民族人民共同繁荣发展的新格局，对统一的多民族国家的发展起到了巨大的促进作用。

（三）促进思想文化发展

会馆既是一种社会组织，又是客居一地同籍人士的会聚之所。叙乡情、操乡音、食乡味等是会馆重要的活动内容，带有异地文化交流的特点，是外来人在贵州力图保持与乡井文化联系的一种努力。他们时时想在同乡中操起家乡话聊天，这在当时称为"打乡谈"；时时想从同乡人那儿了解故土的人情世事；时时要魂牵故土，或盼着早日衣锦荣归，或祈求富贵后泽惠故里。于是，会馆经常在固乡谊、祀神明、敬祖先、资贫困、助病弱、葬逝者、祭亡灵、互相保护、协同竞争等方面发挥作用。①

清乾隆年间赤水河开通以后，江浙、两湖两广的商人来此经商从事盐运活动，也将各自的文化带进来，从而使赤水河流域的文化具有多样性，推动了赤水河流域的文化发展。赤水河的发展吸引着各地的人们聚集于此，而来自异乡的人们自然会带来他们家乡的文化。会馆最开始是一种同乡组织，目的是为身处异乡的同乡人提供一个精神寄托。同样它既是一种商业文化传

① 《中国会馆志》编纂委员会：《中国会馆志》，方志出版社，2002，第203页。

承,又是一种移民文化传承。"许多会馆都办有学校,培养自己的子女"。①会馆文化反映出一种民族精神,即团结各民族共同繁荣发展的精神。调查赤水河流域的会馆可知,会馆的创建者多为外来人员,而他们能够从外地经商至此,并在此扎根,足可显现他们与当地民族之间相处和睦,由此体现民族团结的精神。

（四）促进经济发展、人口增加

会馆也是一种商业活动的主要场地,具有管理约束乡族商业及对外沟通的作用。会馆是商帮（含盐帮、船帮、铁帮、木帮、布帮、烟帮、驮帮、屠帮、酒帮、栈房帮、水食帮、力行帮、水挽帮、金火帮、斗载帮、五金帮、油脂帮、山货药材帮、京果糖食帮、经纪帮等）的议事会、交易所,兼有客栈、货站的职能。为了团结乡人,会馆还捐资置产,购置"义园"（公共墓地）。② 会馆对于经济发展有着重要作用。

1. 促进经济发展

不同地区的商人经商至川黔古盐道沿线地区,有些还在此定居。为谋求更好的发展,他们集资修建了会馆。会馆的建设又吸引更多的投资者,直接促进了古盐道沿线地区经济发展。

如赤水地处黔西北边陲,是黔北通往川渝的重要门户。仁岸盐运促进了赤水地区的商品经济发展,会馆随之兴起,吸引了大量的商贩和其他行业的人。当时赤水河地区主要有造船、竹木、酿酒、餐饮等行业,同时也有许多随盐运发展起来的民间商人团体组织,如盐帮、船帮、酒帮、水挽帮等。这些民间团体组织乃至会馆的发展离不开经济的快速发展。

2. 促进盐运的发展

清代赤水河经过两次大规模的整治之后,航道情况有所改善,通航里程增加,盐运沿岸码头数量也随之增加,船只类型增多,运盐量上涨,无疑是盐运兴盛的佐证。但是由于贵州地势的特殊性,赤水河在整治后仍然存在一

---

① 中共赤水市委宣传部:《川盐入黔仁岸赤水》（内部资料）,2007,第151~152页。
② 中共赤水市委宣传部:《川盐入黔仁岸赤水》（内部资料）,2007,第151~152页。

些险滩,这些险滩的存在无疑会阻断航运,而运盐的盐船自然会被迫停下,此时就需要大量人力搬运,将盐从一个码头背到下一个码头,继续向前运输。基于此,许多无业贫民来到赤水河流域,成为船夫、纤夫、脚夫(从事人力运盐的搬运工),从事运盐工等工作。这些人在贵州奋斗创业、定居。但他们身处异地,故乡情结深重,需要有一种方式来寄托乡思。于是,不同地区的会馆应运而生。而会馆的繁荣发展无疑又推动盐运的迅速发展。会馆的出现和发展,吸引更多的人来贵州运盐销盐,从而使盐运得到更好更快的发展。

3. 促进人口的增加

会馆的创建者多是外来的巨商富贾,会馆兴建之后又吸引了更多的商人到此经商。因贵州地貌特殊,仅靠赤水河无法使航运到达贵州境内各地,食盐进入贵州盐运口岸仁岸后,于各个码头卸下,通过运盐工人力运往各经销站,从而进行食盐在贵州境内的运销。基于此,往来商船需要大量的船工、纤夫以及陆路搬运的运盐工,这使大量人口辗转于此。又因川盐为贵州食盐的主要来源,四川的商人、贫民纷纷加入川盐运黔的队伍,这些均促进了赤水河流域人口的增加。

当然会馆管理中也存在一些消极腐败现象,如有些会馆负责人或组织者利用会员聚众闹事、欺行霸市,甚至进行非法活动。

七 古盐道沿线地区会馆治理的特点

(一)地缘性

川黔古盐道会馆大多是由同乡经商者建立,是具有同一籍贯的商人们开展活动的重要场所。其主要职能的第一项就是"笃乡谊联桑梓"。会馆内部人员籍贯的统一、文化的同源以及生存环境的相似是根本前提。会馆是来自各地同乡们的聚集场所,是各地客商们与家乡联络感情的重要纽带。在会馆里面,不仅可以听乡话、说乡语、演乡戏、过乡节,还可以将自己对家乡的思念之情寄托于此。这突出的地缘性,便于会长协调同乡之间的各种利益关系,利于外乡流动人口的有效管理,能够为统治者管理地方事务服务。

（二）文化性

川黔涪边古盐道上的各类会馆是商品经济发展的产物，是一种民间的社会组织。"会馆作为一种以家乡观念为纽带而建立的组织，它首先应是一个地域文化的集中表现"，客商们借助会馆"展开同土著文化以及别的地域文化的对等交流"。[①] 来自同一地区的客商们，通过会馆这一纽带，互通信息，互相帮助，共同解决生活中的大小事务，与来自其他地区的客商进行竞争以谋取自身的发展，逐渐形成了以会馆为依托，以原籍习俗与乡情为纽带的会馆文化圈。他们与本土文化互相竞争又互相融合，形成新的地域性文化圈，丰富了人们的社会生活乃至川黔古盐道的历史文化内涵。

（三）政治性

会馆创立之时就具有较强的政治性。会馆的创立者往往是有经济实力、有声望的人。创建会馆时首先要获得当地地方政府的认可和支持，因此创立者"多把建立有序的社会秩序作为自己的目标"，这样既"切合政府对社会稳定的愿望"，从而获得"外在的合理、合法性"，又"给自己带来政治经济利益"，使会馆"具备了内驱力"。[②]

随着商品经济的发展，川黔古盐道沿线地区出现了大量的手工业者、商人等流动人口。传统的地方社会管理难以适应。时代呼唤新的管理方式。会馆"不仅仅能凝聚同乡情谊，整合同乡移民内部，而且能够整合本乡民众同土著以及其他移民团体之间的矛盾，甚或逐渐担当起基层管理者的角色"[③]，成为对流动人口实行有效管理的最佳社会组织。川黔古盐道的会馆是商业会馆，是一种自发、自律、自治的民间组织，也是统治者在基层管理中对流动人群进行管理的一个重要的协同管理组织。到了清末后也逐渐具备甚至取代了政府县以下基层的行政职能。[④] 到了民国时期，有些会馆会长的社会影响力

[①] 王日根：《明清民间社会的秩序》，岳麓书社，2003，第206页。
[②] 何绪军、王银田：《清代四川地区湖广会馆的产生与社会整合》，《三峡论坛》2017年第4期，第26页。
[③] 何绪军、王银田：《清代四川地区湖广会馆的产生与社会整合》，《三峡论坛》2017年第4期，第26页。
[④] 王日根：《中国会馆史》，东方出版中心，2007，第329页。

很大。会馆的会长与地方的团总、保甲一起构成了地方的县下治理体系[①]，是对传统的社会管理体制，即通过氏族、宗庙等势力来管理县以下的基层社会的补充和突破。会馆逐渐变为统治阶级维护统治的工具。有的地方会馆会长势力在某种程度上已经超过了地方官吏，成为乡村社会治理的主导力量。

总之，川黔古盐道会馆是异乡人员在客居之地依凭地缘关系建立并进行自我管理的一个重要组织，有相对固定的组织体系。会馆开展定期的节日活动、发展教育、帮助同乡人进行经济活动或会馆本身进行经济及商业活动、进行公益活动、开展协调活动。会馆还承担着维护社会秩序，促进民族融合、思想文化发展乃至经济发展等一系列社会治理功能。会馆治理具有地缘性、文化性、政治性等特点。总的来看，古盐道会馆的产生与发展是具有积极作用的，既对于商品经济的稳定发展具有促进作用，又因其对内的自我约束与对外的协助管理，有力地促进当地社会自治和管理，促进了地方社会和谐稳定发展。

第四节　川黔古盐道沿线地区的帮会治理

盐运促进盐道的社会发展，使帮会迅速发展。这里仅以川盐入黔四条古盐道中的仁边古盐道为例加以说明。遵义市习水县土城是仁边古盐道的一个重要中转站，各帮会都在土城设立办事点，发展至民国，已经有盐帮、船帮、经纪帮、酒帮、米帮、木帮、袍哥、石帮、茶帮、糖食帮、布帮、铁帮、药帮、丐帮、油帮、栈房帮、马帮等十八帮会，每个帮会都会制定帮规来规范该会会员。

一　帮会概况

（一）袍哥会

川黔仁边古盐道开通以后，运盐较以前更加便利，并且出现了部分商人

[①] 王日根：《明清会馆与社会整合》，《社会学研究》1994 年第 4 期，第 104 页。

自由贩卖现象。于是在运盐过程中，出现了政府以外的势力保护现象。为此，发源于四川的袍哥会就得以渗入川黔仁边古盐道。袍哥会也称"哥老会"，它起源于四川和重庆，是近代中国活跃于长江流域，声势和影响都很大的一个秘密结社组织。它具有相对稳定的、排他性的活动范围。这个地域范围可以是一段交通运输线路，可以是城市的街道，也可以是一片自然乡村地域。为了宣示某个袍哥会所拥有的具体地域范围，袍哥会进行"开山立堂"活动以彰显其地位。袍哥会按行为性质可分为清水袍哥与浑水袍哥，清水袍哥管理层来源多以学界、退职政界、社会贤达为主，会员多数有固定居住点、从事正当生意或固定正当职业或不乱惹是生非的人；浑水袍哥则是搞打家劫舍的土匪，与清水袍哥有明显的差别。川黔仁边古盐道上的袍哥会以维护这条古盐道的各种货物的流通为收入来源，属于清水袍哥。土城是仁边古盐道的一个大场镇，盐运业发达，人员多，因而土城的袍哥组织较大。土城袍哥直接受到四川袍哥的较大影响，在组织形式和活动章程上都袭承了四川袍哥的形式。

永宁开山堂直接影响到土城的哥老会，于是几乎是同一时间，土城也开始设立山堂。1859年，土城哥老会创建仁字旗，1932年，发展了仁、义、礼、智、信五个堂口，共有会员2000余人。

仁字旗。土城团总陈建庵是土城哥老会发起人。1859年，根据四川哥老会帮会帮规，会同本街乡亲及知名人士组织了仁字旗，命名古磁公。以陈建庵为首，袁用九、罗声远、罗长顺为副首。加入帮会的会员是地主大商家以及地方上有名望的士绅、学者、教师、官员等，互相介绍引进参加者达200余人。

义字旗。1897年初，赤水县府差官桂竹三来土城办案，取得仁字旗几位大爷同意成立义字旗，命名成义公。推乌银安为首，陈锡山为副首。会员对象有历史清白、有钱有势的士绅、字号经理、商人、店员等，相互介绍共收会员400余人。

礼字旗。1905年，土城本街莫海廷取得仁、义两堂同意成立礼字旗，命名吾从周。以莫海廷为首，许文彬、袁金南为副手。招收人员系择下交，相互介绍共收了500余人。光绪末年,陈建庵、莫海廷等陆续发展东皇、马临、隆兴、醒民、元厚等各码头哥老会。

智字旗。1913年,袁平州、税炳云等取得义字、礼字堂口几位大爷的同意后组织智字旗,命名智者乐。以袁平州为首,雷焕章、税炳云为副首。招收会员对象为劳苦阶层人员,参加者700余人。

信字旗。1932年,四川合江大桥信字旗大爷常绍臣来土城经商,慷慨好义,喜交朋友,人称袍哥博士,经仁、义、礼、智各堂口同意成立信字旗,称全福堂。以常绍臣为首,王银安为副首。招收会员对象为社会最底层人员,参加者200余人。

开设山堂这一形式进一步加快了哥老会的发展,为了管理逐渐发展壮大的组织,哥老会进一步严密了组织程序,对成员的控制进一步加强。

(二)金火帮

仁边古盐道的发展带动了沿线民族地区以盐运服务为中心的诸多行业发展,除造船、制盐篾、编纤藤、装卸盐工、盐船纤夫、船员等较为常见的直接服务于盐运的行业外,还出现"盐草""熬盐草"等行业。这些行业利用盐运过程中的废弃物(如用过的盐草与坏盐勘),进行收集、买卖、熬煮加工,以获得一些食盐,然后交易获得微薄利益。因其发展规模较大,到了清末民初,便形成了行业,并且还形成了一个民间组织。

这个组织的产生,是因为明清时期,仁边古盐道的疏通不够彻底,使许多大险滩不能通航(如二郎滩、石梅滩、大丙滩、蜈蚣岩、大猿猴滩),盐船到这些险滩时都得将盐全部卸下,搬入转运站、或装船或人力背负继续往上运输。如道光《仁怀直隶厅志》记载,"猿猴滩,厅城牯牛船至猿猴滩止""商船尽出所载,始上滩""盐船至此,必出所载上滩"[①]。在贵州销售的是"巴盐"(盐块),因运道远,转运次数多,摩擦碰撞而产生"盐灰"。虽然官盐、商盐均有一定耗损的规定,但为避免到站交盐不足,盐运商们采

[①] 陈熙晋:《仁怀直隶厅志》,赤水市档案局、赤水市地方志办公室点校,中国文化出版社,2016,第25~26页。

用在盐底部铺垫草来防止产生过多"盐灰",同时还可将一部分颗粒较大"盐灰"回收。这种作为铺垫用的草,在当时的盐运中被称为"盐草"。盐草一般为稻草,但因稻草是当时人们盖房的一种主要材料,往往缺乏,因而,有人专门从事给盐船割茅草作盐草之用的"活路"(职业)。由此也催生一些专门从事盐草经营的行业。因为盐草为一次性使用,盐船到达猿猴交秤返赤时,便将盐草弃之。在赤水重新装载时,又重买盐草来垫盐。由于盐草在运盐过程中难免不渗入盐分,而且又只能用一次,加上装盐的盐勘是竹子编成,在装盐过程中也渗入一定盐分,加之过滩时搬上卸下,用不了几次便无法修补重用,每轮航次均有一些坏的被弃掉不用。用过的盐草与坏盐勘因含有盐分而为人们所重视,猿猴场穷苦的人与各盐船主商议将盐草与坏盐勘折价卖给他们。盐船主们也知废弃的盐草和坏盐勘中含有一定盐分,但量小利薄,还不及自己在猿猴装运粮食、煤炭、石灰等货物利润大,且让自己来处理则费神又费时,将其折价卖掉,还可得点小钱来补充行船开支。一些人经过与船主协商,最终取得熬盐草的权利。熬盐草的盐质不如巴盐好,但价格要比巴盐便宜,除却费用开支尚可勉强养家糊口。为了让这一生计无人争抢,他们自行组织起来,对外称为"金火帮"。他们垄断了赤猿段所有盐船的盐草与坏盐勘。根据档案记载,民国32年时,"金火帮"成员有赵达三、王铁民、江恒恩、赵万顺、罗银州、袁极三、郭成之、赵广惠、赵文彬、赵柱轩、杜启、蒋国华、蒋银周等。

1942年12月,因赤水县救济院院长石玉生要在土城镇建立救济分院,因赤水县经费紧张,其通过县长何干群下令赤猿段盐船商业同业公会,将原来卖给猿猴场"金火帮"熬盐的盐草等物无偿交付土城救济分院,以发展与维持赤水的慈善事业。此后,盐船同业公会立即召集会员大会,专题讨论盐草交给谁的问题。与会会员们认为,盐船同业公会所有同仁对县的救济事业一直予以支持,每年要捐资数千元;盐草一项收入虽然不多,尚可补助杂费开支,现百物上涨,每船盐草需100余元,现金火帮愿出每船100元买进废弃盐草等物,尚可作一些补贴。因此,决定不将盐草交给土城救济分院。12月18日,盐船同业公会会长张绍清致函救济院长石玉生,陈述会员会议的决定。石玉生见函后,又同副院长沈御军赶往紫云宫(赤猿段盐船商业同业公会会址,解放后为盐业公司所在地,现已撤毁),与盐船同业公会相关人员座谈磋商,希望盐船商业同业公会所有同仁继续支持赤水县的慈善事业,并表示理解盐船业的难处,愿放弃无偿接收盐草等物的决议,双方共同协商一个都能接受的价格。由于要求把盐草等物交给土城救济分院有县政府的明文规定,盐船同业公会也不便过分强抗,且救济院又同意出钱购买,因而便与县救济院达成交付盐草等物的协议:每船盐草与坏盐勘作价30元;每个船主必须无条件将其交给土城救济分院熬盐;费用每半年结算一次,由县救济院统一交付盐船同业公会发放;凡特殊情况船主用棕篼来包盐,其卸载后,棕篼归船主所有,不列入应交的盐草等物之中。双方议定盐草交付土城救济院从1944年1月1日起开始。

此后,赤猿段盐船商业同业公会专门函告猿猴"金火帮",表明将盐草等物交土城救济分会熬盐,以作该分院经费是县政府的决议,其目的是支持地方慈善事业。同时饬令所有会员"今后所有运猿捆盐草,仍应议价交由土城救济分会收买熬盐。"为了安抚历来以熬盐草为业的"金火帮",县救济院长石玉生利用到土城参加土城救济分院成立之际,会同土城救济分院负责人亲赴猿猴,召集"金火帮"所有成员开会,共同讨论今后的生计问题,最后经协商达成协议,由土城救济分院筹给"金火帮"各熬盐草户33000元,其中20000元为补助,另13000元为申请许可证费。至此,猿猴"金火帮"走完自己历史,不复存在。为管好盐草等物的接收,土城救济分院在猿猴设立"猿猴煎盐处监督委员会",由赵北高任主任委员,赤猿段盐船商业同业公会理事长、副理事长被聘为委员。1947年10月,赤水河经过导淮委员会的整治疏浚后,实现了赤水城至二郎滩直航。这段时间里,偶然也出现过个别船户不交盐草之事,赤水县政府专门下文,要求盐船同业公会告诫会员要交出盐草,以维护猿猴、土城两地慈善事业。其间盐船户还要求土城救济分院增加收购盐草等物价格,盐船同业公会也两次行文,要求政府提高价格,但都被县政府以维持地方慈善事业为由而否定。

由于赤水河盐运实行赤水至二郎滩直航，从赤水装载的盐改用小盐勘来装，加上盐商修改过去常规，交秤时不再收盐灰，因此，小勘编得较密，加上途中提驳、搬滩减少，也就不再需要用盐草来垫了，同时，各船主为节省开支，损坏的盐勘要随船带回，修补后再用。这样就造成盐船到猿猴无盐草和坏盐勘交给土城救济分院熬盐了。1949 年 2 月，赤水县政府下文要各船户按规定交盐草等物，当时的上河民船商业同业公会复函说明缘由。从此，盐草退出仁岸盐运，以盐草熬盐也不复存在。①

（三）水挽帮

清乾隆初年，贵州总督张广泗督修赤水河，使上中游航道得到较为全面整修，航运状况得到较大改观，但元厚境内鸡心滩直至赤水河入江处一段仍然保持原状，因而从赤水城出发上行的盐船只能抵达大猿猴滩，不能到达元厚场码头，要靠人工将食盐陆运至元厚各分号。同时，赤水城至元厚场这段河道险滩众多，上行盐船要集结成"单"而行，一般每单船有盐船 7~10 艘，以便遇滩时集中各船纤夫轮换拉滩，人们称这种相互协作拉滩的方式为"换宗"。此外，盐船行至大小丙滩、鳖滩、鸭岭三滩、葫芦垴滩、石梅寺滩等险滩时，因滩浅水急，必须卸下部分食盐，由纤夫搬运过滩，待船拉过滩后，再将其装上船继续上行。由于航道左右不定，纤道也就时左时右，河岸多巨石杂树常常把拉纤的纤藤挂住或卡住，影响盐船正常航行，因而需要有人专门负责将纤藤从障碍物上解脱开，这在航运术语中被称作"捡挽"（"挽"在赤水方言中有"缠绕""缠住""绕"等意思，因而将把纤藤从障碍物上解开称为"捡挽"），此工作一般由船上的"三桡"负责。

在赤水至元厚的航道（以前称元厚为猿猴，因此，此段河道被称为"赤猿段"）上，从狗狮子以下至赤水城区，河道逐渐开阔平坦，但河中仍有巨石星布，盐船纤藤也时有被挂住或卡住的情况，因而仅靠专人在岸上"捡挽"不能彻底解决纤藤被挂住的问题，还需要有专门的小船负责该河道

---

① 苏林富：《盐运中的水挽帮》（个人资料），赤水市档案馆。

的水上"捡挽"。这样一来,又产生水上"捡挽"的"水挽",承担"水挽"职责的船也就被称为"水挽船"。一般每单盐船上行至夹子口时临时喊一渡船作为"水挽船"随同而行,"水挽船"只有渡夫一名,随盐船"捡挽"至狗狮子后返回,行程往返为三天。"水挽船"除专门负责水面"捡挽"外,还要承担送纤夫上岸拉纤、接纤夫回船就餐等任务,如遇盐船磕碰触礁,还要参与抢救食盐上岸,以帮盐船主减少损失。

由于上行盐船都在夹子口渡口喊"水挽船",该渡口的渡船除平日负责渡往来于此的川黔客旅商贾以外,增加了为盐船"捡挽"的工作,在一定程度上也增加了自己的收入,也就产生了赤猿段盐运的一个辅助业——"水挽业"。为避免相互间争夺"水挽"业务而发生纠葛,经过相互间的谅解和共同磋商,夹子口的渡夫们制定了依序排轮承担"水挽"行规,以达到既充分保证每个人的收入,又不因此产生纠纷而影响盐船主的利益,从而结成了自己的帮会——"水挽帮",以维护"水挽"工人权益,负责与盐船帮交涉提高"水挽"工资等事务。因年代久远,谁是水挽帮首任帮头或理事,现已无从查考,只能从档案资料中看到,1939年时,黄树清为水挽帮理事,1942年,马吉成出任理事,喻树成任副理事。

"水挽"从清代仁岸盐运兴盛时就已产生,但因多由夹子口渡口的横渡船承担,因而盐船业主们认为是自己为其找到一条增加收入的途径,是对渡夫们的一种恩赐,所以付给"水挽"工人的薪酬一直很低,与从事"水挽"的付出极不相称。水挽帮也在不同时期向船主们提出增加薪酬的要求,但都被推诿,甚至拒绝,即使同意增加,也只是锱铢毫厘。直到1939年,每只水挽船随盐船捡挽一次,来回三天,人船仅获法币0.8元,而当时一名木工工资一天为1元,其薪酬之低不言而喻。

1939年9月,由于物价上涨过快,水挽帮向仁岸赤猿段盐船商业同业公会(以下简称盐船公会)提出增加水挽工资至2.4元一航次,以解水挽工人生活之困,但遭到盐船公会拒绝。直到1940年3月,水挽工资仍然维持在每航次0.8元,广大从事水挽船户对此十分不满,只得采取消极行为以表不满情绪,因而出现盐船在拖滩涉险时水挽船不再听从盐船主的指挥,甚至发生在随盐船行至中途弃而返回之事，开始对盐运正常秩序造成影响。为了维护自己的利益，保证盐运正常进行，盐船公会对水挽帮提出的加薪要求有了松动。1942年8月，盐船公会与水挽帮共同达成协议，决定水挽一次人船薪酬为法币2.6元，水挽船在捡挽期间必须听从盐船主的安排与部署，以后薪酬增减由双方共同商议。此后，随着物价飞涨，水挽工人薪酬仍远远低于物价上涨幅度，给水挽帮全体成员带来生活上的困难，因此，水挽帮多次要求盐船公会增资，但总是被盐船公会以诸多理由推诿压制，使之每次加薪仍为各业工人薪酬之末。

  1947年，法币严重贬值，物价狂涨，人们生活十分困难，为解决水挽帮各船户生活困境，水挽帮于2月、3月相继呈请盐船公会体恤水挽工人，按照物价上涨幅度增加水挽薪酬，而盐船公会也因运价上调赶不上物价上涨而一筹莫展，因此一面推诿以运价上调即调高水挽薪酬敷衍水挽帮，一面又自行物色水挽对象，以希摆脱水挽帮。同年6月，盐船公会与夹子口原水挽帮成员黄金全等5人签订了长期固定捡挽协议，并报盐务分局和赤水县政府备案，认为通过此举就可撇开水挽帮，随心所欲控制水挽了。但事与愿违，6月23日，赤猿段盐船正式施行固定水挽，当盐船行至夹子口，准备喊定约的5户水挽船随同捡挽时，遭到早已闻讯且集结于此的水挽帮船户的阻止。愤怒的船夫们将那签长期固定水挽的船只拉到岸上，将其砸坏，使之不能随盐船上行捡挽。水挽帮的这一举动影响了盐运的进行，盐务分局与盐船公会闻讯后，立即告知县政府，县政府随即派人随同前往夹子口，要求水挽帮不要耽误盐运事务，其他问题俟后解决。此后，县政府令赤水总工会介入此事，负责对此事进行调查，务必以不影响盐运为要。8月17日，赤水县总工会召集盐船公会与水挽帮相关人员前往总工会，协调解决双方纠纷。调解会由县政府代理民政科长主持，经过协商达成协议：今后水挽帮薪酬由盐船主按生活指数呈请盐务分局核定后增加，承担水挽之船必须全权负责捡挽，不得无故停工，违者送官方罚办，水挽船遇拖滩涉险时，要听从盐船主指挥，如需提驳，其费用由船主付给，盐船遇险，水挽船有无偿抢救之责；对盐船公会所雇水挽船，依法加入捡挽业，按轮次承担水挽业务；在双方冲突中被毁坏的 5 只船，由船户自行负责修理，其费用由船户找盐船公会解决。盐船公会理事长张绍清，水挽代表李炳生、张国平、李海清、马树清、向海清等人在协议上签字。在此后的时间里，双方虽在增资问题上仍有分歧与冲突，但盐船公会不敢再贸然行事，只能以推脱来敷衍水挽帮的增资要求。

1949 年以后，随着川盐入黔运道的改变，曾因仁岸盐运而繁忙的赤水河逐渐平静下来，因盐运而产生的水挽业偃旗息鼓，特别是赤水河中上游的船型经过改造之后，水挽帮完成了自己的历史使命，慢慢从人们的视野中消逝，再也无人谈及。

二 帮会活动场所

川黔古盐道曾经商贸繁荣，加快了人们的流动、会集。为了追求其利益的最大化或者维护其各自利益，相同或相近行业的人们建立或参加了许多帮会组织，产生了诸多帮会，如船帮、栈房帮、马帮等十八帮会。在经济繁华的背后，仁边古盐道上的各种民间组织也繁荣起来，这些组织多以建宫庙来彰显其存在，并作为其主要活动场所。仅以今赤水的宫庙为例，据中共赤水市委宣传部编《川盐入黔仁岸赤水》[1] 统计有如下宫庙。

马王庙，正名天驷宫，位于南门城内，始建于清代，初为驼马帮劝募修建，光绪十九年（1893 年）都司庄朝俊培修。此庙以"伯乐"为神祇供奉。城内驼马帮每年刻日祭祀。

王爷庙，正名紫云宫，始建于清代，供奉镇江王爷而得名。后来又在县城下游修了另一个王爷庙，因此，民众为了区别两庙称谓，分别按赤水河的流向冠以"上"和"下"，故称紫云宫为上王爷庙，另一个则称为下王爷庙。民国中期，建立分段船帮后，赤猿段船帮公会驻于此庙内。

海灵宫，始建于清代，位于东门城外右侧矮坡上，因敬奉海神，故名海灵宫，为船工、纤夫工人集资和劝募修建，并于每年农历六月初六在此祭祀海神。民众因此形象化地称此庙为搭帕庙（搭帕为纤夫拉船时使用的

---

[1] 中共赤水市委宣传部：《川盐入黔仁岸赤水》（内部资料），2007，第 126～145 页。

工具)。

下王爷庙，又名积香山，位于东门城外麻柳沱下游约一里处的赤水河边，建于清代后期，此庙门对上游，屋宇顺河朝上游方向，门墙高耸，上有立式嵌额，上塑"积香山"三字。庙宇为四合院式一楼一底，砖木结构，中有天井。此庙为县内盐船帮、民船帮和盐商帮、米商帮等捐资修建。庙内供以镇江王爷为主的多种神祇。每年农历六月初六，举行献会祭祀活动，人数众多，香火旺盛。由于有两个王爷庙，民国时期曾商议祭祀分工。即盐船帮、民船帮、盐帮在上王爷庙祭祀；米帮、木作业、建筑业在积香山献鲁班会，缝纫业献轩辕会，香烛纸火帮献蔡伦会。

据统计，仅赤水城内及近郊清代所建庙宇总数为35座。这些庙宇除少数为政府出资修建外，其余皆为行业和民众集资修建，基本上是帮会的主要活动场所。

三 帮会主要职能

帮会作为一种社会组织，在协调人际关系、统一人们行动、维护社会稳定等多方面具有重要的社会管理职能作用。其主要职能如下。

（一）维护帮会成员的利益

鸦片战争以后，在巨额的赔款重压下，各级地方官府开始加征各种杂捐，各行各业为了维护自身的利益，不耽误自己的生意与业务，相继自发组织起行业帮会，以负责应对官府摊派的各种事项和统一收缴的各种捐费。如当时在赤水河上航行的盐船虽然数量多、载重量大，但均为永隆裕、永发祥、协兴隆、义盛隆等四大盐号自备，由各盐号雇请管事负责经营与管理，与官府间的往来，都由盐号出面，因此，所有盐船没有组成"盐船帮"。随赤水河盐运业发展起来的其他短途客货运的民船，载重量比运盐的牯牛船小，但必须按规定缴纳船捐，为了保护自身利益，统一步调和协调内部矛盾纠纷，这些民船主们自发组成"民船帮"。[①]

---

① 苏林富：《民国时赤水地区的船帮组织》（个人资料），赤水市档案馆。

1912~1930年，经营不同业务的工商业人员，为维护本行业的利益，经历代相传而自发地结合成各帮各行的"行会"组织。"行会"虽有悠久的历史，但无统一的组织形式，结合方式也各有特点，如经营丝制品的商家，为尊奉轩辕黄帝首创养蚕缫丝而立"轩辕会"，用以团结联系本行业人员，因业务分工而形成绸缎帮与丝线帮；经营中草药的商家立"药王会"，敬奉唐朝医药学家孙思邈；营造房屋及木作业户，敬奉巧匠鲁班，立"鲁班会"；屠宰业户敬奉杀猪出身的三国时名将张飞，立"三圣会"；戏曲业户敬奉唐玄宗李隆基饬戏曲而立"梨园会"等。其他各行各业也为维护本行业利益，以发财作号召，立"财神会"，形成了帮或行的自然结合。凡欲从事本行业业务者，必须加入本帮本行，通称为"入行"，这在当年的社会生活中，已成一条不成文的规则。[①]

（二）进行行业管理

许多帮会往往"制订自己的帮规，以束缚帮内成员行为"。[②] 如仁边古盐道上的盐帮，垄断了土城乃至贵州大部分地区的食盐市场。凡是食盐市场的参与者，都要服从盐帮管理，盐帮的帮规章程多有散佚，知情者口耳相传六条：

(1) 遵守盐帮章程，服从盐务所管理；

(2) 严禁互相倾轧，勾结外人破坏盐帮现有格局；

(3) 不得恶性竞争，故意压价；

(4) 不得克扣盐运损耗；

(5) 按期缴纳会费；

(6) 帮会成员精诚团结，共相扶持。

这些规定对于统一帮会成员、维护帮会的稳定有着一定的积极作用。

[①] 中国人民政治协商会议贵州省委员会文史资料研究委员会：《贵州文史资料选辑·第8辑》，贵州人民出版社，1981，第116页。

[②] 苏林富：《民国时赤水地区的船帮组织》（个人资料），赤水市档案馆。

（三）维护共同信仰

帮会维护共同信仰，如仁边古盐道上的盐帮"不管盐船，还是民船，共同供奉'镇江王爷'，每年以农历六月初六日镇江王爷生日为会期"。①

1911年，川黔仁边古盐道各盐船在原来已有的帮会基础之上建立了各运盐段的行业公会。1927年，改为同业公会，同属赤水县商会领导的船业商业同业公会。各个帮口都以王爷神为核心建立办公地点。如赤水县经营竹木的人员组成的帮派组织，在今赤水市麻柳沱修建了王爷庙，曾拥有成员近200人。赤合段（赤水至合江运段）盐船帮在赤水县（今赤水市）东门河边修建了海灵宫。

古盐道的发展，使人口汇聚，为诸多行业的发展提供了充足动力，而政府管理在某些方面缺失或不到位，移民、流民、土著民族、商人等群体需要自治，此促使盐道沿线各帮会形成与发展。帮会的产生与发展，当然有其不好的一面，如帮会的规矩比较多，其中有些帮会入会的首要条件就是以具体经济方式体现，而在明清乃至民国时期，川黔仁边古盐道的各民族多以小贩为主，其微薄的收入仅够家用添补，但是不入会，自身利益就得不到维护。为此，许多人只能将收入再分配给帮会。帮会属于秘密社会组织，是旧社会的产物，虽对当时社会稳定和管理具有一定积极作用，但是由于其阶级局限性、时代局限性等，其积极作用是有限的。因此帮会的消极性、危害性及破坏性也是必须正视的。如帮会之间的纷争、帮会内部争斗，还有帮会中的某些人借机敛财、聚众斗恶，甚至进行非法活动。如土城袍哥会中就存在一些欺行霸市现象。

第五节　川黔古盐道对西南地区的政治影响

作为水陆混合型运盐古道，川黔古盐道对西南地区政治、经济、文化乃至社会生活产生重要影响。贵州素不产盐，川盐是明代以来至近代贵州食盐

---

① 苏林富：《民国时赤水地区的船帮组织》（个人资料），赤水市档案馆。

的主要来源。川黔古盐道是川盐古道的一部分,是从四川到贵州的以食盐为大宗的商业贸易通道。川黔古道对西南地区的发展产生重要政治影响。

一 川黔古盐道的发展促进了国家对西南地区的治理

(一)川黔古盐道的发展对西南地区的治理有重大促进作用

1413年,设贵州布政使司以前,贵州一直处于边疆地区,分属四川、云南、湖广三个行省,常常以羁縻州、土司等形式与中央王朝联系。在经济、文化、政治地位上并没有得到统治王朝的足够重视,正如李化龙所言:"盖贵州原非省会,止以通滇一线,因开府立镇,强名曰省,其实皆高山峻岭,军民无几,尚不能当他省一大府,有何名焉。"[1] 故历代对贵州的开发以"过境式开发"或"代理式开发"或"间接开发"或"曲线性开发"为主要方式。[2] 川黔古盐道开通与发展,反映了中央对西南地区,特别是对四川与贵州发展的高度关注,促进了国家对西南地区的治理与开发。

川黔古盐道沿线形成众多历史文化古镇。涪边古盐道上典型古镇有思塘、沿河、龚滩、淇滩。仁边古盐道上有土城镇、打鼓新场镇、茅台镇、猿猴镇、丙安镇等。綦边沿线地区中具代表性的城(场)镇有郭扶、中山、赶水、松坎、新站镇等。永边古盐道上较为典型的有瓢井、清池、乐道、岩脚古镇等。这些古镇都是当时的商业中心、文化中心,但同时更是政治中心和民间组织会馆与帮会所在地。

川黔古盐道既是川盐入黔、销黔重要通道,也是西南地区重要的古官道商路。明代贵州建省,抗战时期,重庆成为陪都,贵州成为抗战大后方,凸显西南地区政治地位的重要性,促使中央政府更加重视对西南地区的管理与开发。川黔古盐道的形成和发展是区域经济社会对政治变化发展的观照与映射,更是各种政治力量博弈的结果,它反映了川黔地区乃至西南地区国家化、内地化、现代化的过程,是对国家、民族、社会的观照和映射,更是国

---

[1] 李化龙:《平播全书》,中华书局,1985。
[2] 田永国、罗中玺、赵斌:《贵州近现代民族文化思想研究》,浙江大学出版社,2012,第26页。

家社会、经济、文化互动的结果。

（二）密切了贵州地方政府与中央政府的联系

贵州盐政，特别是黔省食盐运销历来为关系黔民生活、黔省安定的头等政事。对贵州而言，食盐是政治商品。它不仅关系民生，而且关系贵州社会稳定。所以政府都非常重视。如"解放初，土匪骚扰，交通受限，盐源中断，供应紧张，不法私商围积居奇，盐价很高，巴盐每100市斤黑市价竟高达银元100元，当时相当于黄金一两。中共贵州省委决定采取紧急措施组织武装护运。通令沿途军政部门调动公私车辆成立运输大队配备武装人员，随车护运食盐。各地盐业部门依靠当地政府、配合运输单位分头负责。川盐岸口重庆至贵阳运盐车，由省工商厅治派武装护送。贵阳运至安顺、兴仁、镇远等地盐车，由当地派武装护送。"① 这样"每次都是十几辆或几十辆汽车一齐出动。人民解放军在车头架着机枪开路，往往经过激战击溃土匪的拦劫才得以通过。"② 由此可见，政府把食盐运输作为大事来对待，并且也取得了成效。"1950年元月11日由重庆运回首批食盐，至当年6月共计运盐5590吨，按公仓牌价大量抛售，并采取调低盐价挂牌公告等措施，打击投机商，平抑盐价稳定市场。"③

但在1935年以前，贵州交通极不方便，且经济文化历来比较落后，再加上贵州又不产盐，为食盐纯销区，贵州盐政一直未归中央政府直接管辖，主要由邻省盐务机构代管，贵州省政府协管。贵州省政府对本地盐政缺乏独立的管理权。有时由邻省交纳协款后，贵州省政府遂停征盐税，并撤销一些盐务管理机构。直至南京国民政府主黔后，国民政府逐步实现了对该省的控制，盐政亦随之由国民政府主持。1936年，国民政府以162万元的协款将贵州盐政管理权收归中央，是贵州盐政管理纳入中央政府统一管理体系的标志。这在一定程度上提高了贵州省的政治地位，密切了贵州地方政府与中央政府的联系。

---

① 贵州省地方志编纂委员会：《贵州省志·商业志》，贵州人民出版社，1990，第286页。
② 贵州省地方志编纂委员会：《贵州省志·商业志》，贵州人民出版社，1990，第286页。
③ 贵州省地方志编纂委员会：《贵州省志·商业志》，贵州人民出版社，1990，第286页。

二 促进了西南地区地方间的政治联系

川黔古盐道沿线地区形成众多历史文化古镇。这些古镇都是当时的商业中心、文化中心，但同时更是政治中心。古道沿线各城镇政治中心的形成发展及其之间的交流，加强了边远地区、农村地区间的联系，打破、改变了各民族原来的分布，进而促使贵州省政府加强了对这些边远山区、农村地区、民族地区的控制和管理。由于古盐道从北到南、从东到西布满了整个贵州境内，每条古盐道上都催生了许多场镇（集镇），这些场镇遍布整个贵州境内，并且这些古镇后来发展成为县城，乃至州府所在地。这些情况也再次说明古盐道的形成和发展密切了省政府与所管辖的地区之间、各地方区域之间的政治联系。

川黔古盐道的发展在历史上有利于促进"改土归流"政策的实施。这些场镇的形成原因：一是因运输食盐和其他商品而形成的贸易中心；二是这些地方地处交通优势之地，能满足交通需要、运输需要；三是这些场镇的人员大多是外来人员，或为商人，或为手工业者，或为苦工（纤夫、背夫等），或为游民。这些场镇首先是作为经济贸易中心，而后政府派官设吏从而为地方政治中心。在这些地方实行流官制度，这为当时改土归流的实施创造了有利条件。

三 促进西南地区政治近代化

在川黔古盐道发展进程中，古盐道沿线地区的盐政管理中也进行了一些制度改革，促进了西南地区，特别是贵州政治近代化。如国民政府主黔时期对贵州盐政管理进行了一系列制度建设，主要体现在以下几个方面。

（一）盐务机关组织及相关工作人员管理制度

如贵州盐务机关人事制度，有担保制度、考试考核制度，且关于盐务机关工作人员的级别制度、工会制度、福利制度等都有详细规定。这表明贵州省盐务管理机构运用现代化管理制度对盐务工作人员进行管理，其制定的人事制度、考试制度、保证金制度等都具有现代性特征。另如盐务机关组织的运转相关制度，为加强对贵州盐务事务的管理，贵州曾组建盐政改革委员会，并制定《盐政改革委员会组织法》。

（二）运销制度

贵州盐务中的关键问题是运销问题以及缉私问题。在盐运制度方面，贵州基本上沿用中央的管理制度，尤其是套用四川的运输管理制度。当然由于贵州盐务的特殊性，亦有一些具有贵州特色的运输管理制度，如贵州省政府的协调、保护制度。随着保险事业在贵州的出现和发展，在贵州盐务中亦出现了一些保险试行办法，如《黔区各岸边岸盐款、盐斤连保试行办法暨有关运输盐保险文件》。为更好地控制食盐的销售，既在一定程度上保证民食，又能获得更多的盐税收入，这一时期国民政府制定了许多有关食盐销售征税的政策和制度。如《盐专卖条例》《盐政条例》等，并制定一些具有贵州地方特色的组织条例或试行办法。

（三）缉私管理制度

如前所述，为了获得更多盐税收入，政府必定会采取较为严厉的缉私行动。为了更有效地缉私，国民政府制定了一系列的相关政策和制度，如缉私警察的警务制度、盐警与关警相互配合制度及铁道上的盐业缉私制度等。这些制度的制定及实施对于当时的贵州制度建设起到了一定的作用。

综观国民政府主黔时期的各项盐政管理制度，尽管存在诸多局限之处，如这一时期的贵州盐政管理在很多时候亦并未真正依法办事，依制度办事。但是，这些制度对后人还是会或多或少地产生一些影响，为后来的盐务管理提供了经验教训，甚至从思想上对贵州制度现代化产生了一定的影响。

第三章
川黔古盐道与西南地区经济发展

　　历史上，中央王朝曾一直将贵州作为管理西南地区的一个跳板，贵州的地位并没有得到重视，因此历代统治者对贵州的开发都不怎么重视。贵州的经济一直落后于周边省份。但是随着贵州设立布政使司，成为省一级行政机构，贵州的各方面都得到了较快发展。清代爱必达对贵州整体认识非常到位，他在《黔南识略》总叙中说贵州"介楚之区，其民夸。介蜀之区，其民果。介滇之区，其民鲁。介粤之区，其民蒙。大率皆质野而少文，纤啬而重利。贵阳所属，则勤于耕读。安顺所属，则兼多负贩。平越、都匀、铜仁事虽简，而地要。镇远、思南、仁怀商以通而力裕。思州、石阡习于俭者也。大定、兴义治用严者也。黎平之民富于木，遵义之民富于丝。普安地宽而人杂，则编查宜勤于内。松桃地小而苗多，则防御宜周于外。"[①] 可见，贵州在西南地区有着特别的地理优势，而川黔古盐道处于川、黔两省之间，是联通西南地区的重要纽带。川黔古盐道在明清时期得到快速发展，带动了沿线民族地区经济的快速发展，使民族地区经济生活发生转变，产生了诸多场镇，同时也产生了许多大商人、商号。

　　川黔古盐道的发展促使西南地区交通状况大大改善，引起部分经济资本迅速积累，使古盐道沿线地区生产力和生产关系都发生了重大变革。作为盐

[①] 《黔南识略·黔南职方纪略》，杜文铎等点校，贵州人民出版社，1992，第19页。

业贸易的重要通道，川黔古盐道促进沿线地区形成了一批批商业中心。沿线地区的历代移民活动使盐道沿线和周边地区经济相互影响，促进了古盐道沿线地区乃至西南地区经济发展和区域市场的统一乃至壮大。

本章从川黔古盐道上古城镇的形成与发展、商业兴起与繁荣、金融业萌芽与近代化等方面分析川黔古盐道与地方经济发展的相互关系，探讨川黔古盐道与川黔乃至西南地区经济发展、生态发展的内在规律。

第一节　盐税是古盐道重要的经济问题

川黔古盐道的形成与发展离不开川盐的运销。盐道上的主要经济活动就是食盐贸易。而盐税是政府、盐商以及人们非常关注的重要问题，其中政府最为关注。因为盐税直接关系各方的经济利益，因此古盐道上的盐税问题事实上是政府、盐商以及人们利益博弈问题。

一　明清时期的盐税

明朝政府非常重视食盐的管理，尤其因巩固边疆统治和加强政府财税收入的需要，明朝皇帝常进行盐政变革。如明朝曾实行几项很有影响的政策："开中"法、"令民计口纳食盐钞"和"纲商法"，这些政策在一定程度上影响到贵州民众的食盐状况及盐税的征收。

"开中"法是明政府鼓励商人输送米粮等至边塞而给予食盐运销权的制度。洪武三年（1370年）规定："令商人输粟于边，给以盐引，令其赴场支盐自行贩运。"当时贵州的"开中"主要是"纳米给盐""以盐换粮"。盐米的折合比例，是按食盐的不同产区和销区以及盐的质量等因素来确定的。洪武十五年（1382年）规定："普安纳米六斗者给淮、浙盐二百斤；米二石五斗者给川盐二百斤。乌撒纳米二斗者给淮、浙盐皆二百斤。"盐米交换比例是明代中央政府用行政手段制定的，但这种规定亦可根据当时的需要，特别是军需用粮的缓急情况进行调整。《明太祖洪武实录》载洪武二十二年（1389年）因军事需粮紧急，将普安原来的粮盐折合比例改为"纳米一斗五升者给淮、浙盐二百斤，纳米一石五斗者给川盐二百斤"。如前所述，户部也曾在贵州试行过"令民计口纳食盐钞"的政策。明朝万历年间还推行过"纲商法"。

因贵州财政困难，清廷遂安排四川、湖北协助调银，以养活军政人员。川、粤两省实行"以盐补饷"，实际是以出场价将盐销给贵州。四川"以盐补饷"较多，故占据了大部分销区，仅少数县为粤、淮、滇盐的销区，都允许盐商纳税后，可以专利运销贵州。贵州地方政府又将这些食盐附加各种苛捐杂税，高价出售于人民。

贵州不产盐，人们主要食用淮、滇、川盐，盐税由邻省征收，由户部核定拨解贵州支用，时称"协银"。清政府发给盐引，方可入黔销售。《贵州通志·食货志》载："康熙二年（1663年）规定，水引每票盐50包，陆引每票盐4包，每包重100斤，另加损耗盐15斤，共115斤。按引征税，水引每票征银3.45两，陆引每票征银0.27两。乾隆年间，食盐正税之外加征税羡银，各地收取不一。水城阿女、米俾二局年征盐税银57.77两，岁征盐课税羡银515两。"《普安直隶厅志》载，普安"原额税课银一百八十两零三钱七分四厘，每季盐税银五十八两三钱二分，四季共应解盐杂税课银一千零一十五两四钱七分七厘六毫。又每季税羡银二百八十两零五分四厘，四季应解银八百三十二两二钱一分六厘。闰月加征银六十九两三钱五分一厘三毫三丝三忽。"①

到了清代后期，贵州的盐税不断增加。咸丰十年（1860年），贵州创办厘金，对销售食盐除照旧缴纳地方税外，还要缴纳十分之一的厘金。贵州征收厘金的实际情况是："商人运盐到岸，见十抽一，谓之大厘。"而"沿途复有半厘、小厘、落地税各名色，又有查局、分局、验票局、各州县私设卡局，层层派索。每引一张运入黔境，实抽银不下数十两"②，如此重税，以致商贩裹足，百姓深受食盐高价之苦。就连四川盐商都认为贵

---

① 贵州省地方志编纂委员会：《贵州省志·商业志》，贵州人民出版社，1990，第274页。
② 财政部贵州盐务分局：《盐政实录·贵州区分志》，1946。

州税敛过于繁重，人们难堪重负，于光绪六年（1880年）呼吁四川代请减征。

二 民国初的盐税

民国初年，政局动荡，军阀扩军自雄，形成割据。各派军阀为巩固其统治，再次加征盐税。武昌起义后，各省纷纷独立，四川军阀借口开支浩繁、盐税锐减，财政枯竭，自顾不暇，停解盐协。盐协被停解后，贵州军阀立即采取相应措施，一面打着"补偿盐协"的旗号，利用驻兵川省之机，估提川中盐款；一面重新开征盐税，借协饷停解为名，对已在川中征税的入黔川盐再行征税。其时贵州人口大约700万，每年进口川盐16000引，每引50包，共合80万包，可收税100多万元。① 因此，对川盐入黔课以重税，是一项为数颇大而又可靠的财政收入。各届军阀政府重征盐税，致力于盐务整理，正是看中了这一经济利益。②

1912年，贵州成立了盐务处，拟订了川、滇、粤、淮盐入黔办法。盐务处在各岸设盐税局卡，负责查验货、票。凡未经认岸领有执照者运盐入黔，即作私盐全部没收。经云、贵两省商定，滇盐由云南招商运销黔省，入境时由贵州盐税机关查验盐斤，收取运盐票。盐税按每百斤征银二两，由云南代征。贵州盐务处每季持运盐票赴云南领取税款。粤盐、淮盐税率同为百斤征银二两，由入境处地方官或厘金局代征。1913年11月1日，改定征收章程，将粤盐、淮盐税率改为每百斤大洋2.10元。

三 军阀时期的盐税

军阀统治贵州时期，重征了盐税，提高了税率，盐税（这里指川盐的盐税）为每包入口税一两五钱。③ 又如1917年，军阀混战，贵州协款无着，遂开征盐商营业税，税率为每盐一包征捐2元。刘显世整理盐务，规定特别

---

① 《省议会开会法实》，《贵州日报》1913年7月29日。
② 《贵州民政长戴戡呈大总统文》，《北洋政府公报》1914年7月27日。
③ 《贵州盐务私法》，《贵州公报》1912年11月6日。

盐商捐"每包于入黔时，征收盐税二元"，① 1921 年则增至 3 元。②

1922 年底，袁祖铭颁布《贵州食盐经销处简章》，对入黔川盐实行官运、官销、官商合股经营，通过垄断食盐运销获取厚利。1926 年，军阀周西成执掌黔政，认为食盐是可靠的税收来源，乃于次年召集四岸盐商协议，颁布《修贵州官督商办盐务暂行简章》，再次对盐务进行整顿，基本办法是：恢复前清"丁宝桢盐法"，重新确立四岸认商制度，实行包税制度，各岸盐商只需一次认足盐税之后，就不再缴纳任何厘税。四岸盐商每年共认缴盐税银元 160 万元。③

毛光翔沿袭周西成的盐政，征税总额为 150 万元，所不同者，规定经销的盐商，资本必须在 10 万元以上，且限制为趸卖业，不得兼营散商零售。王家烈取代毛光翔后，实行"开放盐务"政策，颁布《贵州盐业营业章程》，下令"取消认商，准许人民自由贩运"，同时"宣布所有前颁盐务章程一律作废"，④ 但是章程中所定"盐税税额为 150 万元"仍有效。⑤ 从形式上看，盐的经营方式似乎有明显变化，但并未废除盐税定额制，实质上，只是经营者由少数认商垄断改成了多数人的分散经营。并且盐税定额是民初 50 万元的 3 倍。

1932 年后，地方军阀蒋在珍、侯之担盘踞遵义、赤水后，綦岸、仁岸的盐税被他们截留，盐商往往要交双份盐税。这导致其辖区，即黔北地区之盐价亦随之上升，盐运供销体系又渐被打乱。⑥

总之，军阀统治贵州的 20 余年里，每一届军阀政府都进行军事扩张，称霸贵州。不断的战争使军费开支浩大，严重超过了贵州财力，导致严重的

---

① 《督办盐商捐以供军需》，《铎报》1917 年 7 月 27 日。
② 贵州省地方志编纂委员会：《贵州省志·商业志》，贵州人民出版社，1990，第 274 页。
③ 中国人民政治协商会议贵州省仁怀市委员会学习文卫委：《仁怀文史资料·第 22 辑》（内部发行），2005，第 130 页。
④ 贵州省档案馆馆藏资料，全宗 60，卷宗号 7861。
⑤ 贵州省档案馆馆藏资料，全宗 60，卷宗号 7861。
⑥ 中国人民政治协商会议贵州省仁怀市委员会学习文卫委：《仁怀文史资料·第 22 辑》（内部发行），2005，第 130 页。

财政赤字。为了填补这一赤字，无论是哪派军阀上台，都力图通过重征盐税、巧立名目繁多的苛捐杂税，以摆脱财政开支的困境。

有些军阀还千方百计勒索盐商。如鲁瀛的《布告同胞书》（源自《贵州辛亥革命资料选辑》）曾记载"唐继尧督黔时，梅治逸奉命整理黔北盐务，遵义盐商邓仲三因挑盐漏盖图记，被迫勒索银四万两；何金堂、陈海三等，因盐数挑字据模糊，惨遭杀害"，并罪及脚夫。黔军李善波部，更公开抢劫"万懋正"盐号，造成该号损失19万元。王家烈以贬值纸币向"大定县属瓢儿井盐商调换大洋六万元"，向"毕节盐商调换大洋四万元"。[①] 至于用其他形式勒索盐商数不胜数。

整理盐务、重征盐税，虽然增加了军阀政府的财政收入，但加重了贵州民众"盐贵淡食"之苦。从表面上看，重征盐税受害的是盐商，真正受害的却是广大人民。因为盐价要随成本高低而上下波动。盐捐越多，盐价越高；加之当政者只知搜刮盐税，并不过问盐政，任凭盐商投机倒把，哄抬盐价，致使盐价居高不下。例如在当时黔北一带，要三十来斤大米才能换取一斤食盐，故有"斗米换斤盐，斤盐吃半年"的民谣。[②]

四 国民政府主黔时期的盐税

（一）盐税的征收

1935年，贵州省政府改组，修订了《贵州省官督商办盐务认岸暂行章程》，制定了《贵州省财政厅兼管盐务总局征收盐税规程》及《贵州省财政厅征收附加税及盐务经费办法》。所收盐税作为国家补助费拨归省用，认商认额仍为150万元，但税率改按运输远近分别规定。川盐：仁岸的赤水，每包征4元3角，习水每包征4元；綦岸每包征3元5角；涪岸每包征4元；永岸每包征4元。滇、粤、淮盐则入境时每包概征5元。盐务经费，

[①] 贵州省档案馆馆藏资料，M41-1-4877。
[②] 中国人民政治协商会议贵州省仁怀市委员会学习文卫委：《仁怀文史资料·第22辑》（内部发行），2005，第125页。

川盐每包5角，其他1元。川盐纳税每包以司马秤[①]净重180斤计，其他则以160斤计。[②]

1936年1月，贵州与财政部签订《修正财政部指拨贵州省政府协款协定》十条，恢复清代的协款制度。每年财政部拨付给贵州协款150万元，另拨教育补助费12万元，共计162万元[③]。取消认商，停征黔盐税，换得贵州取消盐税。从此，贵州盐务管理和盐税征收总算统一于中央。[④]

盐政管理权由中央收回后，征收盐税自然成为四大家族剥削人民的手段，增加的项目越来越多，数量也越来越大。试以一部分增税加捐的记载为例予以说明。

1935年，川盐销黔每担"正税二·二〇元，外债附税〇·三〇元，统一附税二元"。次年1月，增"征盐场整理费〇·一〇元"。1937年，"征黔省建设公债基金〇·五〇元""征建设专款〇·五〇元"。1938年1月，增"征盐巡经费〇·一〇元"。[⑤]

1939年4月开放滇盐，官运销盘江八县，每市担征6元1角8分，由贵州、云南各征一半，贵州称为"滇盐半税"。其中包括场税8角7分5厘，外债附加1角2分5厘，建设专款5分5厘，军饷等费1元8角6分5厘，整理费1角，公益费5分，合计3元零7分。

1940年增"征平衡盐价基金四元""征营运价款价本费八元"。

1941年，盐销税的数增加了：国民政府举办从价征税，盐税分产、销两税。贵州为销区，征销税（包括建设专款）5角，外债附加3角，公益费1元，整理费1元。原令川盐按各销地每担售价30%计征，还"按销价百分之五征意外损失准备金"，"按销价百分之三十征销税"。[⑥] 因川盐在贵州销地广阔，而征税机构薄弱，征解不便，经呈准改为按岸价40%计征；并由

---

① 司马秤每斤616克。
② 贵州省地方志编纂委员会：《贵州省志·财政志》，贵州人民出版社，1993，第68页。
③ 1939年另加贵州建设基金48万元，中央财政部拨贵州省协款增至210万元。
④ 贵州省地方志编纂委员会：《贵州省志·财政志》，贵州人民出版社，1993，第68页。
⑤ 顾文栋：《贵州近代盐荒论》，《贵州文史丛刊》1984年第1期，第24页。
⑥ 顾文栋：《贵州近代盐荒论》，《贵州文史丛刊》1984年第1期，第24页。

川康局所设口岸机关代征代解。官运滇、闽盐均按销地售价30%计征。官运粤盐及零星商运滇、粤盐的销税，都由场区放运时征收。

1942年5月，"改销税为专卖利益每担七十五元。另征公益费一元，整理费一元，专卖管理费七元"。

受通货膨胀的影响，物价高涨，盐税也猛涨：1943年10月，每担盐增"征战时附税三〇〇元"，1944年3月，每担盐增"征优待国军副食费一〇〇〇元"。

1944年，每百斤食盐专卖利益仍规定为90元，附加偿本费14元、整理费1元、盐工福利费（公益费）5元、管理费50元，另外开征国军副食费1000元（包括战时附税300元），合计为1160元。

1945年2月，食盐专卖停止，又重新恢复盐斤征税制，每百斤食盐征税高达4440元。其中正税110元，国军副食费1000元，公益费5元，战时附税3000元，偿本费25元，管理费300元。盐税随物价上涨，经多次调整，至1945年4月每担盐税达7440元，折合银元约4.6元，占当年全省平均趸售盐价的24%。

国民党政府垂死挣扎，疯狂加税，仅自卫特捐一项，每担即收银元1元（折合法币1617.4元）。此时贵州盐税的一年收入，相当于银元450万元以上。

1946年，尽管战时附加和国军副食等名目税已被取消，但由于通货膨胀，食盐每百斤征税继续趋涨，至1947年8月，每百斤盐税为10万元。[①]1947年11月每百斤盐税为25万元，次年3月每百斤盐税为35万元。1948年8月，国民政府改法币为金圆券，川盐每百斤征税金圆券19元6角3分6厘。1948年，海盐征45元8角1分61厘。[②]

（二）盐税在盐价中所占的比例高

盐税是盐价的组成部分之一。一般情况下，盐税高，盐价自然就高。抗

---

① 贵州省地方志编纂委员会：《贵州省志·财政志》，贵州人民出版社，1993，第68页。
② 贵州省地方志编纂委员会：《贵州省志·财政志》，贵州人民出版社，1993，第68页。

战时期以及后来的解放战争时期，国民政府征税普遍很高，盐税也不例外，这一时期的盐税远远高于非战争时期。从表 3－1 就可看出盐税在盐价中的比例是比较高的。

表 3－1　核定代营局在江津接运边灰盐价细目

单位：洋元

项目	金额	备考
厂价	4858.39	查边灰花 40 载计，东场 22 载，按年场价每载洋 4522.32，西场 18 载，价每载洋 5269.14，平就分摊如左数
正附税	7020.00	计正税 4.2，外债附加 0.3，建设专款 0.5，盐场整理费 0.3，公益费 0.16，防空费 0.04，黔省建设公债 0.5
平价基金	1170.00	每担征收 1
商本保障费	117.00	每担征收 0.1
出仓脚力	188.00	此次加运灰花，系按东、西两场由灶仓捆运交橹船或进临时官仓脚力等计费，并按 40 载分摊如左数
长船善后样贴	10.00	本局规定给以津贴每载如左数
篾包	69.90	篾包每载价洋 63.9，脚力 6
转捆工资及篾条	53.07	此次加运边花系按盐包或装捆所有工资，转捆工资 22.83，篾条 23.04，长班工资 7.2，共支左数
仓灶捆运及杂费	5.5	收盐吊称 2.6，报运送 1.8
橹船水脚	275.00	橹船水脚 220.00，洋贴 44.00，奖金 11.00
营业税	15.71	橹船营业税 4.4，拨船营业税 11.3

注：贵州省档案馆馆藏史料，M41－1－3628。

从表 3－1 可得知，一载盐的价格为 13832.00 洋元[①]，则每担盐价为 11.82 洋元，厂价所占盐价的比例为 35.12%，正附税所占盐价的比例为 50.75%，其他运杂费所占盐价的比例为 14.13%。可见盐税在盐价中所占的比例之高。

---

① 从表 3－1 推算出来，"厂价为 4858.39（洋元）"是从"查边灰花 40 载计，东场 22 载，按年场价每载洋 4522.32，西场 18 载，价每载洋 5269.14，平就分摊如左数"，可知 4858.39（洋元）应是一载盐的价格，从平价基金为 1170.00（洋元）应为一载的价格，又从"平价基金""每担征收 1 元"可知"1 载＝1170 担"，"商本保障费，117.00（洋元），每担征收 0.1 元"也可以证实。

107

由此可见，在盐成本价中，当时的盐税所占比例一般超过 50%，在合法盐销售价①（食盐成本总额 + 成本总额的 20%）中的比例也是很高的，一般超过 40%。如果按照法定价格，盐店或公卖店很难获得高利润，甚至有时还会亏本，故许多盐店或公卖店经营者想方设法走私或违规售盐以获高利。如此高的盐税为私盐创造了巨大利润空间，同时其诱导了一些不法盐商的偷税走私行为。因此，从某种意义上说，重盐税助长了私盐的泛滥。

总之，价值规律是商品生产和商品交换的基本经济规律，凡是有商品生产和商品交换的地方，就必然会有价值规律。贵州食盐供求关系的严重失衡（食盐供不应求）促使贵州私盐盛行。如前所述，源于各种因素，入黔的食盐相对要少，根本满足不了贵州民众对食盐的正常需要。尤其是边远山区，食盐运输更是艰难，能到达人们手中的食盐更少，而盐价更高。且抗日战争时期，贵州成为陪都屏障和抗战后方，战略地位大大提高，加上沿海一线的许多重要部门迁至贵州，人口骤增，从而使贵州的食盐需求更为增大。既有需求，又有供给，这样私盐就有了发展的条件。官府无法控制的盐经走私渠道进入市场，有许多官盐没有进入或不愿进入的偏僻地区成为私盐的目标市场，即使有官盐的地区，私盐仍可以凭借价格优势进入。私盐的动机与条件都具备，当然就越禁越活跃了。同时，该时期贵州盐价组成成分之复杂，是其他地方少有的，贵州的盐价相对很高，意味着走私的利润很大，从而刺激一部分人从事食盐走私活动。又由于盐税重，盐商合法经营很难获利，为此许多商人囤积居奇或违法经营，客观上也促使一些盐商进行私盐活动。故贵

---

① 抗日战争期间，关于食盐的销售价，其定价的原则、方法及数额都是有明确规定的。当时的贵州省政府有如下规定：销售价只能由贵州盐务总局核定，"至于公卖店领销之盐斤，则由本局（贵州盐务管理局）核定趸零售价，饬商照价销售，不准逾越"；对于各地盐价的确定，相关规定更为具体：趸售价（据点仓价），"本区（贵州销区）各据点仓价，自廿七年四月奉令由本机关（贵州盐务总局）核定"；零售价，"本区（贵州销区）各县公卖店零售盐价，按照贵州盐务总局的规定仓价出售，凡仓价调整一次，必同时按盐店管理规则之规定，暨调整数字，由本机关予以改核并于改核后，一面列表分函各县政府，令饬所属乡镇公所，就近监视销售，一面另填零售牌价布告，交商悬挂于售盐处所，俾使购盐人一目了然。而杜绝公卖店乘机渔利"；且关于各销商的利润，也是有严格规定的，一般为购盐总成本的 2%，各销商的利润不得超过这一规定，否则为违法行为。

州盐紧缺、贵州盐价居高不下及盐税沉重，是国民政府主黔时期贵州食盐缉私的基本背景。

第二节　川黔古盐道沿线地区商业经济发展

作为重要商业通道，川黔古盐道形成、发展本来就是商业与交通业相互促进、相互作用的产物及表现。川黔古盐道的发展对古盐道沿线地区农业、种植业、手工业、工矿业以及金融业的发展产生影响。下面以仁边、涪边古盐道商业经济发展主要情况为例加以详细说明。

一　仁边古盐道沿线地区商业经济发展概况

（一）产业发展概况

川黔古盐道的发展，为沿线地区发展其他产业奠定了基础。据道光《仁怀直隶厅志》记载"本城土城、生界、渔湾各关税，三千四百七十八两八钱七分，除书巡饭食灯油纸笔银，一百二十九两六钱，实解银三千三百四十九两三钱七分"。[①] 包括盐税在内的关税成为政府主要财源，促使政府在当地实行鼓励经商的政策。川黔仁边古盐道的开通促进了各民族经济生活的多样性发展，使各民族地区经济得到较快发展，推动了当地经商氛围的逐渐形成。仁边古盐道沿线地区许多少数民族的经济生活曾以自给自足的自然经济为主。但是自乾隆年间开通仁边古盐道后，人们开始发展商品经济。以蚕丝业为例。乾隆年间爱必达《黔南识略》载："自乾隆八年，知府陈玉璧携其蚕种由山左来，教民种橡以养之，取丝为帛。至今衣被甚广。"[②] 同时《黔南识略》中还记载教民养蚕的办法，如遵义䌷"取丝之法，以大釜盛水，倾茧于其中……其抽丝器具与家丝同。织而成至为繁绸，又谓之遵义䌷。郡境弥山漫谷，一望蚕丛，丝之值倍茧，䌷之值倍丝。其利甲于黔省，

---

① 陈熙晋：《仁怀直隶厅志》，赤水市档案局、赤水市地方志办公室点校，中国文化出版社，2016，第109页。

② 《黔南识略·黔南职方纪略》，杜文铎等点校，贵州人民出版社，1992，第243页。

其绅行于荆蜀吴越间矣。"① 由此可见，清乾隆八年以后，仁边古盐道上遵义府各地养蚕成为人们重要经济产业。

随着盐道的不断发展，盐道沿线地区交通相对更为便利，信息交流较以前更为便捷，商品流通加快，养蚕发展成为古盐道上一些农村地区的主要产业。到了道光年间，养蚕业已相当发达。如道光《遵义府志》载："自是郡善养蚕，迄今几百年矣。纺织之声相闻，榆林之阴迷道路。邻叟村媪相遇，惟絮话春丝几何，秋丝几何，子弟养织之善否。而土著裨贩走都会，十十五五，骈坒而立眙。遵绸之名，竟与吴绫、蜀锦争价于中州、远徼、界绝不邻之区。秦晋之商，闽粤之贾，又时以茧成来□□，困载以去，与桑丝相搀杂，为绉越纨缚之属。使遵义视全黔为独饶。"②

仁边古盐道的发展繁荣除了促进养蚕业的快速发展之外，还促进了赤水河流域酒业发展。乾隆年间成书的《黔南识略》记载："茅台村地滨河，善酿酒，土人名其酒为'茅台春'。"③乾隆年间茅台镇已开始酿酒，后来因人口增多，许多盐运码头也渐渐有商人投资酒生意，因此如今出名的茅台酒、郎酒、习酒等名酒也是在那时候开始发展起来。这些名酒的产生、发展，除了与赤水河地理环境、气候、土壤等自然条件以及精益的酿造工艺有关，还与清乾隆元年将古盐道延伸至茅台镇有重大关系。古盐道盐运业的迅速发展，带动了大量的商贾、船工、纤夫、力夫等人来此盐运路段上经商、谋生，促进了沿线酿酒的发展，并逐渐形成产业。在清乾隆治理赤水河之前，赤水河流域人烟稀少，场镇不多，酿酒业不发达，人们酿酒多为自酿自饮，极少出售，场镇所出售的酒，均来自四川江津的松既、白沙、朱沱一带，且量不大，多由经营者雇人从产地挑回。④随着古盐道的发展，赤水河流域人口增加，特别是流动人口增加，一些商人看到当地许多

---

① 《黔南识略·黔南职方纪略》，杜文铎等点校，贵州人民出版社，1992，第244页。
② 郑珍、莫友之：《遵义府志》，遵义市志编纂委员会办公室，1986，第489页。
③ 《黔南识略·黔南职方纪略》，杜文铎等点校，贵州人民出版社，1992，第261页。
④ 苏林富：《盐运与赤水河中下游地区的发展》，《人口·社会·法制研究》2013年第2期，第243页。

人家产酒只是供自己食用,而没有将酒作为商品出售,却有商人从四川挑酒来仁边沿线地区贩卖,由此看到其中蕴含的巨大商机。考虑到仁边古盐道沿线地区本就具有产酒的历史,古盐道盐运业的兴盛又带来更多的市场需求,因此商人们便在仁边沿赤水河运道两岸如猿猴、茅台、二郎滩等地兴建酒坊酿制酒。1786年7月23日立在仁怀县城至茅台的筑路碑上有"偈盛酒号"的记载。1794年,修蚂蟥沟至长岗大坝沟的筑路碑记载有"成义号"捐银一两二钱。此说明随着川黔仁边古盐道的开通,早在乾隆年间已有酒商号的诞生。

茅台村是仁边水陆联运的交汇点,故盐商、船夫、背盐人、马帮等人多集中于此,致使茅台酒比其他酒更有发展劲头。道光《遵义府志》记载,当时茅台镇的烧房在二十家以上,酿酒所花费的粮食总量在两万石以上,"酒冠黔人国,盐登赤虺河"。道光《仁怀直隶厅志·文艺志》记载:"家惟储酒卖,船只载盐多。"[①]由此,我们可以看到仁边盐运的兴起促进了酒业的发展。酒产业中发展最好的数茅台酒,1876年,丁宝桢在经历咸同人民起义后对川盐运输进行改制,实行官运商销,以遵义人唐炯为总办,遵义人华联辉为总局文案。经过改制,仁边盐运固定为永隆裕、永发祥、协兴隆、义盛隆四家盐号。永隆裕盐号在华联辉带领下,在茅台村开设酿酒作坊——"成裕酒房",后更名为"成义酒房"。华联辉利用永隆裕盐号在各地设立的分号进行茅台酒的销售,同时也进行散卖。"成裕酒房"的酒被盐船工人、商人、纤夫等所喜爱,而外来商人将其带出仁边,通过盐号分号将其传入遵义、贵阳、安顺等地。继"成义酒房"成立十年之后,仁怀县人石荣霄、孙全太、王立夫合股联营开办"荣太和烧房",后因孙全太退股,更名为"荣和酒房"。到民国年间,仁边盐运发展至最盛之时,又增许多酒坊,一些酒坊的发展规模也逐渐壮大。如1929年周秉衡在茅台开设"衡昌酒房"。1941年,盐商赖永初接管"衡昌酒房",并更名为"恒兴酒厂",生产酒名

[①] 陈熙晋:《仁怀直隶厅志》,赤水市档案局、赤水市地方志办公室点校,中国文化出版社,2016,第524页。

原为"衡昌茅台",后改名为"赖茅"。

综上可见,川黔仁边古盐道的开通及发展,带动了沿线地区商业经济的发展,特别是促进了养蚕业、酒业的发展,为仁边古盐道的经济发展做出了非常大的贡献。

(二)仁边古盐道沿线地区的手工业、服务行业

川黔仁边古盐道的盐运发展促进了商贸繁荣,且促使盐道沿线地区各族人民的职业有所改变,促进了部分特殊的手工业、服务业的产生与发展。故有"衣食其中者,踵相接矣。惟是趋利者多,渐离本业"[①]之说法。盐道上的运盐、销盐活动一起促进了盐道沿线民众所从事的行业日趋增多、日益细化、日益专业化。盐道沿线民众改变了原来单一的农耕种植业的生产结构。如道光《仁怀直隶厅志·会计志》记载"而沿赤水河数百里,贫民无业者,多操船及贩卖营生,盖以数千计"[②]。由此可看到已有许多人不是以务农为生,而是在从事与盐业有关的行业,如纤夫、背夫等。因川盐入黔仁边古盐道是逆水行舟,山高谷深滩险,水运路途艰难,盐运催生了纤夫行业。道光《仁怀直隶厅志》记载"黄泥滩,乱石堆积,迅流如箭,每船须百余人方能牵挽以上,舟子必俟二、三十船始发"[③]。"川盐入黔大部分是用水路运输,而在用水路运输食盐的过程中需要大量的人力来拉动船行驶,这就成为老百姓谋生的一种手段"[④]。至于背夫行业的产生,乾隆《贵州通志》记载:"大定府民众多贫者,缺衣乏食甚而无居室者众。"因没有土地,故"无恒产者日穷而日甚",所以"唯有负盐一役而已",因太穷且无其他生计方式,他们只好从盐道上寻求一线生机。大定府属争作运盐夫役的,幼者十二三

---

① 陈熙晋:《仁怀直隶厅志》,赤水市档案局、赤水市地方志办公室点校,中国文化出版社,2016,第290页。

② 陈熙晋:《仁怀直隶厅志》,赤水市档案局、赤水市地方志办公室点校,中国文化出版社,2016,第107页。

③ 陈熙晋:《仁怀直隶厅志》,赤水市档案局、赤水市地方志办公室点校,中国文化出版社,2016,第31页。

④ 王佳翠、胥思省、梁萍萍:《论川盐入黔的历史变迁及其对黔北社会的影响》,《遵义师范学院学报》2015年第2期,第48页。

岁，老者五六十岁，"无不以负盐为业"①。道光《仁怀直隶厅志·文艺志》中的一首诗也曾作如下记载："天与贫民便若何，蔺州卅里罢开河。裹盐蛮妇上山去，风雨一肩何处多。"② 可见，分布在盐道上的诸多民族已经参与盐运，并形成了一个个新的职业。乾隆年间《黔南识略》记载"安顺所属，则兼多负贩"，③ 如实记载了一些人在仁边古盐道安顺段做贩运生意。道光年间，仁边古盐道上已出现了船户、饭店、酒楼、客栈、茶商、码头工人、纤夫等跟诸多的行业有关的词汇。

关于仁边古盐道上各类行业从事者及与盐运密切相关的专门称呼，苏林富在未刊稿《赤水方言》④ 中做了类似的统计：

掌墨师：过去在修建工程或造船工程中负责总技术的老师傅

木匠：木工

改匠：在山林里将木头解成木板、木枋的工人

泥水匠：建筑业中从事砌墙、抹墙的工人

盖匠：替别人修理屋顶的工人

打船的（li）：造船工人

后领江：船长，亦称"撑梢""后驾长"，并与"前领江"统称"太公"

前领江：撑船头的前驾长，亦称"撑头"

走船的（li）：泛指航运工人

拉船的（li）：纤夫

推船的（li）：泛指从事水上航运工作的人，亦指专门从事过河船驾驶的人

---

① 《贵州通史》编委会：《贵州通史 3·清代的贵州》，当代中国出版社，2003，第 238 页。
② 陈熙晋：《仁怀直隶厅志》，赤水市档案局、赤水市地方志办公室点校，中国文化出版社，2016，第 523 页。
③ 《黔南识略·黔南职方纪略》，杜文铎等点校，贵州人民出版社，1992，第 19 页。
④ 苏林富：《赤水方言》（个人资料），赤水市档案馆。

推水烟的（li）：制作丝烟的工人

漆匠：从事油漆的工人

篾匠：从事竹业的工人

机匠：手工织布的工人

棕匠：从事编织棕绳、棕垫的工人

缴船的（li）：经营船舶运输的人

编牵堂的（li）：制作竹纤绳的工人

小摊贩儿：小贩

摆摊的（li）：小贩

二道贩子：向商贩或生产者买进货物再卖出去的小商贩

赶流流儿场的（li）：赶场做买卖的小贩

卖盐巴的（li）：卖食盐为主的商贩

翻筐筐儿的（li）：小本经营粮食买卖的小贩

买洋线的（li）：走街串巷卖针头麻线的小贩

偏二：掮客，买卖经济人

牛偏二：专门从事牲畜交易的掮客

长年：长工

月活：打短工

帮人的（li）：雇工、佣人

帮丘儿（li）：打零工，干零活的人

打杂的（li）：小工

零戳戳：临时工

打零戳戳儿的（li）：做零工的人

跑江湖的（li）：流动的无业人员

打烂账（li）：无正当职业，靠打零工为生的人

商号：过去泛指所有从事商业活动的商店

盐号：过去专门从事食盐运输的商号

开铺子：开店

摆摊儿：摆摊子

店店儿：商店

馆子：过去多指饭店

饭馆儿：饭店

餐馆儿：饭店

面馆儿：专卖面条的饮食店

酒馆儿：酒店

水烟儿铺：过去卖丝烟的商店

烟馆儿：过去贩卖鸦片或供人吸食鸦片的商铺

茶馆儿：供人们喝茶的店铺

京果铺：过去专卖干鲜果品的店铺

糖食铺：过去买卖糖食的店铺

豆油铺：过去卖酱油、醋、豆瓣及其他佐料的商店

翻米簸簸儿：过去卖米的摊贩

栈房：旅社

客栈：旅社

旅馆儿：旅社

油酒店儿：过去专卖油、酒类的商店

成衣铺：过去卖服装的商店

绸缎铺：过去卖丝绸、缎子的商店

杂货铺：杂货店

纸火铺：过去卖纸张、火炮的商店

装银店：过去制作、出卖香烛纸钱、花圈、匾额、对子及其他纸扎迷信用品的商店

烫房：屠宰场

案桌：指卖肉的摊子

油坊：榨油的作坊

槽房：酿酒作坊

酱园儿：酿造酱油醋的作坊，亦称"酱油园子"

染坊：染布匹、麻布的作坊

裁缝铺：为人们制作衣服的作坊

铁匠铺：制作日常生活用具和农具的作坊

木匠铺：制作日常生活用具的作坊

毛笔铺：过去制作和出售毛笔、墨等文具的作坊

待诏铺：理发店

药铺：中药铺

药房：西药铺

摊摊儿：小摊子

地摊儿：将货物摆在地上出售

赶流流场：小商贩根据附近场镇的不同赶场日期，去买进或卖出商品

盐船：过去对装运食盐的木船的总称

上河船：对航行于赤水城以上所有运输船只的总称

下河船：对航行于赤水城以下的所有运输船只的总称

中元棒：船型、吨位较大的盐船，有帆，主要航行于长江口合江城至赤水城

大牯牛船：船型、吨位比中元棒小的盐船，主要航行于赤水城至猿猴镇

小牯牛船：船型、吨位比大牯牛船小的盐船，主要航行于猿猴镇至二郎滩镇

茅村船：船型、吨位比小牯牛船小的盐船，主要航行于新隆滩至茅台镇

滩子船儿：过去主要进行短途载客、载货的木船

麻叶秋：主要航行于赤水城经合江到重庆的长途客货木船

小河船：吨位小，主要航行于大同河、习水河

过河船儿：渡船

双飞燕儿：打鱼船，无舵

打屁船儿：机动船

机帆船儿：机动船

拖轮：专门用于拖无动力驳船的机动船

驳子：驳船有木质和钢壳两种，无动力

牵籐：用竹篾编制，用于过去拉船用的纤绳

橹：过去赤水城以上的上河船没有舵，以活动的橹代替舵

  以上皆是川黔仁边古盐道沿线的一些方言，反映了历史上盐道沿线各行各业的发展。其中人口最多的行业，应属纤夫及背夫（背盐人）。川黔仁边古盐道主干道赤水河险滩多，因此拉纤之人非常多，但是拉纤是重体力活，所需拉纤之处，多是险滩路陡的地方，需多个纤夫成群结队才能拉纤。如果一次拉纤的活太少的话，就不划算。故许多人不愿意仅拉单只船的活，因此一般盐船行船必须结伴。乾隆年间，严如熤记载了行船结伴情况："苗疆溪河……上者必合十余舟夥帮而进……揽夫数十人蚁行于石角树根之前，一舟既上，更过一舟；故舟行计程，潭中日数十里，遇险滩则不过十数里。"①赤水河结队航行称为"依单"，"每单或二十余船，或三十余船。船上险滩，必并众船水手牵挽始行。"所以每次跟船而行的纤夫人数相对较多。川黔仁边古盐道自合江溯赤水河而上，所以必须纤夫拉船。据相关研究统计，"由合江至赤水，每船可载150包（每包160斤）；在赤水换船至元厚，每船装40~50包；元厚换船经土城达二郎滩，每船装20包；元厚至土城为季节性通航，低水位时靠驮马转驳；二郎滩至马桑坪用人力搬运；在马桑坪又用较小船只水运至茅台。"② 另据《赤水交通志》记载："民国时期，境内船工约千人，少部分居农村。船工们的收入供养着4000人左右，约占境内人口的2.5%"。③ 抗战期间，赤水河合江至二郎滩段的船员、桡夫、纤夫列入水

---

① 夏鹤鸣、廖国平：《贵州航运史（古、近代部分）》，人民交通出版社，1993，第117页。
② 夏鹤鸣、廖国平：《贵州航运史（古、近代部分）》，人民交通出版社，1993，第158页。
③ 赤水县交通志编纂组：《赤水县交通志》（内部发行），1987，第156页。

运技术人员之列免服兵役的工人共计有13379人次。其中,1938年1536人,1939年1765人,1940年1843人,1941年1642人,1942年1438人,1943年1770人,1944年1876人,1945年1536人。①

(三)盐号兴起

乾隆元年以后将仁岸岸商核定为4家,一是由过去的老盐号"成金号"的刘鼎庵(陕西人,定居仁怀县城)、仁怀厅人田佩三和自流井的场商"四友堂"李氏家族合伙成立的"协兴隆"盐号;二是贵州遵义人华联辉创办的"永隆裕"和"永发祥"两盐号;三是盐商王相容的"义盛隆"盐号。四大盐号中以"义盛隆"资本最少,它与"协兴隆"一样,设总号于仁怀厅城,销区各转运趸售点设分号。"永隆裕""永发祥"总号在贵阳,在仁怀厅城和各转运点、趸售点设分号。到清朝末年,四川保路同志会兴起后,川盐入黔受到影响。随着辛亥革命爆发,仁岸盐运逐渐停滞下来,运道受阻,且匪风日盛,各盐号业务萎缩,经营也无昔日之盛。民国初年,民国政府废除清代以来所制定的盐业法规制度,取消1877年丁宝桢盐政改革时期制定的"官督、商运、商销"政策和"岸引"规定,川盐改为"自由运销",仁岸四大盐号——永隆裕、永发祥、协兴隆、义盛隆先后歇业倒闭。1915年,民国政府改川盐"自由运销"为"官督商办",在川盐入黔的四大口岸成立盐运公司,重新招商承办川盐运销。在合江成立仁边岸盐运公司,专门负责仁岸的川盐运销,赤水很快成立起永盛隆、荣盛通、大昌荣、新记四家盐号,为与过去的"四大盐号"相区别,人们将这四个盐号称作"新四号"。由于民国时期时局变化较快,新四号与以后在盐政变化中出现和消亡的大小盐号,存在时间短暂,以至于人们很少记得它们的创办者是谁。1917年,民国政府在重庆设立运盐公署,改川盐运输"官督商办"为分厂分岸有限制的"自由贩运",仁岸食盐仍由自贡盐场提供,由川盐运销商运往仁岸销区各地销售,同时,由于采取有限制的自由贩运,所有资金只要达到盐务管理部门规定从事川盐运输所需额度的人,都可以从事川盐运

---

① 苏林富:《抗战时的赤水河川盐运输》,《贵州文史丛刊》2015年第2期,第41页。

输,因此,仁岸沿途出现一大批从事川盐运输的盐运商。在失去专营仁岸川盐运销的保护,仁岸出现大量新盐号后,仁岸的"新四号"相继关闭。受到资金制约与地域的影响,这一时期在仁岸沿线出现的盐商和盐号,不再采取沿线设点运销的传统模式,改为分段经营,由自贡盐场到邓井关、合江为一段,合江到赤水、土城为一段,土城到金沙、鸭溪为一段,鸭溪、金沙到贵阳、安顺为一段,每一段都有二三十家盐号不等。

1926年,以周西成为首的贵州桐梓系军阀开始主持黔政。1927年,周西成对贵州盐务进行整顿,改自由贩运为"认商制",重新规定仁岸保留盐商10家。仁岸沿线几十家盐号经过重新组合,最后形成德厚、裕通黔、仁记、全裕、德谦裕、华昌、永清仁、庆丰等10家盐号。1929年,仁岸的10家盐号又重组合并为四通公、裕通、利记、华昌、集大成、同盛、祥记、大成裕8家。后来随着桐梓系军阀首领周西成在与军阀李燊(即李晓炎)的战斗中阵亡,桐梓系军阀内部开始出现争斗,形成王家烈、侯之担、蒋在珍、犹国才、车铭翼等割据一方的局面,仁岸的8家盐号也在军阀割据中分分合合。1935年,桐梓系军阀结束在贵州统治时,仁岸盐号已发展到16家,即裕丰、利记、永记、同盛、永盛、仁和、祥盛、厚记、永兴和、德义长、德厚祥、合福永、安泰祥、德裕祥、永泰长、祥记等。[①]

黔北地区的盐运水陆交通干线形成后,经营盐业的商号便纷纷成立。从清初到民国末年,先后在仁岸经营盐业的商号就有永隆裕、永发祥、协兴隆、义盛隆、永盛隆等50多家;这些盐号又在各岸的集镇、码头设立总店、分店、趸售站、转运站等,负责食盐的运销业务。如仁岸在赤水县城设总店,自流井、合江、贵阳、安顺等地设分店,土城、茅台、鸭溪、高洞、金沙、滥泥沟等地设趸售站,邓关井、猿猴、二郎滩、马桑坪、刀靶水等地设转运站。[②]

民族地区经济产业的发展、民族职业的逐步细化、盐号的增加,是川黔仁边古盐道发展带动民族地区经济发展的缩影。

---

① 苏林富:《赤水盐运资料》(个人资料),赤水市档案馆。
② 中国人民政治协商会议贵州省仁怀市委员会学习文卫委:《仁怀文史资料·第22辑》(内部发行),2005,第123页。

（四）场镇发展

仁边古盐道带动了沿线经济的发展，使各岸盐路经过之处，行旅畅通，商贾云集，贸易频繁，增码头、建仓库、开店栈、充脚夫。船夫、纤夫、船工皆倚盐而谋生。乃至于外境商民移家就食，置办田地，招练开垦，亦蜂拥而至，于是沿途以港口、码头、中转站点为中心逐渐形成众多的小城集镇，繁荣了盐路商旅，增进了穷乡僻壤的开化程度。[1]诸多场镇由此逐渐产生，如遵义府所属州县在明代仅有12个场市，道光年间增至281个。[2]每个场镇都有一定的日期赶场，附近各场市之间的日子都有严格区分，如复兴场期为逢二、五、八；丙滩场期则为逢三、六、九；大洞场期为逢一、四、七；土城场期为逢四、九。这些场市多数因为盐运而兴盛起来，最后因场市不断发展，交通不断完善，就形成了现今赤水的复兴镇、元厚镇、葫市以及习水县的土城镇、四川古蔺县二郎镇、仁怀市茅台镇、遵义县（遵义市播州区）鸭溪镇、金沙县城等场镇。这些场镇形成的类型，大约分为三类：一是因处于盐运水运沿线而形成的场镇；二是因地处盐运陆运道路上而形成的场镇；三是因盐运水陆联运而形成的场镇。

1. 水路场镇

川黔仁边古盐道水运线路上的场镇有葫市、复兴、土城等场镇。关于葫市，道光《仁怀直隶厅志》记载："葫市场九十里。出杉、竹、茶、笋，居民百余家。"[3]发展至光绪年间，葫市已经发展为盐运的中转市场，"葫芦脑滩，怪石排流，盐船必出载上滩"。[4]复兴场，"本名旧仁怀，国初屡被兵燹，场废。1744年5月，仍设场，故名。复兴场，舟楫往来，商贾辐辏，

---

[1] 王佳翠、胥思省、梁萍萍：《论川盐入黔的历史变迁及其对黔北社会的影响》，《遵义师范学院学报》2015年第2期，第48页。

[2] 郑珍、莫友之：《遵义府志》，遵义市志编纂委员会办公室，1986，第187页。

[3] 陈熙晋：《仁怀直隶厅志》，赤水市档案局、赤水市地方志办公室点校，中国文化出版社，2016，第64页。

[4] 崇俊修，王椿纂《增修仁怀直隶厅志》，王培森校补，赤水市档案局、赤水市地方志办公室点校，中国文化出版社，2015。

民居三百余家"。① 而场镇中最具代表性的则数土城镇。

如前所述，土城镇是川黔盐道上的重镇之一，是交通中心。土城的地理优势加之其发展历史悠久，逐渐发展成为川盐仁边古盐道上的一个重要场镇。清朝曾设关税点于土城，土城发展至最盛的时候是民国时期。1913年成立工商联合会，同时将各行各业归类为18帮口，每帮都有选主席管理。土城盐帮最初只有成金号、太和号、永盛隆、德谦裕四大盐号，发展至1925年，增加盐号至12家。

2. 陆路场镇

川黔仁边古盐道陆路场镇数量较多，因盐运而兴的场镇，其中最为著名的是打鼓镇，又称打鼓新场，为今金沙县县治所在地，地处川盐入黔重要通道上，是仁边古盐道与永边古盐道的交汇点。

如前所述，打鼓新场是清末民初黔北四大场镇之一，为商贾走集之地，它介乎黔西、大定、仁怀、遵义四县之间，有汉、彝、苗、仡佬、仲家等族杂居其中。20世纪20年代，该场镇人口达2000多户，多流寓户口。在这里修建了诸多会馆，如江西会馆、湖北会馆、四川会馆等。各地富商在此开设"八大盐号"。贵州的漆、五倍子、香菌、木耳、各种草药等也通过该场镇销售他省。

3. 水陆码头共生的场镇

仁边古盐道水陆码头共生的场镇中以茅台、元厚、丙安影响最大，茅台镇历史悠久。关于这些场镇的情况在前面已经有介绍了，这里不再重复。

（五）土地商品化

仁边古盐道的开通及繁荣发展带来了众多的盐商及其他商人。这些商人多数来自外省，其中有来自四川、陕西、江西等地的盐商。"蜀盐走贵州，秦商聚茅台"之说便是对这条古盐道盐商活动的一个缩影的描写。清朝仁怀直隶厅同知陈熙晋说："厅属土著者少，各省侨寓人民，江右、楚蜀最

---

① 陈熙晋：《仁怀直隶厅志》，赤水市档案局、赤水市地方志办公室点校，中国文化出版社，2016，第54页。

多，三秦及入闽贸迁于是者，亦所在有之，皆称客户。"①可见，因为川黔仁边古盐道的繁荣带来了外来人口的不断迁入，同时也让因战争而"消匿"于山间的土著出山生活。明朝平播之役以后，这片地区人口骤减，李化龙在《播地善后事宜疏》论述道："播土旧民，自逆酋乱，大兵征讨之余，仅存十之一二。遗弃田地，多无主人，册籍不存，疆界莫考。复业之民，往往冒认影占，原少报多，原瘠报肥，甚至一人占田一二千亩；尚有异省流徙，假播籍而希冒占者。今应将播之旧民，号'杨保子'者，查果真的，无论原业肥瘠，俱人给田三十亩，上、中、下搀配均给。若一处皆上田，皆下田者，临时酌给，大率纯下田，不得多过一百亩，纯上田，不得少过二十亩。其原非播民，凡不能为杨保语者，无问曾否寄住，皆不得妄认。"②明清以后客商不断土著化，"客商"最终转变为了"客民"。

对客民的定义，据清朝三个不同时期对"客民"的描述可得知一二。清同治年间《钦定户部则例》说："客民所招佃户本系苗民者，仍令照旧承佃，不准另招流民耕种。"③清道光年间罗绕典记载："明初即设为省治，迄今五百余年矣。盖自元设元帅府以来，征调各省戍兵，留实斯土。明因之，改设卫所，分授田土，作为屯军，并设都指挥使以统帅之，于是江、广、楚、蜀贸易客民，毂击肩摩，朵贱贩贵，相因盆集，置产成家者今日皆成土著。"《清史稿》记载："凡客民在内地贸易，或置有产业者，与土著一律顺编。"④从清朝不同时期的相关记载，可见"客民"带有特定的商人成分。现代《辞源》对"客民"一词定义如下："非当地籍贯、外来寄寓的居民。"⑤但这样的定义显然不是学术定义，在阐述"客民"定义中具有代表性的属张建民的看法，他认为"客民"是一个相对于"土著"而言，指外

---

① 陈熙晋：《仁怀直隶厅志》，赤水市档案局、赤水市地方志办公室点校，中国文化出版社，2016，第291页。
② 陈熙晋：《仁怀直隶厅志》，赤水市档案局、赤水市地方志办公室点校，中国文化出版社，2016，第391页。
③ 《钦定户部则例》，同治十三校刊本，第11页。
④ 赵尔巽等：《清史稿》，中华书局，1976，第3481页。
⑤ 《辞源》修订组、商务印书馆编辑部：《辞源》，商务印书馆，1997，第450页。

地来的、从事手工业或商业活动的人；① 袁轶峰进而认为"客民"、"移民"与"棚民"区分的关键在于户籍，"客民"只是一个相对于土著人而言的一个称谓，不包括移民中的自发性移民，"客民"谋生手段主要体现在手工业、贸易、商业等方面。② 综上所述，"客民"就是通过贸易、经商而具有稳定的经济来源，且具有户籍的移民群体的总称。

川黔仁边古盐道沿线地区的人们原本过着自给自足的自然经济的生活。自川黔仁边古盐道开通伊始，许多人们"风俗习俭尚儒，民于力田之外，皆自食其力。其能畜牛马贩蜀盐者为驼盐户，其止供客雇及人负赁者曰脚户。"③ 人们逐渐以"驼盐户"或"脚户"的身份参与到盐运中来。随着古盐道的不断发展，巨大的盐运利润吸引来更多外省人，他们不仅集中于城（场）镇市场，也在不断向农村市场拓展。这些外省人最初的生计方式多与盐有关。当他们具有一定经济能力以后，就开始向当地人购买田地，从而使许多偏僻的农村也卷入商品的流通体系中。据《清宣宗实录》载，"川、楚、粤各省穷苦之民，前赴滇、黔租种苗人田地，与之贸易，诱以酒食衣锦，俾入不敷出，乃重利借与银两，将田典质，继而加价作抵，而苗人所与佃种之地，悉归客民流民。至土司遇有互争案件，客民为之包揽词讼，借贷银两，皆以田土抵债。"④ 这些客居之人逐渐发展成为客民、业主（新兴地主），"业主置田招佃，佃户出银承种，谓之'稳租'。稳租约出价十之三四。售百金之产，须稳租三四十金。盖往时杉木之利，间间饶于赀，受田者及佃田者咄嗟易办，比遭歉岁，兼以山木，亦渐减色。佃户多有还田，索取稳租者，亦可以战觎物力矣。"⑤ 正是如此，盐运商人流寓寄住又改变着原有相对稳定的居民结构。土客的比例在不同地区参差有别。乾隆年间《黔

---

① 张建民：《明清长江流域山区资源开发与环境演变》，武汉大学出版社，2007，第68页。
② 袁轶峰：《反客为主：清代黔西南民族区域的客民研究》，华中师范大学博士学位论文，2013，第4页。
③ 《黔南识略·黔南职方纪略》，杜文铎等点校，贵州人民出版社，1992，第60页。
④ 《清宣宗实录》，中华书局，1986，第934~935页。
⑤ 陈熙晋：《仁怀直隶厅志》，赤水市档案局、赤水市地方志办公室点校，中国文化出版社，2016，第289页。

南识略》载:"黔西州:汉庄二百四十六,计二万八千六百六十九户,共十二万四千三百二十五名口,苗寨二百有九,计一万一千二百二十三户,共四万五千二百六十三名口,附居苗寨客民一千一十九户,共五千二百六十名口。"① 发展至后来,川黔仁边古盐道上各州府汉族人口日益增多。《黔南职方纪略》载:"黔西州,是以九里内,黔兴里即系水城,间有苗民,不成寨落,俱系汉民佃户。永丰里俱系汉民,并无苗户。新民、新化二里,离城较远,悉系成苗民,并无汉户。平定一里,岁汉苗俱有,然各分寨落,彼此耦居,并无猜忌。惟城东之崇善里、东南之安德里、东北之西城里、界联遵义县境之敦义里,为汉苗杂处之区。外来客民有产无产各居其半,且典买之外亦无租佃耕种之客户,而买田多于买土,买田土又多于当田土。统计四里内有苗产客民五百一十六户,无苗产客民五百零三户,共客民一千零十九户。"② "道光年间,贵阳府统计六里有苗产客民一千零三十一户,贸易、手艺、佣工并无苗产客民三百一十二户,共客民一千三百四十三户。"③ "道光年间,合计安顺府八属典买苗产客民一千七百五十八户,租土耕种,未典买苗产客民四百四十八户,未典买苗产亦无租土客民一千二百三十二户,城市乡场未填丁口客民二百四十六户,共三千六百八十四户"。④

表3-2　1826年安顺汉族移民类型与土地占有情况⑤

身份	户数(户)	门数(门)	家庭规模(人)	山地(块)	水田(丘)
各属买当苗人田土客民	1744	9137	5.24	1755	12148
佃户	625	2606	4.17	1162	818
雇工客民	1210	3795	3.13		
住居城市乡场及隔属买当苗民田土客民	112	—	—	58	1358
买当苗民全庄田土客民	4			149	477
总数	3695	15538	—	3124	14801

---

① 《黔南识略·黔南职方纪略》,杜文铎等点校,贵州人民出版社,1992,第211页。
② 《黔南识略·黔南职方纪略》,杜文铎等点校,贵州人民出版社,1992,第301~302页。
③ 《黔南识略·黔南职方纪略》,杜文铎等点校,贵州人民出版社,1992,第277页。
④ 《黔南识略·黔南职方纪略》,杜文铎等点校,贵州人民出版社,1992,第285页。
⑤ 李中清:《中国西南边疆的社会经济:1250~1850》,林文勋、秦树才译,人民出版社,2012,第331页。

客民居住的地方逐渐形成场镇，致使场镇居住的多是客民，"关厢内外多豫章荆楚客民"，乡则少数民族人口多汉族人口少。① 出现了"客民之多寡，视乎地方之冲僻，而典买租佃之多寡，则系乎苗之贫富"现象。② 因客民不断买当时当地人们的土地，造成客民与当地人们的土地矛盾，为了防止客民以其他方式不断获取土著人们的田地而造成社会动乱，"道光六年巡抚嵩溥钦奉谕旨，饬禁汉奸私入苗寨，勾引滋扰。当经委员逐细编查，各属买当苗人田土客民共三万一千四百三十七户，佃种苗人田土客民共一万三千一百九十户，贸易、手艺、佣工客民共二万四百四十四户。居住城市乡场及隔属买当苗人田土客民及佃户共四千四百五十五户。"③ 在清王朝看来，客民是一个特殊的群体，这些客民属于经商贸易自发而来或属于政府组织迁移而来，客民都会想尽一切办法将自己的身份"合法化"，使之成为正统民众，从而这些群体会自觉或不自觉地维护国家的正统秩序。

二 涪边古盐道沿线地区商业经济发展概况

川黔涪边古盐道的快速发展，带动了沿线地区社会经济的发展，催生了商品交易与场镇、商会的发展，促进了当地民族文化与外来人口所属民族文化的交流与融合，使盐道沿线地区出现了许多具有多元性、兼容并蓄的商业城镇。

川黔涪边古盐道沿线民族利用乌江得天独厚的自然条件，曾以农耕为主，下河捕鱼、上山打猎为辅，自给自足。川黔涪边古盐道的开通与发展，为古盐道沿线地区带来了良好的发展契机，促进了商业、手工业的发展，古盐道沿线地区经济产业、场镇等得到了空前发展。

（一）产业的发展

与邻省相比，古时的贵州虽地处深山，交通受阻，商品经济不发达，在资源上却有若干优势，如矿产资源、森林资源、水资源等非常丰富，但因受到当时的政治环境以及生产开发技术的限制，在古代的历史条件下，这些潜

---

① 《黔南识略·黔南职方纪略》，杜文铎等点校，贵州人民出版社，1992，第201页。
② 《黔南识略·黔南职方纪略》，杜文铎等点校，贵州人民出版社，1992，第300页。
③ 《黔南识略·黔南职方纪略》，杜文铎等点校，贵州人民出版社，1992，第20页。

在的优势并不能充分发挥起来,反而在面对自给自足的小农经济所需要的大量土地前暴露了其存在的劣势。作为贵州对外交往的门户之一,黔东北地区经济发展与对外交流,则是建立在川黔涪边古盐道的发展之上的。《黔南识略》总叙中就说道:"介楚之区,其民夸。介蜀之区,其民果。贵阳所属,则勤于耕读。安顺所属,则兼多负贩。平越、都匀、铜仁事虽简,而地要。镇远、思南、仁怀商以通而力裕……"[①] 可见,明清时候,思南等地便已开始通商,并通过商业贸易来"通而力裕"了。尤其是在贵州建省以后,中央政府积极在贵州疏通河道,发展水陆运输,对川黔涪边古盐道及其沿线地区的进一步发展产生了积极影响,服务业、手工业等随之兴起。

作为川黔涪边古盐道上的主要运输路线,乌江航运运输中的大宗物资为食盐。航运业的不断发展,带动了古盐道沿线的农副产品的生产加工和运输,尤其是乌江沿岸盛产的桐油,在全国桐油生产中占比 60% ~ 70%。据《思南县志》载,自川盐入黔以来,日用百货也随着川盐进入贵州腹地,而"出县以桐油、柏油、生漆、五倍子、斗笠、棕叶等土特产为大宗。"[②] 在古代,桐油作为重要的生产资料,它既是油漆,又是照明的燃料,用途十分广泛。嘉靖《思南府志》记载,思南的土产货物中就有桐油。据贵州航运史相关研究:"乌江输出的山货特产以桐油为大宗。次为生漆、五倍子、柏油等。'思南桐油年产八十余万斤,从钱江输往巴县。漆和倍子各产十余万斤,输出四川……白桐油输出国外,交通仅乌江为唯一出路'。德江生漆年产七万余斤,五倍子两万余斤,还有桐油也由川商运购重庆或汉口。'石阡城南百二十里葛彰司所产柏子、柏油自乌江出口。'"[③] 可见,依托川黔古盐道发展,明清时期黔东北地区的土特产也随之兴盛发展起来,促进了沿线地区的经济发展。而古盐道沿线商品经济发展又促进了古道航运的发展,进而促进了古盐道的发展繁荣。

---

① 《黔南识略·黔南职方纪略》,杜文铎等点校,贵州人民出版社,1992,第 19 页。
② 思南县志编纂委员会:《思南县志》,贵州人民出版社,1992,第 555 页。
③ 李锦伟、张燕:《明清时期的乌江航运及其对沿河社会发展的影响》,载《第二届乌江文化高峰论坛论文集》,2017,第 86 页。

明清时期，由于朝廷大兴土木，在北京修建宫殿，便在全国各地征调"皇木"，当时贵州地区的原始森林有丰富的楠、柏、杉、松木等资源，于是贵州成为"皇木"的供应基地之一，而乌江承担了一部分的运输任务。在思州、思南、黎平等府，为了集中采运，朝廷诏免思南等八府正官朝觐，根据史料记载，明正德九年（1514年），明武宗曾下令修建乾清宫和坤宁宫，派人到四川、湖广、贵州等地伐运大木，由于任务艰巨，又急如星火，思南、铜仁、镇远等府的官员，被朝廷宣布暂停向北京进献特产方物，甚至免除了制造兵器的任务，要求集中人力物力尽快将"皇木"运送至北京，历时五年才告一段落。《明史·食货志》中记载："采木之役，自成祖缮治北京宫殿始……正德时，采木湖广、川、贵，命侍郎刘丙督运……（嘉靖）二十六年，复遣工部侍郎刘伯跃采于川、湖、贵州……万历中，三殿工兴，采楠木诸木于湖广、四川、贵州，费银就百三十余万两，征诸民间，较嘉靖年费更倍。"陈季君在其《明清时期黔北皇木采运初探》中指出："皇木在黔北境内运输到长江边上的路线大致有三条，即乌江线、赤水线、桐梓线。其运输条件都很艰难，比如乌江线……是黔北水路运输的一条重要航道，从乌江线运输的黔北皇木，经涪陵江后进入重庆地区，然后进入长江主流……"① 但由于乌江滩险较多，江水湍急，运输大木难度较大，所以乌江所运输的"皇木"几经中断。"皇木"的运输虽然是出于政治需要，是在朝廷的干预下进行的水路运输，但对木材的开采运输等进一步促进了乌江这条川黔涪边古盐道沿线地区的经济发展，使人们不再局限于自给自足的小农经济的生产，而是投入其他行业的生产中来，促进了沿线生产产业的多样化和社会经济的多样化发展。

伴随着川黔涪边古盐道的进一步发展，古盐道沿线的经济也得到了飞速发展，除了食盐、桐油、皇木等大宗物资的运输，来自四川、湖广等各地的日用百货也源源不断进入黔东北各地区乃至贵州腹地，各地集镇上不仅能看到川盐的交易，还能看到香烟百货、民族手工艺品的互市等，这些均带动了沿线地区

---

① 陈季君：《明清时期黔北皇木采运初探》，《遵义师范学院学报》2008年第6期，第8页。

的生产生活发展，促进了黔东北地区的商贾云集和一度繁荣景象的出现。

（二）盐号的发展

黔东北地区"上接乌江，下通楚蜀"，是川黔商贾贸易的咽喉之地，到此经商的居民以陕西、江西为多。川盐逆乌江运销贵州，巨大的利益诱惑着各地商贾到黔东北地区进行食盐的销售趸售，促进了涪边古盐道地区各大盐号的产生。各盐号遍布黔东北各地，是川盐入黔的历史见证，也是乌江航运发展史的见证。经过数千年的历史沧桑，乌江边上的盐号随着历史的变迁渐渐退出历史舞台，存留下来的如今也已成为历史遗迹。

川黔涪边古盐道的繁盛发展，运盐售盐的巨大利益，吸引了川陕、江西等地的商贾巨富，促进了黔东北地区的经济发展，尤以思南、沿河为之最。如沿河县和平镇，在元时便设置了沿河祐溪长官司，一直为司治驻地，随着川盐入黔与外部商品的冲击，和平镇应运而生了"赶场"，场期为二、七。据史料记载，清道光年间，和平镇有铺民400多户。南来北往的商贾在此聚集，当地的居民也借机发家致富。明万历年间，沿河县人肖景仲创办了"大晟号""大晟元"等盐号以及"大晟亨"分铺；清嘉庆年间，上海人贺建成设立了"祥发永号"；清道光元年（1821年），陕西商人开设了"天字号"；宣统元年（1909年），沿河县人周厚安与张建初合资开办了"永昌恒号"等，最多时发展到了数十家。他们不仅从事食盐的销售趸售，还兼售药材、皮张、茶叶、布匹、桐油、五倍子、白酒、百货等物品以及土特产品，促进了当地经济的发展与繁荣，推进了黔东北地区社会、经济、文化各方面的对外交流，对于多民族的黔东北地区来说，更是加速了各民族间的交往与融合。

走进今天的思南与沿河等地，往日那伫立在乌江边的各大盐号已难寻踪迹。在思南，仅存一家明清时期的盐号；在沿河遗留的淇滩的封火统子，更是涪边古盐道上盐号发展的见证。

周家盐号，又称为周和顺盐号，是思南至今保存完好的唯一的明清时期的盐号，也是目前乌江保存最完好且见证乌江盐运史的唯一古建筑。该建筑由盐商周镐璜于清道光年间花3万银元修建而成。据说当年修此庭院之木、石材料，全靠3只木船从120余华里的文家店镇顺江运来，大兴土木，劳心劳力，耗时三年才竣工，至今已传至第六代人。它坐落于乌江河畔西岸思南县城安化街卢家码头，坐西向东，旧时木质结构，现经过翻修，大多改为石质结构。整个建筑占地1500~1600平方米，使用面积为500~600平方米，由龙门、石库门、对厅、两厢、正房、厨房、盐仓、花园和天井等构成一个古典的封闭式四合院，融住家与盐号于一体，共有大小居室30多间，周围绕以高墙，自成一统。院内有十分周全的防水、防潮设施，纵是大雨滂沱，步游院内，不致湿脚。雨后激水汇入暗沟，排入乌江。宅内石院坝至今平整完好，每次可晒稻谷20余挑；也可供200余人同时设席就餐。大门两侧六合门窗下刻有"创业维艰，收成不易，惟忠惟孝，克俭克勤"16个篆字，以传示于子孙。四周窗户雕龙凤，刻花草；堂屋中的八仙圆桌、圈背靠椅精雕细刻，漆工考究，富有古色古香的民族工艺特色。后院有养鱼、消防兼用之石水缸。

周和顺盐号创始人周镐璜先生，原籍为今重庆市酉阳县龚滩镇四方井人，因父母早逝，家境维艰，清末来思南县城经营小本生意，后承蒙同乡及亲友之大力相助，开设周和顺盐号，充分利用乌江舟楫之便，从四川涪陵运食盐到思南开展批发业务，邻县盐商再用人力运输远销石阡、印江等县，极大地解决了大部分地区"盐贵淡食"问题，同时促进了思南及周边地区的经济发展。2006年思南"周家盐号"被列为第六批全国重点文物保护单位。

封火统子。在沿河县淇滩镇，还有一种建筑风格与周围民居建筑不同的盐号，即封火统子。与当地民族木质吊脚楼建筑相比较，乌江封火统子是别具一格的。封火统子均是由封火墙围护的四合院建筑，封火墙与院子总是连在一起的，在田永红《乌江：远山的歌谣》一书中对封火统子是这样描述的："其建筑多为三柱二瓜或五柱三瓜的小青瓦房屋。正房与厢房连成一体，梁架结构皆为穿斗式，置龙门于一角，天井内用青石平铺。正房前青石细钻阶沿，客人登堂入室大有舒适之感。正房明间为堂房，置香火牌位，次间为寝室，稍间有的置厨房或寝室。面壁下部为走马板，上部为篱笆粉壁……"[①] 淇滩的封火统子，以肖、刘、王、张四家最具特色。四家院子均坐落于淇滩镇四五

[①] 田永红：《乌江：远山的歌谣》，北京大学出版社，2015，第89页。

米宽的街边，肖家院子最为讲究的便为牌楼式的大门，门朝南开，前为纵向，别具特色。刘家院子则为一字缕花木门，门厅宽敞，四合天井，院内的石雕、木雕工艺非常精湛，装修设计相当细腻。王家院子在其正殿、配房方面的设计上略胜一等，尤其是院子天井中的石花磴，很有特色。除在今天沿河淇滩可以见到这种封火统子外，在印江郎溪也有封火统子建筑。通常而言，封火统子都是经营食盐的场所，即盐号。在明清以前，类似于封火统子这样带有封火墙建筑的盐号建筑，遍布于乌江沿岸，在武隆、彭水、龚滩、潮砥、洪渡等地随处可见，但随着乌江航运的衰退，盐运古道褪去其往日的繁华，各地盐号能在历史长河中跟跟跄跄走到今天的已所剩无几。

（三）场镇的发展

市场是社会分工和私有制的产物，是交换的经济活动场所，是在商品生产及商品交换的过程中逐渐形成的。涪边古盐道的开通与发展，带动了沿线各民族村落在交通、经济、文化等各方面的发展，盐运所到之处，贸易频繁，商贾云集。为了更加方便各种物资间的交换，各民族村落间的场镇应运而生。场镇形成后，人们在某个指定的时期从四面八方聚集起来，有买有卖，下市后便各自散去，在黔东北地区，人们俗称为"赶场"。每个场镇的赶场时间不同，也有场期相同的（两个场镇间的距离较远），商品交换和商品贸易的辐射范围互不影响的情况下才会一样。场镇的形成，不仅为物品交换和打开市场贸易提供了可能，而且为各民族间的经济文化交流提供了场所，乃至促进了民族的融合发展和民族村落的进一步发展。

嘉靖时期，思南府便开始出现场镇，当时称为铺舍，据《思南县工商行政管理志》记载，在嘉靖年间（1522～1566年）思南府辖有铺舍34个，其中思南府本府辖一个铺舍，水德司辖五个铺舍，蛮夷司辖八个铺舍，沿河司辖五个铺舍，郎溪司辖三个铺舍，务川县辖七个铺舍，印江县辖五个铺舍[①]。这些铺舍在当时交易的物资包含六十日、白露早、香禾米、大刀豆、黑豆、苦荞等谷物，棉花、葛麻、黄蜂、香油、桐油、茶叶等货物以及苦

---

① 黄臣富：《思南县工商行政管理志》，贵州省思南县工商局，1987，第22页。

竹、斑竹、白杨、杉等竹木和梅、柑、橘等水果。明末，更有陕西、湖南、湖北、江西以及四川等地的商人、手工艺人来到思南府境内，他们将盐巴、布匹、百货等物资运到思南府境内售卖，再将思南府的农副土特产品运往各地销售，疏通了商品的流通渠道，促进了场镇的形成与发展。

清朝，随着涪边古盐道的进一步兴盛发展，思南府境的场镇也有了进一步发展，到清道光年间（1821~1850年），思南府的虚市[①]发展到了119个，是明代的2.5倍。

明清时期，由于地广人稀，思南府各个场镇虽有所发展，但市场并不稳定，且规模较小，因而其在思南等地也称为"虚市"。通过表3-3也可看出，在众多的场镇中，仅有五大市场，即路濑、许家坝、亭子坝、长林坝以及沿河司的户数超过百户，算得上是规模较大的市场。在这些较大的市场，商品交易品种多，成交额多，场镇上的店铺、客商也较多，但由于在当时的条件下，交通不便利，商品经济并不发达，场镇的发展也只能局限于一小片区域。

表3-3　清道光年间思南府虚市一览

路别	虚市名称	铺民户数	场期
东路	郎溪司	70余户	四·九
	合水场		三·八
	谷旦铺		二·七
	木黄场	70余户	一·六
	木社场		四·九
南路	思林场	20余户	一·五
	三道水		四·九
	兴隆场		一·六
	野毛溪	70余户	四·九
	文家店	百数十户	二·七
	瓮溪司	20余户	三·八
	三间地		三·八
	平头溪		三·八
	大地方		五·十
	路　濑	百余户	子午日

[①] 虚市：我国南方农村常见的定期集市，村市为虚，市之所在，有人则满，无人则虚。在思南地区的集市，满时少（五日一场），虚时多，故称为"虚市"。

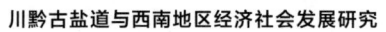

续表

路别	虚市名称	铺民户数	场期
西路	许家坝	百数十户	三·八
	亭子坝	百余户	二·七
	合朋溪	70余户	三·八
	三合场	与松桃、龙泉分治	
	长林坝	百余户	一·六
	野猫岩		五·十
北路	枫香溪	30户	三·八
	谯家铺	40余户	四·九
	夹 石	70余户	三·八
	官 庄		三·八
	大场坝	20余户	五·十
	小 井		三·八
	漆园坝		四·九
	齐 滩	20余户	一·六
	沿河司	两岸400余户	二·七
	黑 水	30余户	三·八
	黑踏堡		五·十
	沙子场	70余户	四·九
	桃子丫		四·九
	官 州	70余户	二·七

注：该表仅列出思南府府属场镇，不包含安化县、印江县以及务川县各县属场镇。在思南府所辖的119个虚市中，本府属虚市为36个，安化县属虚市为33个，印江县属虚市为20个，务川县属虚市为25个。

资料来源：黄臣富，《思南县工商行政管理志》，贵州省思南县工商局，1987，第25页。

古盐道的发展，除了促进场镇的发展以外，还促进了靠近乌江的码头的发展，形成了码头文化与场镇文化共同发展的景象。乌江在沿河境内共流经了夹石、土地坳、板场、甘溪、官舟、淇滩、和平、黑獭、黑水、思渠、新景、洪渡、黄土等13个乡镇，这些乡镇随着古盐道的发展都形成了各自的场镇，有定期的场期供各地人们赶场，但淇滩镇、和平镇和洪渡镇在发展场镇文化的同时也形成了特色的码头文化，这些码头成为沿河境乃至整个古盐道上重要的港口码头。这些码头不仅是古盐道上重要的商品交易场所，更是食盐、桐油、百货、土特产等各种物资的集散转运点，促进了码头乡镇和周围地区的繁荣与发展。

第三节　川黔古盐道对贵州的经济影响

川黔古盐道的形成发展改善了贵州民众的食盐问题，增加了贵州民众的就业机会，促进了场镇等经济中心的形成发展，改善了贵州的交通。同时川黔古盐道促使贵州与西南其他地区的经济联系进一步加强，使贵阳成为西南地区省级经济中心之一的步伐加速，促进了贵州的经济发展。

一　有利于地方财政收入问题的解决

川黔古盐道上的食盐运销税收及其他关于盐的收入是贵州省政府财政收入的重要来源。如在官运商销前"盐厘。最初对食盐抽厘，按运销量十一抽收。从咸丰十年（1860年）到光绪三年（1877年），川盐实行官运商销，一直是厘金的主要来源。"① 官运商销之初，"由川认解黔厘六万两"。由于认解的只是黔厘，因此川盐入黔，贵州地方官照旧征收关税。②

从盐税收入在财政收入中比例就可以推知盐税对于贵州省政府的重要性。"光绪十年（1884年），贵州财政支出仍然困难，清政府再次谕令四川增加对贵州的协饷。'抚臣岑毓英目睹艰窘情形，极知其难。因与川议定无论军饷兵饷，每月实解银一万二千两，年共解银十四万四千两'……共49万两。约占当时贵州财政收入的三分之一。"③ 白银"49万两"就"约占当时贵州财政收入的三分之一"，那么可以推断出贵州当时的年财政收入大约150万银两。当然这"协饷"主要来源是四川在贵州销售食盐收入中的一部分，并且还不包括贵州所征收的盐税。所以可以断定贵州省政府从川盐销黔这方面所得的收入超过1/3。

官运商销政策实施以后，贵州省停止了对川盐征税，但是从川盐上获得

---

① 贵州省地方志编纂委员会：《贵州省志·财政志》，贵州人民出版社，1993，第72页。
② 贵州省地方志编纂委员会：《贵州省志·财政志》，贵州人民出版社，1993，第67页。
③ 贵州省地方志编纂委员会：《贵州省志·财政志》，贵州人民出版社，1993，第67页。

的相关收入,不但没有减少,反而呈现增加的趋势。"自从川盐入黔官运商销法实行,四川拨解贵州的各种款项很少有拖欠。从光绪十年(1884年)到宣统元年(1909年)25年间,贵州巡抚庞鸿书奏报收到各种协款共计24518000两,平均每年980000两,其中大部分来自川盐协款。"①

民国时期,贵州从四川获得有关川盐销黔的收入发生了变化。民国成立后,协款改称补助款。1914年"每年由川省拨付(贵州)洋八十万元。民国5年增至1204798元,但次年即降为659326元"。1918年,"政局更加动乱,仅3000元而已。于是贵州自征盐税"。②

1935年,国民政府实际掌控贵州后,又加强了对贵州食盐的管理,增加了盐款。"1936年1月,贵州与四川签订《修正财政部指拨贵州省政府协款协定》十条,恢复清代时期的协款制度。每年四川由盐税项下拨付贵州协款150万元,另拨教育补助费12万元,共计162万元,取消认商,停征黔税。"③ 并且对以盐款为主的补助款进行规定。

1936年,国民政府直接管辖贵州后,补助款有以下几项:

(1)四川在盐税项下拨付贵州150万元,另批补助教育款12万元,每年共162万元。民国28年起,每年又补助贵州建设基金48万元。

(2)国家税务署每年补助贵州24万元,作为贵州停征卷烟百货税和特捐的补偿。此款按当时国民政府紧缩通案,仅七折拨付,每年实拨168000元。

(3)财政部每年补助贵州裁厘损失费72万元。此款也是七折拨付,实为504000元。

(4)鸦片税划归国民政府禁烟督察处统制办理,督察处每年拨付贵州220万元,称特税补助款。

---

① 贵州省地方志编纂委员会:《贵州省志·财政志》,贵州人民出版社,1993,第112页。
② 贵州省地方志编纂委员会:《贵州省志·财政志》,贵州人民出版社,1993,第112页。
③ 贵州省地方志编纂委员会:《贵州省志·财政志》,贵州人民出版社,1993,第113页。

以上各种补助款到民国 31 年，国民政府取消省级财政后，才不复存在。

二 有利于缓解贵州民众的"淡食"问题

食盐是人们生活中的必需品，但是贵州民众一直缺盐，长期处于"淡食"状态，这严重影响了人们的身心健康。在当时的历史条件下，官商勾结，垄断了盐业的经营，盐的销售，是层层加价，至于边远的山区，盐价高涨更烈，食盐珍稀得很。"斗米斤盐"的昂贵价格，使人们虽有需求，但无力按需购买。即使买到少量贵盐，总是想方设法节俭地用。于是贵州民众中出现了一些非常令人心酸的食盐方法，如"吃化盐"，即"有的人家，把小盐块放在蘸水碗里，待溶解出盐味，可蘸菜吃了，即将盐块取出"；"吃打滚盐"，即"有的人家将盐块放在菜碗中打几个滚后，糊出点盐味就取出"；"吃吊盐"，即"有的用线绳把盐块系着吊起来，食用时用舌去舔一点盐味"；"吃杵杵盐"，即"有的人家，孩子吃饭少盐无味，闹着要盐，父母只好将盐块放在碗里杵几下即取出，也就当碗里有盐，食之有味了。若是买不起盐的人家，为使孩子不闹，父母就用从山上拣来的状似盐块的小青石，放在桌上，任随孩子用石块放在碗里边吃边杵"等。因此，有"贵州大定府，吃盐放在碗头杵"的民谣流传。至于边远穷困的农村中，只好"淡食"度日。在离大定县城 150 多里的油沙河一带，深沟险壑，交通闭塞，绝大多数贫困农户，常年与盐绝缘。

川黔盐道开通以后，从四川运入贵州的食盐不断增加，食盐的质量也有所提高。关于食盐运销量的增加在前文中已经有所论述了，在这里不再详述。虽然还没完全解决贵州民众的食盐问题，但是人们的缺盐问题有所缓解，"淡食"的程度有所减轻。

三 有助于解决贵州民众的生计问题

川黔盐道开通以后，在盐道沿线形成了一些古镇、港口。这样，在这些地方出现大量外来人员，他们或做小生意，或搞维修，或拉纤，或背运盐等。如"綦河船运达桐梓县松坎，中间有羊蹄洞、盖石洞两大滩，滩陡一二丈高，兼与乱石阻塞，不能一直通航，必须换两次船，才能运到"，途中必须有船夫、纤夫及背盐工共同努力方能成功。这段盐路"所需用船夫经常有五六百人，一部分是专业人员，一部分是当地农民。陆路部分，当川黔交通大道，松坎以下分两路：一路由松坎马驮人背，运到遵义销区；另一路由石角镇直运正安县属安场销区。背夫大多数来自当地农村。此两路运盐的人，经常有一千多。"① 这些人大部分是贫苦百姓，"受雇的运盐工，绝大多数都是农村中的贫困农民和城里的贫民。他们为饥寒所迫，身着烂衣襟，脚穿水草鞋，去当运盐工。"②

清末，随着商业的发展，贵州出现了民间运输组织"麻乡约"。麻乡约"在贵州境内的大站有松坎、遵义、盘县等地，主要经营川、滇、黔三省递信、客运及货运（如货物、银钞、棺柩）、代招运工等业务，远及上海、汉口"，并且"麻乡约行的货运，全部使用人力，分帮挑抬和背背。大帮百余挑，小帮数十挑。"③

抗日战争时期，赤水河繁忙期每天"全河共有船舶四百余艘，载重量计4000余吨，包括纤夫在内的水运人员有二三千人。"④

20世纪40年代，运盐的船只急剧增长，运盐背夫亦增多。虽然工作非常辛苦，但毕竟给当时的人们，尤其是无业游民，提供谋生的机会，也为当地农民在农闲时增加了挣钱便利，在一定程度上有助于解决人们的生计问题。

四　促进了贵州经济贸易发展

川黔古盐道不仅是食盐运道，而且是贵州民众经济联系的重要纽带。

---

① 中国民主建国会贵州省委员会、贵州省工商业联合会：《贵州工商史料汇编·第3辑》（内部资料），1985，第71~72页。
② 中国人民政治协商会议贵州省大方县委员会文史资料研究委员会：《大方文史资料选辑纂第6辑》（内部资料），1991，第108页。
③ 贵州省地方志编纂委员会：《贵州省志·交通志》，贵州人民出版社，1991，第31~32页。
④ 贵州省地方志编纂委员会：《贵州省志·交通志》，贵州人民出版社，1991，第381页。

如仁边古盐道赤水河"担负着本省西半部近20个县的进口盐运任务,与全省近四分之一人口的食盐息息相关,流域内物产富饶,历来靠水运出口,从而发展了城乡经济"。① 在黔东北公路网形成前,涪边古盐道的乌江"担负铜仁地区西部沿河、德江、思南、印江、石阡等5个县进出口物资运输主要任务",而"涪岸川盐溯乌江上运,供黔东北10多个县境人们生活之需"。②

随着古盐道的发展,沿线商品经济得到发展,场镇(集市)的数量有了较大的增长。以仁边古盐道为例,道光《遵义府志》记载,明代,遵义仅有12个场市,道光年间增至281个;③ 民国《镇宁县志》记载,明代镇宁仅有5个集场,清末增至35个;④ 道光《永宁州志》记载,乾隆四十二年永宁有集市15个,道光末年增为26个;道光《仁怀直隶厅志》记载,仁边古盐道仅仁怀直隶厅辖区内就有14个场市,这14个场市的场期从一至十都有,从频繁的场市场期更替,就可以看出当初的经济交流多么频繁。正史中少有记载人们赶场期的热闹,但从以写实为主的"竹枝词"中可窥一二。《播州竹枝词》记载"每到场期人似蚁,趁墟归去日西斜"⑤。这首词反映出这片地区的场镇上逢场期之时的人流非常大;王锡晋《黔苗竹枝词》中描写鸦雀苗赶场镇"啁唧禽言浑不解,夕阳村落散场归"⑥;张国华《咏安顺府竹枝词》云:"提筐乡妇作生涯,男子背儿惯着家;入市归来明月上,饭香时节笑声哗。"⑦ 这首词体现在当时,女子出门赶集,而男人则在家带孩子,可见当时在安顺地区的一些地方"重男轻女"的观念并不深重,同时它或者反映了当时场镇的规模足够大,或者说明当时场镇之热闹,甚至吸引了居住地离场镇很远的人们来此赶场,否则就没有"入市归来明月上"

---

① 贵州省地方志编纂委员会:《贵州省志·交通志》,贵州人民出版社,1991,第388页。
② 贵州省地方志编纂委员会:《贵州省志·交通志》,贵州人民出版社,1991,第390页。
③ 郑珍、莫友之:《遵义府志》,遵义市志编纂委员会办公室,1986,第193页。
④ 黄家服、段志洪:《中国地方志集成·贵州府县志辑44》,巴蜀书社,2006。
⑤ 郑珍、莫友之:《遵义府志》,遵义市志编纂委员会办公室,1986,第1457页。
⑥ 赵杏根:《历代风俗诗选》,岳麓书社,1990,第384页。
⑦ 严奇岩:《竹枝词中的清代贵州民族社会》,巴蜀书社,2009,第58页。

之说。以上三首竹枝词描写了仁边古盐道各民族民众去赶场镇的情形。在这些场镇上各民族民众交换着各自需要的东西,如"几端苗锦胜吴缣,携入城中索价廉;日晚归来诧同寨,趁圩买得水晶盐"描述了苗人以苗锦换水晶盐;"蒙髻髾鬆背小儿,叉囊交口任提携;救军粮出无人市,绕向长街卖刺梨"[1]则描写了当地人出售特产刺梨的景象。综上所述,场期的频繁交错,为商人的商品流通提供了极大便利,行商基本上每天都要赶场,这解决了商人货品积压的后顾之忧。而作为场镇的商品交流的另一主体,各族人民在场镇上出售商品并换取其需要的物品,场镇的发展为各族人民经济交流提供了场地及广阔的空间。

来自各地的商贾们进入川黔古盐道沿线地区,进行商业贸易,打破了贵州自给自足的小农经济模式,促使更多的人从事手工业和商业活动,促进了市场交易的多样化发展。在场镇中不仅能看到来自周边省市的商品,还可以看到本地人所生产出来的民族手工艺品、民族土特产等商品。在沿河民间就有这样一句谚语:"沿河码头(别处)买不到的都能买,(别处)卖不脱的都能卖",当时的商品经济发展的繁荣景象可见一斑。商品经济的多样化发展,使贵州与周边省市的联系更加密切。

古盐道的发展对当时贵州商号的发展亦起到了重大作用。清朝时,思南有外来商人开设大清公等十大盐号,又有沿河商人来思南开设万丰和、集利云等盐号,大量收购粮食运出去,然后载盐运进来。清末,思南每年运销盐约四万包。民国初年,思南经营盐业较大商号有"怡丰和""张益丰"(思南张益丰开设)、"悦来和"(李姓开设)、"大生仁"等号,又有"恒丰源"(沿河熊姓开设)、"永昌恒"(沿河张姓开设)、"久如茂""广源长"(沿河商人开设)等数家。[2]

贵州食盐的运销促成了贵州盐商盐号的发展。1937年4月,贵州按照《黔岸运销暂行办法大纲》,开始登记各岸盐商。上海银行董事长陈光甫组

---

[1] 贵州省毕节地区地方志编纂委员会:《大定府志》卷五十八,中华书局,2000,第1145页。
[2] 中国民主建国会贵州省委员会、贵州省工商业联合会:《贵州工商史料汇编·第3辑》(内部资料),1985,第82页。

织"大业"公司承办仁岸、涪岸和綦岸运销,仁怀原所有盐号被排斥。1942年黔籍商人邓汉祥、伍效高等人筹集资金承办仁岸运销,在仁岸设"利民"总号。盐运场至茅台的食盐由"仁记"等四家盐号(有的称公司)承运,茅台至贵阳的食盐由"利民"等两家公司承运。后来,中华盐业股份有限公司经贵州盐务办事处批准,在合江、赤水、茅台成立分公司。借"利民"盐号各分号旧址办公,并聘"利民"各分号的经理兼任各分公司的经理。

总之,场镇的发展,促使各民族地区市场之间得到沟通,场镇与乡村之间联系更加密切,促进了各民族、各地区民众的广泛交流,带动了古盐道沿线社会、政治、经济、文化的全面发展。

五 促进了贵州商贸中心的发展

川盐行黔,促使各岸盐路要害之处,商贾云集,商品经济发展。食盐的运输有力地促进了部分民众的就业问题。同时古盐道上重要交通枢纽的相对繁荣和发展也吸引了一些外地移民蜂拥而至,遂慢慢地形成了小城集镇。如黔边岸桐梓县之松坎,两山窄道,一线中通,向来为川黔交通之必经孔道,小镇南北均为川黔道中最为险要之径,本身几无出产可售又无矿藏可开,仅仅因为濒临松坎河道,于是因盐运而成为水陆交通码头,以及川盐入黔重要集散地之一。其他如赤水、土城、猿猴、茅台、叙永、毕节、大方、沿河、思南也是如此。如四大盐号在茅台村羊叉街上建造盐仓,鳞次栉比,至今称为盐行街。下面列举当时几个的商贸中心(港口或古镇)加以说明。

赤水港

赤水港位于赤水河下游之赤水县城,距河口(合江)54公里。明末清初,川盐由仁岸内运止于仁怀厅(今赤水县),即取道陆路,河东沙湾成为盐船主要码头。清乾隆十一年(1746年),赤水河上、中、下游航道开发,赤水港逐渐形成。光绪五年(1879年),川盐实行官运商销，于是赤水河再经整治，货运量大增。下游舵船与上游梢船在此换装倒载，一时繁荣兴盛。民国时期，港口装卸搬运愈臻频繁，有东门、北门及西门码头，成为当时全省第一大港，港区从事装卸搬运的工夫常达百余人。日装卸能力过百吨。吞吐物资除食盐外，有原糖、布匹、烟草、竹木及各类土特产。东门与北门码头间，有食盐、杂货专用仓库，容量在 3000 吨至 10000 吨，直至解放初期。①

土城港

土城港属于赤水河系港口，位于赤水河中游之习水县土城区，距河口（合江）127 公里。光绪五年（1879 年），有凤溪口及癞子岩码头，前者为自然岸坡，码头长 180 米；后者为阶梯式，有盐仓容量 10000 吨。专业装卸工数十人。②

茅台港

茅台港位于赤水河上游之仁怀县茅台镇，距河口（合江）212 公里。清乾隆十一年（1746 年）以后，为赤水河主要港口码头之一。沿岸分上、中、下三码头，均为自然岸坡，上码头为盐船装载作业区，盐仓容量 1000 吨；中、下码头为土产及粮食装卸作业区，专用仓库容量为 1000 吨至 2000 吨。③

思南港

思南港为乌江中游首要港口，位于思南县城两岸。明永乐十一年（1413 年），乌江运输渐频，商贸逐兴，川盐经此转销内地，形成主要中转港埠。1917 年前后，思南旱灾，承运救灾粮船舶络绎不绝，思南码头装卸繁忙。有粮、盐专用仓库与简易码头设施。流域内土特产亦多由此集运入川，年吞吐量 7000 吨至 8000 吨。④

---

① 贵州省地方志编纂委员会：《贵州省志·交通志》，贵州人民出版社，1991，第 360 页。
② 贵州省地方志编纂委员会：《贵州省志·交通志》，贵州人民出版社，1991，第 361 页。
③ 贵州省地方志编纂委员会：《贵州省志·交通志》，贵州人民出版社，1991，第 361 页。
④ 贵州省地方志编纂委员会：《贵州省志·交通志》，贵州人民出版社，1991，第 362 页。

六 促进了贵州交通的发展

贵州陆路崎岖难行，河道亦滩险水急①，运盐的背夫或拉纤的纤夫深受其苦。盐道之艰难，地方志中多有描述。如《仁怀县志》中的《背盐歌》曰："盐巴老二一碗米，半夜三更就嘈起。背子上背就起身，七躺八喘拢茅村；……上坡出气搞不赢，柱扒栽在屁股上……到了长岗歇个夜，背上生起盐水疮；痛痒痛痒睡不着，睁眼一晚抠到亮……白天夜晚把路赶，腰发麻，眼发花；一步跨进家门口，婆娘儿女在敬菩萨……背垫拄扒都是神，保佑我爹背盐巴；一听叫人心头辣，想说几句家常话，只望娃娃有出息，长大莫去背盐巴。"②

鉴于贵州运道艰难，政府曾加强运路建设，疏通盐道，这在一定程度上推动了贵州水路、陆路等交通发展。早在明代，贵州地方政府"整修开通联络省内各州、府、卫，北达四川重庆、南川、彭水、泸州；东通湖广辰溪、靖州；南至广西宜山、田阳；西达云南沾益、罗平；西北连通四川叙州、筠连、云南昭通的驿道网。驿运、水运迅速发展，便利物资运输。输出的物资有土司向皇帝纳贡的丹砂、水银及销往省外的木材、农产品。输入的物资有食盐、布匹"③。到了清代，交通有了进一步发展。"贵州物资的运输已初具规模。铜、铅、汞、锑运输已形成了专线，而输入物资有生铁、机械设备及炼铁设备等"④。

---

① 关于这一情形，顾文栋老先生在《贵州近代盐荒论》（《贵州文史丛刊》1984年第1期，第21页）中有所论述：陆运运行于公路的只有679公里，而运行于驿站道山路的有2080公里。"黔道难于上太清"，山径险峨，"下去犹如蛇赴壑，上来愁与狄争梯"，辛勤运伕"或以担荷，或者背负，背负者一人率负百斤而赢，多者几与马力相埒，蹯踏巇岩绝壁间，数十百步辄一憩息，夏日挥汗如雨，严冬身不挟纩，劳而忘寒，亦天下之至劳苦者也。"贵州河流，滩多水急。其中如航程最长的乌江，奔腾于丛山狭谷间，航道险恶异常。其下游"龚滩新滩潮砥滩三大天险，乱石雄峙，江流如瀑，上下水位相差五至七公尺"，"历年生命财产之毁于此者不可胜计。"
② 贵州省仁怀县地方志编纂委员会：《仁怀县志》，贵州人民出版社，1991，第23~24页。
③ 贵州省地方志编纂委员会：《贵州省志·物资志》，贵州人民出版社，1992，第250页。
④ 贵州省地方志编纂委员会：《贵州省志·物资志》，贵州人民出版社，1992，第250页。

(一)修建码头,促进了食盐的快速运输

为了便利盐船的交货和减少交货时的损失,一些地方政府和盐务机构组织修建了近代化的码头。1943年冬,沿河县政府组织当地盐运、商运与军运等部门共同筹建船坞、驳道、货场与码头等,商定自12月中旬起,上下水货船每次分别捐资2000元及1800元,商号亦捐款赞助。经相关部门的努力,不到两个月时间,于"年后共集资140万元(折合大米10万斤),贵州盐务管理局另补助20万元,于1944年完工。在河两岸各建成码头一座。码头的修建,便利食盐等货物装卸方便,节约时间等"。[①]

(二)整治河道,畅通航道,促进了贵州航运业的发展

抗战时期,重庆成了国民政府的陪都,大量的兵工厂、学校迁到了贵州,贵州人口急剧增加,食盐需求量因而骤增,赤水河盐运量也因之增加,但滩险碍航,盐船行驶困难。船舶驶过丙滩、黄泥滩、燕滩、落妹老滩等处,均须卸载搬滩。中游猿猴滩与上游坪郎段不能通航,必须换船航行。几经换载增加了盐运成本。这种状况远远不能适应形势的发展。为了解决当时食盐缺口,扩大食盐运量,加快运输速度的任务日渐重要。1939年8月,经济部饬令"黄委"(黄河治理委员会)派"整理赤水江(河)工程处"组织两个测量队进行勘测,1940年11月提出初步治理计划。1941年秋,行政院水利委员会电饬"淮委"(淮河治理委员会)组织兴工。"淮委"对于此事也是高度重视,立马组织相关人员在贵州开展赤水河的疏通工作。12月1日"淮委"在合江县组建赤水河水道工程局(简称赤工局),由吴溢任局长,孙士熊、周子范先后担任主任工程师,设总务、工务、设计3科及会计室,下辖3个工务所,这大大加强了对赤水河航道修整的组织保证,促进了工程的顺利推进。

为掌握河流的水文特性,探索滩情变化与水情变化的关系,观测整治工程对水位的影响,工程师提议设立专门的水文测量站收集相关资料,以便指

---

① 夏鹤鸣、廖国平:《贵州航运史》,人民交通出版社,2001,第212页。

导修治工作。1942年至1945年，赤工局在赤水及各工务所驻地设水文站4处，主要施工滩险设水文站23处，系统地进行观测，开贵州治河重视水文分析研究的先例，整治技术提高到新的水平。这一点对后来贵州整治水运航道也发挥了重要作用。

赤水河的整治工作取得了一定的成就，赤水河航行条件有较大的改善。如：①改善了黄泥滩、燕滩、落妹老滩三大险滩，消除卸载盘驳，实现原载通行，缩短了过滩时间，降低了运输成本；②采用顺坝束水归槽、塞支强干的办法，云滩老、仁怀溪、百梭滩、火烧碛、淋淋滩，水深都有所增加，石梅滩建的谷坊也起了一定的作用，至今仍保持完整；③经济效益显著，据1944年5月赤水盐务分局统计，猿猴滩通航与猿土段改善后，清除了中转、盘驳和驮运，实现了直达运输，猿猴转运站的装卸费、仓耗及驮运费，土城转运站的仓耗及装船费，土城盐务支局的管理费都相应减少，每年可节余1934万元，按同期盐价每组4280元计算，每年可节盐4520市担，为年运量的15%，只需营运六七年时间，工程投资就可以全部收回。①

抗日战争全面爆发后，贵州人口激增，食盐需求量猛增，为解决猛增人口的食盐问题，贵州省盐务机构在中央政府的领导下，在贵州省政府的大力支持下，对贵州食盐的运道，尤其是水运进行大规模的整治，从而使贵州的交通运输有了较大的改观，航运和公路建设亦都有较大的发展。

七　促进了贵州金融业的发展

贵州盐商通过开设银行、发放贷款等促进了贵州金融业的近代化。

（一）盐商办银行

1941年，贵州盐商刘玩泉为开拓资金来源，扩大业务经费，计划创办一家银行。由于当时政府限制增建商业银行，遂以法币30万元在重庆

---

① 夏鹤鸣、廖国平：《贵州航运史》，人民交通出版社，2001，第216页。

顶得"聚康银号"招牌，次年6月16日陈淮大管机关更名为聚康银行，同时改增资本金为法币1000万元（依当时物价指数计算，约合银元29万元），共分1万股，每股1000元。主要股东有刘玩泉、刘熙乙、帅灿章、伍效高、孙蕴奇、邓若符、曾韵青、丁达三、刘颂虞、李文裘、刘裕远、庞怀清等人。国民政府前交通部部长、时任私立大夏大学校长王伯群应聘担任该行董事长，主要发起人刘玩泉任总经理，刘熙乙、蒋徽棋分任副总经理、协理职务。

表3-4 聚康银行历届董监事暨总经理名单

职位	1942~1943年	1944年	1948年
董事长	王伯群	刘玩泉	伍效高
常务董事	刘玩泉 刘熙乙 帅灿章 伍效高 孙蕴奇	刘熙乙 帅灿章 伍效高 孙蕴奇	
董事	戴子儒 田克成 李复初 王敬纯 邓若符 丁达三	邓若符 戴子儒 丁宜中 刘裕远 丁达三 刘敬唐 章伯陵 刘味青 张定原	谷纪书 刘裕远 刘玩泉 田克成 丁达三 蒋徽棋 刘味青 杨国昌
监事	邓汉祥 王亚明 杜惕生 刘竞秋	邓汉祥 王亚明 杜惕生 文之庸	董叔明 韩云波 邓若符 帅灿章 戴子儒 丁纯武 魏伯青 吴鲁钦 郭润生
总经理	刘玩泉	刘熙乙	邓若符
副总经理	刘熙乙	孙蕴奇	
协理	蒋徽棋	蒋徽棋 刘裕远	蒋徽棋 刘裕远

资料来源：中国民主建国会贵州省委员会、贵州省工商业联合会，《贵州工商史料汇编·第3辑》（内部资料），1985，第164页。

1943年8月，聚康银行改总行制为总管理处管理制，迁至贵阳办公。该行总管理处下设秘书、业务、稽核3处，并在与盐业运销有关的商埠先后建分行、支行机构；另由控行投资组织"毅泰公司"买卖黄金，经营商业，负责人及办事人员均由聚康银行调派，所获利润并入该行账内，成为附属机构。①

表 3-5　聚康银行分支机构暨负责人名单

机构名称	成立时间	先后负责人
重庆分行	1943 年 5 月 1 日	黎季云
五通桥办事处	1943 年 12 月 24 日	李荫宣
贵阳分行	1943 年 8 月 2 日	孙蕴奇　丁达三　蒋徽棋　徐礼和
安顺分行	1943 年 8 月 25 日	戴子儒　范鼎三　邓迁
内江办事处	1943 年 10 月 10 日	廖吟舟　廖爱山
都匀办事处	1944 年 8 月 21 日	刘隆恕　范鼎三　杨树华
梧州分行	1944 年 5 月 1 日	刘子龙
长沙支行	1944 年 5 月 6 日	王升楼
毕节办事处	1944 年 9 月 1 日	吴迪三
盘县办事处	1944 年 11 月 1 日	康泽霖
赤水办事处	1945 年 2 月 1 日	孙蕴奇（兼）
上海分行	1946 年 3 月	吴迪三　陈世清　朱德均
汉口分行	1946 年 5 月	
广州办事处	1946 年 6 月	

聚康银行一般经营商业事务，以食盐运销行业为主要对象。"当时仁、永两岸川盐运销处与利民、黔仁等著名盐号的主要股东多为该行股东。1945年，该行向仁、永两岸川盐运销处交叉投资，各为 50 万元。各有关盐号向国家银行申请办理的长期低息贷款，亦由该行承担保证偿还责任，多方维护有关盐商的经济利益，支持省内外食盐运销业务的开展。"②

---

① 中国民主建国会贵州省委员会、贵州省工商业联合会：《贵州工商史料汇编·第 3 辑》（内部资料），1985，第 164 页。
② 中国民主建国会贵州省委员会、贵州省工商业联合会：《贵州工商史料汇编·第 3 辑》（内部资料），1985，第 46 页。

（二）盐运贷款

国民政府主黔时期，战火不断，物价飞涨，运盐风险加大，运盐成本相对增加，致使从事食盐销售活动的盐商或盐店或公卖店常常存在资金不足的问题，而要解决这一问题，往往需要贷款。"自抗战发生食盐即统制而各区盐价每年数次上涨，资金辄亦数度增加，近年还更受抗战军事暨通货膨胀影响，业务困惫，血本耗亏，若不谋救济之方将益见崩溃之速，此种事实当已早邀。"①但贷款手续在当时是异常复杂的，且盐运所需贷款数额庞大，而当时的银行本身资本力量有限，其对押放数额亦有限，故当时的银行对缓解盐运贷款困难成效不大。如史料记载："因成本叠增，运费时时调整，需款庞大，全赖周转活灵解决。政府核定对外贷款数额，得与国家银行洽订贷款，但洽订贷款手续烦琐，需用时济急很难。至于商业银行虽少，此种情形无。如本身资额有限，其可能押放数额，亦则有限，事实上收效辄不见宏"②。但盐运对于作为食盐纯销区的贵州来说是必不可少的，故贵州盐业曾陷入尴尬局面：贵州盐运是必需的，但盐运由于资金不足无法维持正常运作，而当时的银行由于各种原因亦不能缓解此矛盾，此情况在一定程度上推动了其他盐运贷款的出现。

上述情况亦引起政府的高度重视，并为之采取了一系列积极措施，如史料记载"鉴垂日前阅四月二十四日《重庆商务商报》暨二十八日《贵阳民报》（晚刊）曾登载'政府为简化金融管制，经财经部批准三项办法，其第三项办法规定，凡关于农矿款暨营运押汇事业由中央银行十足接受转抵押再承兑'一项消息，仰见政府顾念商艰民瘼，实所钦崇，因思盐业，现政府还属高瞻，函为简化管制金融之计，则盐业正可乘机会援引办法第三项所规定，请求俾商业银行有充分贷款可能，盐业有灵活贷款可靠，则互谋发展"③。此则材料说明源于实际情况，在政府的推动之下，

---

① 《关于盐斤贷款和盐税的缴拨》，贵州省档案馆馆藏档案史料，M41-1-4229。
② 《关于盐斤贷款和盐税的缴拨》，贵州省档案馆馆藏档案史料，M41-1-4229。
③ 《关于盐斤贷款和盐税的缴拨》，贵州省档案馆馆藏档案史料，M41-1-4229。

盐运贷款应运而生。

如要贷款，首先要向相关机构提交借款申请书。"借款申明书，兹经本处郑重申明在本案贷款合约有效期内，绝对遵守经济部四联总处监工矿贷款办法及四联总处办理战时生存事业贷款实施办法暨十一条两条之规定确照原料借款用法第八条规定处分。"① 此则借款申请书内容表明当时关于盐运贷款，有系列相关规定，盐运贷款亦被视为战时生存事业贷款。另外借款方必须在借款申请书内书面保证遵守相关规定。表3-6就是当时盐商或公卖店贷款证明申请书。②

表3-6 盐商或公卖店贷款证明申请书

中华民国　年　月　日　字第　号	附	盐业商人借款证明申请书

① 《关于盐斤贷款和盐税的缴拨》，贵州省档案馆馆藏档案史料，M41-1-4229。
② 《公买许可证及保证金》，贵州省档案馆馆藏档案史料，M41-1-4228。

贷款时，借款者还得寻找有一定经济实力或有一定威望的机构做担保。如档案资料记载，綦遵分处因"近来零销疲滞并且运费增加，资金周转时感困难，为加强运量，以裕食需起见"，①欲与"遵义亚西银行签订透支合约壹仟万元以济运缴"，而"惟银行订立透支契约必须保证理合检同正副纸四纸备文"，也就是要有相关保证，于是綦遵分处请遵义盐务分局为其担保，"呈请钧局鉴核，府赐保证，至感公便"，②此则史料说明在盐业贷款事宜中，盐务管理局亦常承担担保人的角色。又如"渝事务所本年四月二十日函以盐价迭奉、增加，所需周转运缴甚巨，日前经向渝中信局信托处洽办，指以津（江）、盖（石洞）、羊（蹄洞）段间仓库存盐质押贷款三千万元，刻正洽商办理中，嘱即呈请钧局（盐务局）恳祈转函中信局信托处证明准照，质贷，以期早获拨款而利营运。"③此则史料中，渝事务所在盐运方面存在资金短缺问题，而要解决这一问题则需贷款，并已与中信局信托处洽商办理贷款。而中信局信托处为保证贷款的安全性，除需借贷方提供盐质抵押外，还要求要有盐务局的相关证明。以上史料亦从侧面反映当时要进行盐运贷款并非易事。

当然，盐运贷款丰富了当时贵州银行的贷款种类，扩大了银行的业务范围，为银行制度建设提供了实践经验，促进了金融业的发展，进而在一定程度上推进了贵州现代化的进程。

第四节　川黔古盐道对西南地区经济的影响

川黔古盐道是西南地区的交通大动脉之一，尤其是川黔两地的交通主动脉，是贵州与西南地区经济贸易、经济联系的生命线。川黔古盐道的形成发展繁荣，促进了西南地区经济贸易的发展，丰富了西南地区人们的经济生活，密切了西南各地区人们的经济联系。

---

① 《关于盐斤贷款和盐税的缴拨》，贵州省档案馆馆藏档案史料，M41-1-4229。
② 《关于盐斤贷款和盐税的缴拨》，贵州省档案馆馆藏档案史料，M41-1-4229。
③ 《关于盐斤贷款和盐税的缴拨》，贵州省档案馆馆藏档案史料，M41-1-4229。

一 促进了西南地区经济贸易的发展

古盐道不仅是川盐入黔的运输通道，而且是贵州与四川等地的商品贸易通道。贵州的土特产、西南地区乃至国外的特产和工业品也是通过这些古道进行交换的。盐商们为了实现利益最大化，在运送食盐入黔时也捎带贵州紧缺的商品，返回时为避免空载而回，也捎带一些贵州的特产山货到成都、重庆等地进行销售。这促进了不同区域特色产品的交流，如"手工业产品中，羊毛毯、苗族织锦、布匹、刀、剪、铁锅、铧口、锄、耙、镰刀等是市场上广泛交易的重要商品。羊毛毯大量销往省外"①，这增进了西南各地区的贸易联系，且使贸易产品进一步丰富。

以川盐入黔的盐道促进了仁怀地区的贸易发展为例，如"光绪初年（1875年），川盐实行官运商销后，赤水河输入川盐量增加，促进航道改善与商贸发展，沿河两岸商民修建客栈，添造船只，不惟盐运畅行，而沿岸之铅铁、粮食、竹、木、药材等均可顺流运销四川省及其他各地"。②

随着食盐的运销，布匹、针线等小百货甚至石油等重要物品也从遵义、重庆、合江等地贩入仁怀销售。据《仁怀县志》载，石油是1941年以后才开始在仁怀销售的，其时民间称为"洋油"，石油商还配套推销了美孚灯具，民间亦称为"洋灯"。仁怀的酒、土布、皮纸等土特产品也通过盐道运输出去。这些均促进了商品流通，有益于发展经济。有学者指出，"川盐入黔对仁怀经济的发展所起的作用是不可低估的"，且"食盐运销带动了仁怀的酿造业、旅栈服务业、造船业、商业、邮电业、银行业等行业的兴起，在仁怀经济发展史上留下重要的一页"。③ 不论是川盐入黔的水路还是陆路经过的地方，经济发展都较之其他地方速度更快、程度更高。

如前所述，乌江航运作为川黔涪边古盐道的主要运输路线，其运输中的

---

① 贵州省地方志编纂委员会：《贵州省志·商业志》，贵州人民出版社，1990，第10页。
② 贵州省地方志编纂委员会：《贵州省志·交通志》，贵州人民出版社，1991，第381页。
③ 母光信：《川盐入黔与仁怀的经济和文化》，《贵州文史丛刊》1996年第6期，第64~66页。

大宗物资为食盐,航运业的发展,带动了古盐道沿线的农副产品的生产加工和运输,尤其是乌江沿岸盛产的桐油,在全国桐油生产中占比60%~70%。依托于川黔古盐道发展,明清时期黔东北地区的土特产也随之兴盛发展起来,促进了西南地区经济贸易产品的进一步丰富。

二 丰富了西南地区人们的经济生活

古盐道的形成和发展,为贵州商品销往省外,外省商品流入贵州,促进西南经济交流圈的形成,进一步加强西南地区经济交流,丰富商品品种,提升商品质量等发挥了重要作用。

早在19世纪中期,古盐道沿线地区的商品交易就开始盛行了。"19世纪70年代后的贵州商业发展较快,全省输入的主要商品有食盐(以川盐为主)、纱、布(以洋货为主)、棉花、绸缎和日用杂货等生活必需品。其中尤以食盐对人民生活的影响较大,每年输入量为9000多万斤","全省输出的主要商品有鸦片、木材、矿产品、农副土特产品"。[1]

贵州的土特产常常销往外省,尤其是西南地区的大城镇。许多地方志中有这方面的记载,如"省内商品生产几乎全是手工操作,销往外地的商品主要是农副产品和手工业品,较有名气者有独山和荔波等地的土布、安顺的鞋帽和剪刀、大定(今大方县)的漆器、牙舟的陶器、玉屏的箫笛、威宁的火腿及兴仁、兴义等地的红糖等。郎岱、紫云、贞丰、都匀、岩脚、六枝及仁怀三元等地出产的白皮纸和草纸远销四川的泸州、成都、叙永、合江及广西、河南、河北、陕西等14省的46县"。[2] 贵州工业产品向来不发达,大部分是从西南地区的大城市运过来的。"人民生活日用工业品则多从外省运来,以贵阳、安顺、遵义、都匀、铜仁、毕节等几个较大的城市为中心进行交易。其经营方式,开设店面的不多,往往是设摊街头或走乡串寨。无论川商、广商均自然成帮,往往数人或十数人同行,止则群居,贵阳的广东

---

[1] 贵州省地方志编纂委员会:《贵州省志·商业志》,贵州人民出版社,1990,第12页。
[2] 贵州省地方志编纂委员会:《贵州省志·商业志》,贵州人民出版社,1990,第13页。

街、四川巷就由此而得名。销完货物后，客商多贩运贵州的土特产品如猪鬃、五倍子、生漆、桐油、烟土等回去，形成自然的物资交流。"①

三 密切了西南地区人们的经济联系

古盐道上一些古镇的商业贸易活动促进了西南地区人们的经济往来，密切了经济联系。

古盐道沿线地区的一些城镇就是西南地区的商品贸易中心，如龚滩就是如此。龚滩就是连接川、渝、黔、湘等地的重要水路交通枢纽，但龚滩不仅是交通要道，而且是商埠，是贸易集散中心。桐油、木油、生漆、五倍子、向日葵、猪鬃、兽皮、粮食、朱砂、药材等川鄂湘黔土特产品由此转下涪陵、重庆、汉口等长江沿线各大中小城市，然后又以川盐、红糖、白糖、烟草、百货由此再转而运销四省边区。

又如遵义，它既是黔北商业集散地，又是贵州丝绸业的生产贸易中心。其附近的郑家场和火烧舟，是湖南常德棉花的销售地点。这一带出产的上等丝绸，大部分由遵义运往四川、重庆，再转运陕西、山西、河北等地，一部分还运往广西出售。丝绸贸易促进了商业的繁荣。

桐梓县在乾隆至嘉庆时期（1736~1820年）还是山西、河南等地的远路客商往来贸易的主要场所。"洪顺""兴顺"等商号相继兴起。桐梓有些商人每年常去贵阳、正安、重庆等地做丝蚕买卖，还有些大商人在汉口、上海、苏州设有桐绸字号，即"同兴号"。道光初年桐梓商人又在巴渝（今重庆）设"绸帮公所"。②

四 曾在西南地区交通中发挥主导作用

川黔古盐道是贵州连接西南地区其他省份的"交通血脉"，特别是在现代公路运输诞生以前，古盐道的内河水道"作为贯通黔湘、黔川、黔桂的

---

① 贵州省地方志编纂委员会：《贵州省志·商业志》，贵州人民出版社，1990，第13页。
② 贵州省地方志编纂委员会：《贵州省志·商业志》，贵州人民出版社，1990，第11页。

纽带，承担省际商品的运输，做出重要贡献。各河船舶运输担负食盐、粮食、土特产、工业日用品的绝大部分，供应人民生活与生产的需要"。①

即使到了20世纪40年代，古盐道仍然发挥着西南交通主枢纽作用。赤水河"全河共有船舶四百余艘，载重量计4000余吨"，②是运输最繁忙的水道。乌江也不例外，"乌江水运继续向上发展，深入余庆、瓮安县境，下水运粮，上水运日杂百货，每逢场期，粮船集于思南码头者常达300～400艘，涪岸川盐年引额12000吨，水陆并进，溯乌江上运至思南再转销黔。"

川黔古盐道沿线地区有着丰富的资源，如粮食、木料、药材、山蚕等，尤其是涪边古盐道的乌江地区盛产桐油。桐油在1949年以前是重要的生产资料，不仅是照明燃料，而且还是天然油漆，经济价值很高，用途也很广。随着社会的发展，贵州民众对盐的需求量日益增大，而这些盐绝大部分从川、滇等省运入。这样食盐运入和桐油运出成为古盐道上的大宗买卖。《沿河县志》记载："沿河县油桐生产历史悠久，县内在唐代就利用油桐籽榨取桐油制作涂料和点灯照明。清代桐油已成为主要经济林产品之一。民国时期，油桐是县内主要贸易商品。"③

涪边古盐道堪称古代贵州的一条黄金通道。由于地理环境及盐的质地等原因，其绝大部分食盐，是自川境井盐起运，由长江至重庆涪陵，转入乌江水道，溯乌江经彭水、龚滩、沿河、新滩、潮砥，抵达思南、石阡，再经陆路辗转销往铜仁，甚至辐射到湘西等地；顺江而下的船只则装载桐油、生漆、五倍子等土特产品水运出黔，运销到川、渝。川黔古盐道是西南地区经济联系的重要通道，对贵州而言，它曾是贵州对外经济往来的生命线，在交通中发挥着难以替代的重要作用。

---

① 贵州省地方志编纂委员会：《贵州省志·交通志》，贵州人民出版社，1991，第379页。
② 贵州省地方志编纂委员会：《贵州省志·交通志》，贵州人民出版社，1991，第381页。
③ 贵州省地方志编纂委员会：《贵州省志·交通志》，贵州人民出版社，1991，第381页。

第四章
川黔古盐道与西南地区军事活动

本章搜集整理川黔古盐道上军事活动情况的有关资料，分析川黔古盐道对于巩固边防、维护地方稳定的积极作用，总结川黔古盐道与地方军事活动相互影响的经验教训。

第一节　川黔古盐道与盐务相关的军事措施

古盐道的形成发展与军务密切相关。川黔古盐道开通之初就是为解决军队的粮食问题和食盐问题的。为保护、维持古盐道的正常发展，政府采取了一系列军事措施。

一　盐引与卫所

明永乐十一年（1413年）设立贵州布政使司，贵州正式成为一个单独的省份，贵州的政治地位空前提高。明在贵州设置大量卫所，以致贵州卫所林立。据《明实录》记载，贵州共设有三十二卫、二十四所。这些卫所，相距不过百里，遍布黔地，兵员猛增，导致粮饷猛增。同时，贵州境内各土司之间为争夺地盘相互攻击而发生军事冲突，导致军事活动频繁，出现大量粮盐调运活动。为解决激增的粮食和食盐需求，保障军需，明朝政府实行"开中"之法。

贵州"开中"是逐步推行的。洪武六年（1373年），贵州"开中"正式拉开序幕。最先实行"开中"的为黔西北地区，洪武十五年（1382年），选定了普定卫、普安卫、乌撒三卫、乌撒卫、乌蒙卫和普安卫实行"开中"。洪武二十一年（1388年）至洪武三十一年（1398年）又相继在毕节卫、层台卫、赤水卫、铜鼓卫、五开卫、靖州卫等地实行"开中"，到明永乐年间，贵州境内的卫所均"开中"完毕。

"开中"所纳食盐为淮盐、滇盐、川盐等。先是以淮盐为主，继而川盐、滇盐。因淮盐是"煮海为盐"而得，产量高、积压量大，急需促销，朝廷故意降低淮盐纳粮数额而提高川盐与滇盐的纳粮数，故与川盐和滇盐相比较，淮盐价格相对较低。但由于淮盐运输路途较远，虽成本低，但折合运输费用下来，于商人而言并无太大利益；而川盐运输路近，因而，尽管当时川盐的中纳数额较淮盐高，但就整体成本而言则比较低，而且卫所众多，所需粮盐数额较大，商人为谋求利益，便要求降低川盐的中纳数额，不然不愿到贵州"开中"，而驻在贵州的各级官员担心没有商人到贵州纳粮，也极力主张降低川盐、滇盐中纳数，于是，中央将川盐的中纳数从原来的二石五斗降至一石五斗。至此，川盐入黔的大市场便打开了。

实施"开中"法的原因有许多，如"军粮不敷，宜募商人于本州纳米中盐以给军食""召商中纳盐粮以给军士""本府仓粮无几，恐误军饷，乞召商中纳盐粮""大军剿贼，乞将云南盐开中少助边粮"等。实施"开中"法是为解决军队及其眷属的生活饮食问题，以达巩固边疆安稳之目的。但是"纳米给盐""以盐换粮"主要解决了贵州卫所驻军、官员及其家眷之所需，而黔地人民仍然处于"淡食"的困境。

二 护盐军事组织

（一）盐防军

清代，盐务缉私组织，为正规军队的编制之一，招募权归官家所有，属于运局管带，军饷按引盐摊入盐价征收，列为杂项内开支。光绪末年，叙永设有盐防军（时称"安定营"）一营，营长卢殿安，下设三个哨（相当于连的编制），哨官有卞履和（山东人，善武功）、兰长子，刘海渣三人。① 这说明在清代盐防军是国家的正规军，有编制，是国家军事力量，国家是很重视的。

民国时期，盐防军的地位发生了变化，由正规军变成了地方军事力量。1926年，盐务商团改名为盐防军，编制为18个小分队，每分队30人，总计540人。当时周西成任贵州省主席，对运销贵州的川盐征收"进口税"，委任席绍庭（陕西人，公合长盐店老板）为盐防军督带兼盐运局长，张挂臣（叙永人）任军需官，队伍分驻在叙永、小河、赤水河、瓢儿井、毕节等地。后因军阀混战，盐防军的枪支随时被驻军提取，经费亦感不足，士兵多有离散。1929年，周西成死后，王家烈派杨□昌到瓢儿井任盐防军大队长，取替席绍庭职务。1934~1935年，队伍基本瓦解，仅瓢儿井地区尚保留有三四十人。王家烈另派孤大益来瓢儿井任"岸队长"，随即将人、枪全部接收。

国民政府主黔时期，贵州的食盐走私严重。针对食盐走私，政府设立了一系列贵州盐务缉私机构。早在1915年9月，四川盐运使呈准上级部门，在贵阳设立川盐黔岸督销缉私局，查缉私盐。1933年该局被撤销。1936年2月1日，川盐黔岸督销缉私局复设于贵阳，1938年8月被撤销。1942年4月，贵州缉私处成立，所有盐警等均划归缉私处。贵州缉私处的职责是掌管缉私警队，拟定缉私办法，收集走私情报，调查缉私案件，其主要缉私对象是贩运私盐者。1945年1月，缉私署撤销，各省缉私处亦随之撤销。贵州缉私处所有业务由设在贵阳的盐警第六区部接管。有关1935~1949年盐警部队的演变、盐警缉私概况等问题，笔者已在另一本拙著中论述，在此仅勾勒一些基本情况。②

---

① 中国人民政治协商会议四川省叙永县文史资料工作委员会：《叙永县文史资料选辑·第8辑》（内部资料），1987，第13页。
② 有关1935~1949年盐警部队的演变、盐警缉私概况等问题，详见李浩《国民政府主黔时期贵州盐政研究（1935~1949）》，中国经济出版社，2012，第170~183页。

（二）盐军守护队

抗战前夕，国民政府号召各地操练壮丁。叙永盐帮响应国民政府的号召创建"守护队"，由各盐号抽调职工近百人参加训练，并将各盐号的自卫武器集中使用，长短枪五六十支，分发给职工操练，由国民党派来的别动队人员任教官，为不脱产的武装组织，其任务是自卫防守各盐号的安全和维持社会秩序。守护队的经费由盐业公会开支，因其经费充足，武器装备良好，服装也很整齐，每人均有统一的制服和灰色大衣，俨如正规部队。但守护队的战斗力不强。其时，贵州盐务督运处来了一位盐官，人称"党股长"，到叙永视察工作，准备去泸州，由守护队派20名武装人员护送，但护送的人员回叙永时，道经江门峡，闻有土匪出没，胆怯，乃请当地刘奉草的"守护队"护送。有的队员因不善长途步行，乃乘滑竿回永。一时茶坊酒肆传为笑谈，称这支队伍为"号爷兵"。守护队从成立到结束仅一年多时间，于1937年商巡队成立时宣布撤销。

（三）盐务商巡队

1937年，抗日战争全面爆发前后，叙永至瓢儿井、毕节之间的赤水河两岸常有土匪出没，抢劫盐斤及其他财物。有一次，"场脚"（盐号雇用传送信件的专职人员）陈□顺被土匪抢劫，所带渝票全数损失，陈被迫跳河自杀。于是，盐业公会召集各盐商商议，筹办"盐务商巡队"。1938年初，盐务商巡队正式成立。商巡队编制为3个分队，每分队约50人，全副武装，由彭信罕（乐山人，信诚盐号老板）任大队长兼第一分队长，朱汉昭任第二分队长，林志良任第三分队长，副队长有赵连城、牟继良、李石青。士兵大多是社会上的无业游民、散兵游勇，其间还掺杂部分地痞流氓。人员参差不齐，常常寻衅滋事，群众很有怨言。如刚成立不久，商巡队营地驻扎东城公园，其士兵看戏时与国民党保安队的人员发生冲突，次日，保安队武装士兵多人集队围攻东城公园，一时枪声大作，全城人惊恐不安，双方激战约一小时，商巡队大队长彭信罕及士兵数人被保安队俘去。后由盐务监运处主任李锡圭出面，向县长卢□山求情，才将彭及士兵释放。接着盐业公会在县商会设酒席十余桌，约集城区绅、商向保安队赔礼道歉。① 卢□山乘机诈取商巡队手枪三支,自此以后,商巡队全部开赴小河、瓢儿井等地驻扎。

(四)税警队

1941年,成立仁、綦、涪、永四岸官收督运处,下辖税警队负责缉私任务。贵州盐务税警队改编为第五区队,队部及第二十、二十六队驻茅台,第二十四队驻马桑坪。

1942年盐务总局设置税警管理处时亦设有税警,并以队为单位,设队长、分队长、书记、士警等职务。内设警务科,有税警36个队,由5个分区分别负责指挥,进行缉私护税。同年4月,将原有缉私警卫人员移交贵州缉私处后,缉私责任即告解除,税警改称场警。②

(五)盐警

国民政府刚接管贵州省时,贵州的许多盐务事项都由四川盐务机构代管。这时期的贵州盐警也是由四川省管辖。

1944年3月,国民党政府在开征国军副食费时,建立一支2万人左右的盐警队,以此加强缉私工作。

1945年,贵州盐务分局复将该处警队接收,恢复原状,并一律称为盐警。经整编为10个队,每队官佐警夫52人,后又按规定改编为49人。

1946年8月,贵州盐务划属川康区盐务管理局后,盐务税警队改为盐警队,列为盐警第六区部。区部驻贵阳,所属各队分驻各岸。茅台驻两个班,马桑坪驻一个班,担任查缉私盐任务,直到贵州解放。这些驻兵在一定程度上保障了川盐入黔的安全。③

因地理位置和当时警区非常分散,而盐警力量有限,大部分盐警只分布在比较重要的运线上或者渡口码头,如"1922年(民国11年),茅台盐商筹建盐防兵三班,隶属贵"。

---

① 贵州省地方志编纂委员会:《贵州省志·商业志》,贵州人民出版社,1990,第15页。
② 贵州省地方志编纂委员会:《贵州省志·商业志》,贵州人民出版社,1990,第276页。
③ 贵州省地方志编纂委员会:《贵州省志·商业志》,贵州人民出版社,1990,第276页。

国民政府主黔时期，关于盐警或税警防地分布情况，试以表4-1为例予以说明。

表4-1 贵州盐务管理局各防所需兵力驻地担任勤务一览（民国30年）[①]

机关	驻地	兵力	担任勤务	是否设防	备注
盐务管理局	贵阳	一班	警卫	已设	
开阳盐井探勘处	开阳喜泥坝	一班	警卫	已设	
六广门外盐仓	贵阳	一排	护仓缉私	已设,兵力未定	
安顺分局	安顺	一班	护仓缉私	已设,兵力未定	官一兵士六名
晴隆转运站	晴隆县	一班	护运保仓缉私	待定	
盘县分局	盘县	一班	护仓缉私	已设	
盐务新村及管理局电台	贵阳六广门外	二班	警卫	已设,兵力未定	官一兵士七名
都匀分局	都匀	一班	护运缉私	未设	

从表4-1可看出，只有在重要的盐务机关驻地、盐仓或其他与盐务相关的机关所在地才会驻派盐警或税警。由于兵力有限，即使设防，兵力亦不多，一般只有一个班，多的也不过一个排，这些均影响了盐警或税警的缉私战斗力。

第二节 川黔古盐道与军务活动

川黔古盐道的发展关系政治、经济和社会稳定，故古盐道沿线地区稍有力量的组织都希望控制古盐道，甚至采用军事手段，以实现利益最大化。川黔古盐道沿线地区政府曾组织军事力量力图控制古盐道，历史上军阀掠夺盐税作为其重要财源。古道上曾匪患不断，土匪抢劫食盐。中国共产党的初心和使命，就是为中国人民谋幸福，为中华民族谋复兴。中国共产党始终代表最广大人民的根本利益，她所创建的军队全心全意为人民服务，红军看到古

---

① 各局、处请派税警押仓、押运暨报支津贴、押运差旅费等有关文件，见贵州省档案馆馆藏史料，M4-1-5198。

道沿线人民受"盐贵淡食"之苦,遂把被反动势力操纵的盐仓打开,分盐给百姓。

一 政府组织军事力量控制古盐道

由于食盐关系民生、关乎社会稳定,更关联着财政收入,所以政府一直高度重视对食盐的管理,严格控制食盐的运销,实行政府垄断政策。为了保护食盐运销安全、打击食盐走私,政府组建护盐军,如盐防军、盐警队、税警队等,关于这方面的具体情况在本章第一节已经有详细介绍,在此就不再重复。

军务活动与盐务关系紧密,具体体现为:任何军队生活都离不开食盐;军费常常离不开盐税;重要军务活动直接影响盐商活动;部分军务活动直接影响盐政活动。前面两点在前文已有所论述,在此主要谈谈后面两个方面。军务与盐商的关系是多方面的。良好的军务活动对盐商发展有利。但是那些影响恶劣的军务活动,如军阀混战,就会严重影响盐商的正常活动。诚如林振翰所言:"军务对于盐商之关系者四:(一)曰场商困而产额少也;(二)曰运道阻而行商困也;(三)曰销岸疲而盐业衰也;(四)曰金融枯而纠葛多也。"[1]

军务与盐政的关系亦是如此。正义的、正规的军务活动有利于盐政顺利开展,不良的军务活动阻碍盐政工作正常进行。"军务对于盐政之关系者四:(一)碍于整理产岸之计划,(二)碍于缉私机关之进行,(三)碍于统计报告之手续,(四)侵夺场税各官之职权。"[2] 如典型例子"咸丰中叶,东南军务大兴,滇黔两省岸引不行,本身地方亦有不靖,销路疲滞,商多歇业,积引至八万余张之多,欠课至百有余万之钜"。[3]

---

[1] 林振翰:《川盐纪要》,商务印书馆,1916,第274~279页。
[2] 林振翰:《川盐纪要》,商务印书馆,1916,第274~279页。
[3] 林振翰:《川盐纪要》,商务印书馆,1916,第2页。

二　军阀掠夺盐税

盐税对于军阀发展具有重要作用。民国时期，各省军阀林立，并且军阀之间经常进行争夺，甚至发生战争。由此导致军费开支浩大，财政紧张。军阀们把盐税作为"救命稻草"。贵州军阀也不例外，如贵州军阀的军事扩张加剧了贵州财政的危机，尽管他们自始至终都力求摆脱危机，但因其解决危机的方法是建立在征收烟、盐二税基础上的[①]，所以把盐税作为解决财政危机的最重要的方法。"盐税是当时贵州的第一财源，是贵州军阀赖以进行扩张战争的财政支柱之一。"[②] 因为"盐是人民生活的必需品，该省向不产盐，所需一概仰给邻省，除西南边远县份食滇盐外，黔东及黔东北各县均食川盐。其时贵州人口约 700 万，每年进口食盐数百万担，仅贵阳一地，年耗川盐就达 8 万包。因此，对川盐入黔征税是一项为数颇大而又可靠的财政收入"。[③]

贵州军阀统治时期，烟、盐之外的财政收入，在 150 万元至 200 万元。"烟禁"开放前与开放初，仅川盐入口税一项，收入就相当于全省其他各类收入的总和，若加川中所索之款，与直接从盐商手中强借、勒逼之款，其数目将大大超过其他财政总收入。因此，盐税一度上升为贵州军阀的第一财源，成了他们赖以生存和进行大规模战争的主要支柱。[④] 四川军阀也不例外，他们也把盐税作为重要收入来源。如"1930 年，军阀割据，战乱不止，川军饷项赖盐税为大宗"。[⑤]

军阀们通过整顿盐务、重征盐税以解决财政危机。"其时贵州人口大约七百多万，每年进口川盐一万六千引，每引五十包，共合八十万包，约可收

[①] 西南军阀史研究会：《西南军阀研究丛刊·第 3 辑》，四川人民出版社，1985，第 360 页。
[②] 西南军阀史研究会：《西南军阀研究丛刊·第 3 辑》，四川人民出版社，1985，第 363 页。
[③] 西南军阀史研究会：《西南军阀研究丛刊·第 3 辑》，四川人民出版社，1985，第 362 页。
[④] 贵州军阀史研究会、贵州省社会科学院历史研究所：《贵州军阀史》，贵州人民出版社，1987，第 303 页。
[⑤] 中国人民政治协商会议四川省叙永县文史资料工作委员会：《叙永县文史资料选辑·第 8 辑》（内部资料），1987，第 5 页。

税一百多万元。因此，对川盐入黔课以重税，是一项为数颇大而又可靠的财政收入。"① 为了填补财政赤字，进一步满足战争的需要，无论是"兴义系"还是"桐梓系"，不管是刘显世当政，或是周西成主黔，都力图通过重征盐税，以摆脱财政开支的困境。②

贵州军阀重征盐税，盐商深受其害。盐商自川运盐入黔销售，本已在川交税，今又重征，共要交足150万元之盐商捐，并需照例缴纳一定数量的盐务经费，包括盐务处、督销局、缉私局、稽征所等机构的行政费和业务费。此外，盐商们为了避免转运迟滞，摆脱厘局、税卡人员的无端刁难，还得忍受他们私定的成文与不成文的附加税。但军阀们并不以此为满足。唐继尧督黔时，梅治逸奉命整理黔北盐务，遵义盐商邓仲三因四挑盐漏盖图记，被逼勒索银四万两；何金堂、陈海三等，因盐数挑字据模糊，"惨遭杀害"，并罪及脚夫。黔军李善波部，更公开抢劫"万懋正"盐号，造成该号"损失十九万元"。王家烈以贬值纸币——存款券，向"大定县属瓢儿井盐商调换大洋六万元"，向"毕节盐商调换大洋四万元"，至于用其他形式勒索盐商则更是数不胜数。③ 各个军阀重征盐税，致力于盐务整理正是看中了其内含的巨大的经济利益。

对四川盐税的掠夺更加体现出盐与军事的相关性。在西南军阀的割据区域内，四川井盐以其质优量宏、利厚税旺而成为军阀们掠取的重要对象。掠夺四川盐税，主要是川、滇、黔三省军阀。滇黔军阀入川直接掠夺盐税，分别是在1920年和1925年以前。1925年以后，川盐税款落入四川军阀之手，而四川军阀对川盐税款的掠夺较滇黔军阀更甚。1925年，川军各路军阀联军打败欲"统一提取盐税"的杨森之后，在自流井盐产地召开以分配盐税税款为主要议题的所谓"善后会议"。结果议定邓锡侯每月分得30万元，

---

① 贵州军阀史研究会、贵州省社会科学院历史研究所：《贵州军阀史》，贵州人民出版社，1987，第299页。
② 贵州军阀史研究会、贵州省社会科学院历史研究所：《贵州军阀史》，贵州人民出版社，1987，第298页。
③ 贵州军阀史研究会、贵州省社会科学院历史研究所：《贵州军阀史》，贵州人民出版社，1987，第300~301页。

刘成勋每月14万元，赖心辉每月15万元，刘文辉每月20万元，田颂尧每月15万元，何光烈、刘存厚每月各8万元，刘湘每月70万元。四川盐税就这样几乎被掠夺殆尽。该年，四川军阀又挤走袁祖铭的黔军，从此结束了滇黔军阀直接插手四川盐税税款的情形，盐税全由川军瓜分。当然，随着各路军阀实力强弱、在相互混战中胜败进退的变化，盐税的分配也随之变化。到1928年，"川省盐税在川北者则由二十八、二十九两军分提；在川南者，犍乐两厂由二十四军提用；富荣引税共56万元，分井渝两处提拨，由二十一、二十二、二十四等军分用"。1932年底四川二刘之战，刘湘军控制自贡井盐产区后，即出布告称："所有富荣盐税，自应由本军提拨，以充军饷。"① 可见，盐场置于四川军阀哪一军割据的防区内，盐税则由哪一军掠取。

除了收取盐税，军阀还用其他非正当手段掠取盐利。如贵州军阀除对入境川盐征收重税外，还利用驻兵川省之机，攫取川中盐款。滇黔联军离川前夕，王文华在川中所索"商款、盐款就达200万元"。袁祖铭在川中估提盐款不仅次数多，款亦巨大，1923年他曾拟由"自流井稽核分所每星期提款10万元"，1924年又于"自流井筹提150万元盐款"，同年，还致电吴佩孚"请拨盐税五分之二为军费"。此外，他们还通过种种渠道直接搜刮盐商。如盐务督办梅治逸在遵义勒索现银数万金，② 至于向盐商估借款项则更是数不胜数。

三　土匪抢劫食盐

贵州食盐的运输，除了自然条件恶劣之外，运盐路途中还存在匪患，小股土匪常年出没盐道，尤其是在抗战时期和解放战争时期，因战争的影响，民不聊生，很多良民落草为寇，还有很多逃兵、败兵残将亦沦为土匪。由于连年战争，政府无暇顾及消除匪患，也无力有效维护盐运安全，于是匪患威

---

① 谢本书、冯祖贻：《西南军阀史》第三卷，贵州人民出版社，1994，第351~352页。
② 关于军阀用其他非正当手段掠取盐利部分，参考西南军阀史研究会《西南军阀研究丛刊·第3辑》，四川人民出版社，1985，第363页。

胁远远胜于自然条件之困苦。以致运盐过程中，人少力单者不敢运盐，得罪土匪者不敢进行正常的食盐贸易，造成运销食盐成本很大，严重影响食盐贸易。

下面一段档案史料可反映出当时匪患对盐运的巨大威胁。

案查职处，前此召集各岸销商代表来筑饬洽盐务时，据各岸代表联名来呈，以黔省交通梗阻，金融机构设立未遍，各岸盐款，均须送现金，而路途遥远，土匪环伺，抢劫之事，遂不可免。请将过去被劫损失盐款盐斤案件，查明核入售价，以资取偿，嗣后如有同样事件发生仍予核入售价，避免商人损失。窃查关于劫失盐款盐斤核入售价一节，前曾列入黔省府负责协助盐务协定细则。钧局本年四月二十日渝税务第五七号训令以此项办法，易滋流弊，即删除等，业经遵照办理在案。伏思黔省地势险恶，民情剽悍，历来盐款被劫，各岸数累钜万，追偿无着，补给无望。销商每次呈□困难，辄以为言，窃以为商人办运，无非为周转孳息。如以普通营业而言，一部分商品损失，自在其余一部分摊算取偿。即公家官运盐斤，必须计列以外，籍期补偿，现核销商售价，项目均有固定，纯利号缴，必不为厚。一旦遭遇损失，实属无法弥补，又查前奉财政部本年七月七日渝盐字第九七五四号训令，以准。中国国民党中央执行委员会函准詹委员函送视察贵州省总报告案内附转安顺各界呈请改善统治食盐呈文一件，转拟办具报等，当以原案内有土匪劫盐劫马，过去不下数十起。政府据报，从未予以保障。以经建议于商运盐斤，按担另征意外损失保险金，以为被劫案件之保障。财政部鉴复核示。管见关于损失一项，固当从积极方面，竭力设法避免，但终不能保证损失案件绝对不发生。如不予以筹一着实保障办法，则商人以血本攸关，难以顾及，影响盐运。拟应订定办法，避免遭受意外损失时，终无着落，方为正办。兹拟在销商售价内，每担加核保障基金一角，由公家专账存储；试行连环保险，如各岸盐款在途被匪抢劫，经过当地行政机关严密追查，出事三个月后尚未能破案者，即在保障基金内偿付。如蒙核准,则商人无所借口,督饬比较顺利,商情法理,均获兼顾。[1]

地方文史资料亦记载,1937年,抗日战争爆发,叙永至瓢儿井、毕节之间的赤水河两岸,常有土匪出没,抢劫盐斤及其他财物。[2]

土匪抢盐固然可怕,社会危害大,但匪官勾结,共同作案,则更是令人发指,严重破坏运盐安全。如解放前江口县官和乡(含现在的官和、泗渡两乡),当时被认为是匪区。不管派谁去担任乡长,即使带上30~50人的武装队伍,都无济于事,甚至连自身的安全也难以保障。国民党政府就委派匪首张寿山去担任乡长。乡公所经常仅有4个乡丁,全都是承担兵役的农民,为了逃避兵役,不仅不要张寿山发饷,连伙食也自带,而张寿山则令其弟张华山、下属张治国带领匪徒经常到别处去大肆抢劫。据文史资料记载,有一年,贵州省保安部队派一名余姓营长带部队来江口"剿匪"。张寿山在闵孝区风岩三湾抢了14挑盐巴。那时盐巴很贵,每担值140多块大洋。余亲自带队去追,当追到江口石阡交界处发现路旁整齐地放着4挑盐巴。余心领神会,就派兵把盐巴挑回。同时,在张寿山放盐巴处,留下1000多发步枪子弹。随后张派人把那些子弹挑回。[3] 他们这种亦官亦匪、官匪勾结的行径,令人匪夷所思。

亦官亦匪、官匪勾结、抢劫食盐、鱼肉百姓的现象并不是极个别现象,在川黔古盐道沿线地区,常有发生。另如潮砥区枫香溪的匪首王汉臣、王焕郎、王焕春等,勾结沿河谯家铺匪首杨通江、卢少时、谭书培同恶霸地主和当地乡、保长、暗中结成"三位一体",大干明保暗抢、巧取豪夺的勾当。由王汉臣、杨通江、谭书培、卢少时带领部分匪众把关设卡;由王焕郎、王焕春带一批人冠冕堂皇地组织所谓"保商送帮",另一些人则暗中策划,进

---

[1] 黔区各岸边岸盐款、盐斤连险试行办法及有关运输盐保险文件,见贵州省档案馆馆藏资料,M41-1-2972。
[2] 中国人民政治协商会议四川省叙永县文史资料工作委员会:《叙永县文史资料选辑·第8辑》(内部资料),1987,第15页。
[3] 中国人民政治协商会议贵州省委员会铜仁地区工作委员会:《铜仁地区文史资料·第2辑》(内部资料),1992,第8~9页。

行抢劫,然后大家分赃。真是一路人马,三班角色,保商送帮是假,拦路抢劫、坐地分赃是真。①

四 国民政府主黔时期的军盐管理

国民政府主黔时期,战乱不断,贵州亦大量驻扎有军队或保安团。如何对军用食盐进行有效管理,是贵州地方政府和盐务机关面临的一个难题,军盐管理遂成为当时贵州盐政的重要内容。由于军盐管理涉及军事问题,具有一定的敏感性,再加上这方面的资料也非常难以查找,故目前关于军盐管理的研究相对很少。受资料所限,这里的"军盐管理",特指对驻黔军队、保安团及部分税警购买食盐的管理以及与之相关的管理等,不包括军队内部的食盐分配、消费等。

关于军盐的配销发放管理,贵州省档案馆馆藏史料中有具体体现,如下面一例史料是铜仁分局向贵州省盐务管理局的汇报材料。

  电报准遵婺师管区基干团三营请领军盐处理情形并请赐寄修正军盐公给办法下册,遵婺师管区基干团三营公函以奉驻江口接收本年度配赋,该县兵额五一六名军盐缺乏函请,即凭江口县政府证明人数、发给军盐等由,查接兵过境部队请领军盐现口,前奉钧局三十二年十月四日运销字(832)号通令转颁部订接兵过境部队请领军盐现口或代金办法四项,应由部队备具手续,请由当地或就近之粮算处(兵站)或分处(分监部)核发通知书,再向盐务机构请领,业经根据该项办法第二条,电复查照在案,惟本局关于修正军盐公给办法单行本尚未奉颁发,兹既办理配销发放军盐之全部手续亟待彻底明白,应恳钧局,对该项办法单行本赐寄一册,铜仁分局。②

---

① 中国人民政治协商会议贵州省委员会铜仁地区工作委员会:《铜仁地区文史资料·第2辑》(内部资料),1992,第61页。
② 关于军队食盐的发放、运输、补给等文件,见贵州省档案馆馆藏史料,M41-1-3614。

从上述史料中,我们可以得知,军队有按规定程序向驻扎地申领公给军盐的权利,地方相关机构有给过境部队提供公给军盐的义务,并按年度为过境部队或驻扎该地区的军队提供公给军盐。关于接兵过境部队请领军盐现口,当时盐务管理局有相关规定。在领取军盐之前,需要军队驻扎地政府的相关证明函,证明人数、发给军盐等由。关于配销发放军盐,当时特别制定了相关管理制度,如军盐公给办法单行本,但此单行本并不是一成不变的,可以根据实际情况进行修正。关于军盐的配销发放管理,在盐务管理机构内部系统内,实行下级服从上级、地方盐务分局服从贵州省盐务管理局的管理模式。

军盐的购销管理具有双重性。一方面,要有军方的管理手续,由军部或军粮运输处核定并发通知给相关部队和相关盐务机构;另一方面,军盐的购销还要受到盐务机关的管理。即使是正常的军盐也要经过一定的购盐手续(特殊时期除外),需造军人、军马等数目表,并向上级部门和相关盐务机关申请审批,经军政部与盐务总局协调确定食盐种别、数量等,然后发相关凭证,再由军队派专人前往指定地点购买指定数量、指定盐种的盐。

驻军地方政府协助军盐管理。军队进驻贵州后,为解决驻军的食盐问题,各驻军地政府亦高度重视军盐的供应问题,一般都会积极采取措施向贵州盐务机构申请及时供给军盐。试以军事机关文件中所记载的几例政府代电予以说明。当国民军二十八师野战团全部开进余庆县驻防时,1940年11月22日,余庆县政府给贵州盐务办事处发急电,电云:"为电请迅饬遵义盐务分局加配发足本县第一区盐斤用维军食,急贵州盐务办事处公鉴。兹有新编陆军第二十八师野战团全部开来本县驻防,每日需用盐陆拾斤,月计需盐壹千捌百斤合二十一市担,查第一区代销店每月在遵所购食以过去张县长小溥所报人口不实,故购这数尚不敷分配民众,现该团所需之盐已无出处,恐慌万状。除呈报省府并一面严饬第一区代销店设法赶速赴遵采购外,特电奉达希速电遵义盐运分局按照上数将本县第一区食盐代销店应领盐加配发足俾便。"①上述余庆县政府寻求解决之途径亦从侧面反映即使是地方政府提出需军盐供

---

① 关于配销滇黔绥靖供需等军事机关文件,见贵州省档案馆馆藏史料,M41-1-3468。

给，而要真正获得军盐供给存在一定难度，必须动用上级政府及上级盐务主管部门的力量，并经过一系列相关程序才能获得军盐。另如当第六军开进开阳县时，开阳县政府代电（1940年9月30日）。"第六军移黔后，（开阳）县应驻兵办两团以上，查该部已陆续抵县（开阳）计其人数每团约二千五百三十人。按照军盐每人每月额九市两计算，共需盐二十八市担四十六斤，请自本月二十日起配"①。此材料亦说明，当军队抵境后，该地方政府有通知相关盐务机构配销发放军盐的义务和权力，并应对所需军盐人数、所需军盐量、始发日期等予以具体说明。再如有军事机关文件曾记载："财政部贵州省盐务办事处张钧鉴案准本县驻军十六补训处，第二团第二营输送连官兵三百六十人移至本县（印江县）五区玉皇观，请照数发给食盐以济需要。查该连官兵三百六十人，每人每日照规定发给食盐三钱每场六日每人应给一两八钱，三百六十人合计六百四十八两，折合黔称四十斤零半斤，相应电请钧处转饬刀镇运销支局按场如数增发交本县（印江县）代销商承领转售。"②

关于身处食盐纯销区的贵州，国民政府是如何具体管理军盐的配销发放管理、军队与驻军地方政府及盐务机关如何合作、军盐运销存在的问题及其对贵州盐政产生了哪些影响等问题，笔者已在另一本拙著中论述③，在此不再重复。

五 红军分盐给百姓

红军历来以人民的根本利益为出发点，全心全意为人民服务，想人民之所想，关心人民疾苦，为人民谋利益。

在艰难困苦的长征途中，红军路经贵州，发现当地人极其缺盐，于是许多红军战士把自己仅有的一点盐送给当地的乡亲们，这样的故事有许多，在《四渡赤水》的电影中就有这样的镜头。在贵州，红军把土豪、

---

① 关于配销滇黔绥靖供需等军事机关文件，见贵州省档案馆馆藏史料，M41-1-3468。
② 关于配销滇黔绥靖供需等军事机关文件，见贵州省档案馆馆藏史料，M41-1-3468。
③ 李浩：《国民政府主黔时期贵州盐政研究（1935~1949）》，中国经济出版社，2012，第192~220页。

敌军的食盐缴获过来，分给乡亲们作为头等大事，如"1934年2月18日，红军长征到达二郎滩，把王家烈武装守卫的盐仓打开，分给群众食盐60多万斤，沿赤水河的川黔两岸贫苦群众昼夜搬运食盐两三天，欢声雷动"。① 又如1934年3月，在瓢儿井，红军打垮护盐兵，把食盐分发给当地乡亲们。②

第三节　川黔古盐道上军事活动的影响

统治者常会利用历史上已经形成的官道商路解决边地军事问题。如为解决边防粮草和食盐问题，明代实行"开中法"；为解决盐运安全问题，政府设立盐防军；为解决军饷问题，军阀们把持盐道、控制盐税等，此充分反映了川黔古盐道是军事活动的重要载体。川黔古盐道上发生的系列军事活动对古盐道沿线地区的经济社会发展产生重要影响，积极影响如促进了交通的发展，为食盐运销提供保障，直接满足盐道沿线人们的生产生活。不利影响主要体现在军阀掠夺、重征盐税、土匪抢劫食盐乃至盐款，这些均使本就因自然地理环境而路途艰难的盐运难上加难，成为解放前贵州一直没有解决"盐贵淡食"问题的重要因素。

一　盐道上的军事活动促进交通的发展

随着贵州军事地位的提高，中央政府派出军队进驻贵州要塞，食盐和粮食需求量增加，为了解决这些问题，政府必须修建道路。明初期进军贵州，"太祖极为重视驿道的开辟和整修，随着经济发展，人口增多，粮盐输入和土产输出量的增加，促进了道路的发展。"③

1726~1735年，清政府在贵州西南、东南地区实行"改土归流"，咸同

---

① 中国人民政治协商会议贵州省赤水市委员会学习文史委员会：《赤水文史资料·第7辑》（内部资料），1986，第37页。
② 四川省文化厅等：《川滇黔边红色武装文化史料选编》，贵州人民出版社，1995，第178页。
③ 贵州省地方志编纂委员会：《贵州省志·交通志》，贵州人民出版社，1991，第8页。

年间贵州各族人民大起义及太平军入黔,清政府派军进行镇压,当时军事活动路线有 200 余条。战争给人民带来了灾难和痛苦,但因为战争需要开辟道路以保证军粮和军盐的供应,客观上促进了贵州许多县乡交通的发展。

二 盐道上的军事组织为食盐运销提供保障

由于食盐在贵州是稀缺物品,在特定历史条件下甚至可以直接转化为银元,所以一些游民、地痞想不劳而获、发横财,在盐道上占山为王、霸路为匪,干起杀人抢盐或盐款的勾当。且因食盐是国家严控垄断的商品,食盐走私,有暴利可图,所以盐道上的食盐走私屡禁不止,有时还很猖獗。为了消除盐道上的匪患,打击食盐走私,政府在盐道沿线设立盐防军或盐警队或商巡队等军事组织,成为盐道上的军事保护力量,保护食盐运销、盐款押运安全。

三 盐道上的军事活动影响盐道沿线人们的生产生活

盐道是盐商们在特定历史条件下力图降低运输成本以实现利益最大化而开辟出来的最便捷的运输线路。它不仅是食盐通道,而且也是其他物品的运输通道。战争或者军事行动对盐道的发展有时起破坏作用,有时起促进作用。

军阀混战,祸及盐商、盐道。"时值军阀混战,兵连祸结,盐运河道,时受阻扰。特别是盐税附加超过正税,盐运商人负担过重,多不愿继续购运而改营他业。"①

军阀重征盐税或对食盐的掠夺,更是加重了人民的痛苦。"重征盐税、整理盐务,增加了军阀政府的财政收入。从表面看,受害的是盐商,真正受害的却是广大人民。因为盐价的起落,要随成本高低而上下波动。盐捐越多,盐价益高,盐商们交纳的盐捐及双重盐税,几乎全都转到了盐价上面。因此,军阀政府盐税收入的增加,意味着人民负担的加重,带来的是人民淡

---

① 中国人民政治协商会议四川省叙永县文史资料工作委员会:《叙永县文史资料选辑·第 8 辑》(内部资料),1987,第 24 页。

食之苦。"① 重征盐税是贵州军阀加强对人民掠夺所采取的一项反动经济政策。

军阀的巧取豪夺盐税,同样影响民生。1932年,地方军阀划地割据,军阀侯□□霸赤水,军阀蒋□□占据遵义,军阀犹□□驻扎安顺等,在辖区内,各自为政,截留税款,比比皆是。② 更有甚者,各军阀为盐税利益,互不承认,重复收税。如"军阀侯□□在赤水截留入境盐税,运抵贵阳,军阀王□□不承认而又要盐商照补,结果盐商付税后,转嫁于消费者,盐价自然上升,遭其殃者,还是广大人民,尤以农村为甚,贵州盐政之乱局,又从此滋生。"③

部分正规的、国家的军事行动在一定程度上促进盐运发展,促进盐道繁荣。抗日战争期间,"水运除粮、盐等商贸运输外,黔东几条河系兼负军运任务"④。因军事需要,"赤水河川盐输入量更增,年运量12000~15000吨,运力有较大发展"。尤其在1943年,"营运船只增至千艘以上,总载量不下8000~9000吨"⑤,使盐道沿线,尤其是码头、转运站出现少有的繁荣景象。

红军的分盐行动,更是暖了民心,赢得了人心。这从当时歌谣就可以体现。"朝背盐、暮背盐,拿起打柱下四川。自流井,白花花,遍地都是盐。盐巴压得腰杆弯,背起盐巴翻大山,风里雨里照常走,哪管暑来哪管寒,盐巴背到飘儿井,老板只给半块钱,半块钱哟半块钱,还买不到半斤盐。"⑥ 红军未来之前的悲惨境遇跃然纸上。"红军来,大分盐,一分分我三斤盐,三斤盐呀三斤盐,我要六回到四川。红军好呀红军好,红军领头我们干,跟着红军打天下……坚决报名把军参。"⑦ 红军到来了把所缴获的食盐分给乡亲们。乡亲们获盐时的喜悦之情、获盐后的感激之意是情不自禁。

---

① 贵州军阀史研究会、贵州省社会科学院历史研究所:《贵州军阀史》,贵州人民出版社,1987,第301页。
② 中国人民政治协商会议贵阳市南明区委员会文史办公室:《南明文史资料选辑·第二辑》(内部资料),第62页。
③ 中国人民政治协商会议贵阳市南明区委员会文史办公室:《南明文史资料选辑·第二辑》(内部资料),第62页。
④ 贵州省地方志编纂委员会:《贵州省志·交通志》,贵州人民出版社,1991,第382页。
⑤ 贵州省地方志编纂委员会:《贵州省志·交通志》,贵州人民出版社,1991,第382页。
⑥ 四川省文化厅等:《川滇黔边红色武装文化史料选编》,贵州人民出版社,1995,第186页。
⑦ 四川省文化厅等:《川滇黔边红色武装文化史料选编》,贵州人民出版社,1995,第186页。

第五章
川黔古盐道与西南地区文化教育发展

对生活在川黔古盐道沿线地区的历史民族或族群来说，古盐道既有山水交通之便，又有山水屏障之用，既可为迁徙、流动的要道，又可为退避、封锁的庇护地，以求民族及其社会文化的自我保存。正因为如此，川黔古盐道才能积淀民族文化，成为历史文化的沉积地带。各民族不断相互影响和熏染，形成了一个个地域文化，进而形成文化多元化格局。

川黔古盐道上的历史文化，承载着古盐道上各民族的物质文化、信仰文化、文学艺术、生产工艺等各个文化层面，深刻反映着古盐道上各民族人民最基本的人生需求，反映着各民族的情感、共同理想以及价值取向等，根植于一定的历史、社会、文化中，世代相传至今。了解和挖掘古盐道上民族文化，是我们了解古盐道上各民族生产生活发展史的基础，是发展和弘扬民族文化、加强民族团结、促进民族共同繁荣的重要途径。

川黔古盐道上的一些盐商通过兴办学校、创办报刊或书局等方式来助推教育发展。虽然有其提升自身政治地位、社会影响，提升家族文化教育水平之主观因素，但是客观上促进了川黔古盐道沿线地区教育，尤其是民族教育的普及和提高，大大提升了古盐道沿线地区人们的教育水平，加快了文化现代化进程。

本章概述了川黔古盐道与西南地区文化、教育的形成、交流及发展的基本情况，总结了川黔古盐道与西南地区文化教育的形成、发展及融合的基本经验，探寻其发展规律，为当今文化教育发展提供有益启迪。

第一节　川黔古盐道沿线地区文化发展

自古以来，川黔古盐道沿线地区就生活着许多民族，因自然、历史、政治等原因，各民族发展极不平衡，但这也促成了各民族文化的迥异。川黔古盐道的开通，促进了各民族之间的文化交流，使各民族之间得以相互学习，共同进步，各民族也在相互学习之中逐渐将部分原本不适应自身发展的生活方式加以转变，甚至创造出新的生活方式。

一　盐饮食文化

历史上，贵州少数民族人民进餐以勺舀汤、用手抓饭、以牛角饮酒，佐食多为鱼肉、腌菜、酸菜。嘉靖《贵州通志》载，"罗罗……少长共匕而食，探匕于水，抄饭以哺"。[1] 乾隆《贵州通志》载，苗"炊熟必成团冷食，佐食惟野蔬，无匙箸，皆以手掬"，[2] "仲家……饮食用匙"，"食惟麦荞野蔬，亦有糯稻"。[3] 随着川黔古盐道的开通，各民族间的经济文化交流逐渐发展，在汉族人民的影响下，少数民族人民的饮食方式有所改变，他们大多于清代已用筷食饭，以杯碗饮酒。因长期缺盐，贵州各民族的饮食生活中出现一些与盐有关的特殊饮食文化。

（一）用酸、辣等味替代食盐

贵州不产盐，故多淡食，在古盐道开通之前，贵州民众"往往淡食，穷乡僻壤，更有终岁不尝咸味者"。因日常饮食中缺盐，人们食而无味，于是想出一些代替盐的物品诸如蕨灰、酸、辣、浓茶等，用酸、辣等味代替盐，例如道光《遵义府志》记载："郡城内外，肴馔之馆，不下三十家，勺药

---

[1] 谢东山修，张道纂《贵州通志》卷三，天一阁藏刻本重钞，1965，第267页。
[2] 靖道谟等撰《贵州通志》，乾隆六刊本，中国省志汇编之八，台北：京文书局印行，1968，第125页。
[3] 靖道谟等撰《贵州通志》，乾隆六刊本，中国省志汇编之八，台北：京文书局印行，1968，第123页。

和具，日无虚席。居人顿顿之食，每物必著番椒，贫者食无他蔬，一碟番椒，呼呼而饱。则其好味、好辛，盖由方气然也。"① "淋灰水浸肉而食，或用牛豚等骨用水浸，俟其酸臭以当盐。"② 清《贵州地理志》记载"海椒，俗名辣角，土人用以代盐"。③《牂牁苗族杂咏》记载"不须饮啜餐烟花，木叶充粮酽代盐"。④《黔阳竹枝词》记载："醡菜珍同旨蓄藏，无盐巧用蕨灰香"；《蛮峒竹枝词》记载"盘有山蔬频苦淡，蕨根渍水代盐尝"；《西垣黔苗竹枝词》记载"莫厌蕨灰少咸味，迩来三月食无盐"，并注明黑苗"食少盐，以蕨灰代之"⑤ 等。

（二）特殊的食盐方法

1949年前，贵州长期存在"盐贵淡食"问题。一般劳苦人民无力购买很多食盐，所以不能像其他地区人们一样食用食盐。只能用尽可能少的盐来解决缺食盐问题。如"驴打滚"法，将盐块用绳系着，吃时将盐放在菜碗中打几个滚，即又捞起，呼为吃打滚盐，有"吃盐当过年"之叹。⑥ 又如"蘸水法"，在制作火锅时，汤中只放少许食盐，而为了解决盐不足，而添加了"蘸水"，道光《遵义府志》记载"盐卤曰蘸水"。⑦ 清代李祖章的《黔中竹枝词》也记载"山腰茅店客停车，玉米为餐佐豆花；淡食难堪增占水，海椒烧罢洗盐巴"。同时，李祖章还在该词下面注释："途中有包谷饭，菜多水豆腐，俗名'豆花'，并无豆油，以水泡盐块加海椒（辣椒）调试，谓之'占水'，缘黔中盐布最贵，有贫民生平少食服者"。⑧ 乾隆年间，张广泗开赤水河，使川黔仁边古盐道得以快速发展，四川自贡的盐不断通过仁边

---

① 郑珍、莫友之：《遵义府志》，遵义市志编纂委员会办公室，1986，第564页。
② 刘祖宪修，何思贵等纂《安平县志》卷五，道光七刻本，1964年贵州省图书馆据上海图书馆藏本复制油印本。
③ 《贵州地理志》卷四，宣统二油印本，1966年贵州省图书馆复制油印本，第31页。
④ 刘韫良：《牂牁苗族杂咏》1卷本，民国手抄本。
⑤ 毛贵铭：《西垣黔苗竹枝词》1卷本，清光绪刻本。
⑥ 贵州省政协文史与学习委员会：《贵州文史资料选粹·经济社会篇》，贵州人民出版社，2009，第169页。
⑦ 郑珍、莫友之：《遵义府志》，遵义市志编纂委员会办公室，1986，第567页。
⑧ 贵州历代诗文选编辑委员会：《贵州历代诗选·明清之部》，贵州人民出版社，1988，第448页。

173

古盐道运入贵州，一定程度上解决了各民族食盐缺乏的问题。川黔古盐道的开通与发展尽管没有完全解决贵州缺盐问题，但是给原本"不知盐味"、常年淡食的人们增加了一条购买食盐的通道，对缓解贵州"盐贵淡食"问题起了一定积极作用。

（三）无盐特色制食品及盐水泡制或盐腌制食品逐渐增多

历史上，贵州各民族日常食物制作中也留有缺盐的烙印，如"民国时期，生苗的食品中，最缺乏的是盐"，"菜中仅放极少量的盐，简直使人不能感到盐味，因此，贵州因缺盐和碘，患大脖子病的人较多"。[①] 贵州民众充分发挥主观能动性，在长期缺盐少盐饮食生活实践中摸索出一些特殊的饮食制作方法。道光《遵义府志》载"渍藏肉菜曰腌""以米糁盐椒酿肉鱼曰鲊"[②]，明代时，贵州大部分地区以荞灰和高粱粥，酿成糟汁，掺以鱼、肉及佐料贮于坛内，称为侗鱼、侗肉，视为佳肴。坛菜用荞灰的原因是缺盐，而荞灰含碱，可使味道顺口。[③] 因此，做坛腌菜就很普遍，食之既久，也就成了习惯。

食盐为盐道上大宗食品，川黔古盐道的开通与发展，推动了古盐道沿线民众的饮食文化出现变化，使人们的饮食得以丰富发展。如腌制食品通常使用大量的食盐来泡制。贵州的许多菜都以盐腌制或盐水泡制，《苗族简史》记载："坛酶酸菜有盐酸、糟辣、酸辣面等二十多种。盐酸是用青菜晾到半干，洗净切细，加甜酒糟、食盐、辣椒粉、蒜苔等拌匀，贮于盘坛（盖后加水于盘中，即成密封）。此外，各地还喜作豆豉、豆腐等。荤菜的加工保存，主要有熏制腊肉、腌肉、香肠和干鱼等，但这不是经常可得的食物。"[④] 时至今日，赤水地区的民众仍然将盐作为制作许多菜品不可或缺的材料，如当地文化研究者苏林富在《赤水方言》未刊稿中就写道："胆水：盐卤水，用于点豆腐用；泡水菜：用盐水泡制的菜肴；芽菜：用盐腌制的杆干青菜；

[①] 吴泽霖、陈国钧等：《贵州苗夷社会研究》，民族出版社，2004，第131~132页。
[②] 郑珍、莫友之：《遵义府志》，遵义市志编纂委员会办公室，1986，第566页。
[③] 苗族简史编写组：《苗族简史》，贵州民族出版社，1985，第318页。
[④] 苗族简史编写组：《苗族简史》，贵州民族出版社，1985，第318页。

酸菜：用盐水泡制的包包青菜。"①

随着川黔古盐道的开通与发展，各族民众在交流过程中也将饮食文化做了自觉或不自觉的交流，促使人们的饮食制作方式也随之发生改变。由此，可见古盐道的开通与发展对各民族饮食文化产生了不小的影响。

二 受汉族文化影响的少数民族节日文化

川黔古盐道上各族人民经过长期交流、融合和发展，虽然大部分少数民族都受到当时汉族先进文化的影响，但是也保留了其各自的民族文化，尤其是具有特色的节日，形成了多彩的民族节日文化。

节日，是在一定时间、地域，按一定周期进行的相对稳定的群众性活动，其内容包含农事生产、纪念活动、祭祀、社交、游乐、竞技等。生活在涪边古盐道上的各民族在数千年的生产生活中，形成了具有本民族特色的民族节日，涉及各民族的历史、政治、经济、民俗、传统等，凝聚成了别具特色的节日文化，这些节日文化反映了各民族在长期的历史岁月中累积的智慧，是其生产生活方式的反映，是民族传统文化的重要组成部分。细细品味川黔涪边古盐道上各少数民族村落所展现的民族节日，可以深切感受到沉淀在这片古老土地上的傩文化、巫文化等，这些文化以直观的表现形式展现在各族人民的社会生活中。

随着川黔古盐道的发展，居住古盐道沿线地区的各民族人民在共同生产生活的历史长河中形成了许多与盐相关的民族节日。这些民族节日具有一定的民族性与地方性，是一个地区、一个民族在漫长的历史进程中形成和发展起来的，反映了民族的风俗习惯，是了解一个民族风情的"窗口"。黔东北地区民族众多，各民族世世代代杂居和谐相处，在长期的生产生活中形成各自民族节日的同时，又相互影响着。在涪边古盐道繁盛时候，大量中原汉族人口进入贵州境内，和各民族杂居相处，在长期受到汉族文化的影响下，涪边古盐道上的节日均以农历计算，人们过着和汉族同样的节日，如春节、清

---

① 苏林富：《赤水方言》（内部资料），赤水市档案馆。

明节、端午节、七月半、中秋节等,但同时也保持着自己特色的民族节日,如三月三、四月八、六月六、踩花节等,这些节日,有些是几个民族所共有,有些是某个民族所独有。就春节而言,它自古就是汉族的传统节日,沿着古盐道进入沿线地区的汉族,过春节非常隆重,并影响古盐道沿线各少数民族,现在,不仅汉族人民要过春节,古盐道沿线的各少数民族村落都要过春节,但各少数民族过春节的习俗又各有自己的特色,下面以土家族、仡佬族、苗族为典型例子予以说明。

(一)土家族过赶年、过大年

汉族一般年底三十是除夕,但土家族在三十之前过赶年。"除夕祭祖先,有于二十八、九行者"[①],这是土家族关于"过赶年"的记载。过赶年是黔东北土家族的节日习俗,今天的沿河、思南、德江的部分土家族村落仍然过赶年。关于过赶年的传说,大致有三种说法,即部落战争说、抗倭说、自卫说。抗倭说是指在明时期,朝廷下令土家兵限期赶往东南沿海抗击倭寇,土家族人为了不违背期令,便提前过年。到达东南沿海进行抗战,土家族人一口气打败了倭寇,为了纪念,开始过赶年。据调查,沿河土家族自治县普遍流传这样的传说:在很久以前,有一次朝廷派兵侵扰了一个土家族聚居的村落,土家族人经过三年零六个月的同心协力、奋力抵抗,终于战胜了朝廷的官军。在反抗的第一个年关,土家族人杀猪宰羊,抬来了大坛的苞谷酒,饱饱地吃了一顿就算是提前一天把年过了,然后便投入战斗当中,第二天,朝廷官军正在过年,已醉成一团,土家族人在首领的带领下,冲进官军营地,打败了朝廷官军,保住了家园,为了纪念这一战争的胜利,土家人就在每年的春节前一天过年。

在涪边古盐道上的土家族都过赶年,但各地区过赶年的仪式不尽相同,一般腊月大就在二十九日过,腊月小就在二十八日过,天黑时杀猪,杀猪时要用绳子将猪嘴捆住,不让猪叫出声来,杀完猪处理好后,要将猪

---

① 沿河土家族自治县地方志办公室:《沿河县志》(点校本)(内部资料),1996,第192页。

趴着放在堂屋神龛前,猪头朝外,用蓑衣盖着,酌酒焚香,家人作揖磕头。一些地区还须拿着刀、矛,背着蓑衣到屋外去"追"或"窜寨"一圈,边跑边叫。在除夕这天,家家都要在院坝里点上"圪蔸火",以示来年喂的猪长得又肥又大。涪边古盐道上沿河、德江一带的土家族还时兴打糍粑,而且如果打糍粑的人在打糍粑时所流的汗越多,表示来年的雨水就会降得越多。除此之外,打好糍粑后,还要在糍粑上压印"福""禄""喜"等字样,以示吉祥。

过大年。土家族对过十五也非常讲究,认为初一为小年,十五才是大年。因此,每年正月十四是土家人最繁忙的日子,有挂摇钱树、爆圪蚤、印毛虫、照五更、偷青、喂树糍粑等各项活动。天刚黑,在土家族村落里,每家每户都会将预先准备好的松明油或松木块在房子周围点燃,并在牛栏猪圈门前烧香化纸放爆竹,高唱着"照五更,照五更,前照五更,后照五更,往年谷子接几颗,近年稻谷起索索;往年麦子细朵朵,近年麦子起坨坨;往年包谷像鸡脑壳,近年包谷像牛角;往年豆子用手剥,近年豆子柜子拖……"①。偷青则是指汗重的人,要有意到别人家的菜园子去偷一把青菜,或是故意踩坏几兜菜,故意让主人家发现后骂一顿,主人骂得越凶,偷菜人的汗就脱得越干净。包汤粑、包包子也是土家族在正月十四要做的事,在包汤粑时,要将汤粑做成人形,心里要想着村里的一位孕妇,再把人形的汤粑放入火中,用热灰壅上,待熟后拿出来看,若似男的这位孕妇就要生男孩,似女的就要生女孩,而这一人形糍粑则一定要给家里最年长的老人吃,以表示对孕妇的尊重,也预示孕妇生下来的孩子长命百岁。

(二)仡佬族过春节

过春节。仡佬族的春节,时间与汉族一致,但也保存了自己的民族特色。在春节前夕的腊月二十四日,家家户户都要送灶神。传说灶神是要上天见玉皇大帝的,所以家家户户在送灶神这天,在灶台上准备上好的酒菜敬供灶神,并烧香化纸,祈求灶神能在玉帝面前多说好话,以保佑来年人畜平

---

① 铜仁地区地方志编纂委员会:《铜仁地区志·民族志》,贵州民族出版社,2008,第104页。

安。送灶神后每家每户就开始清扫屋内垃圾，装裱住宅，俗称"打扬尘"。除夕这天，仡佬族人均会提前做好过年盛宴，约下午三时开始进行祭祖，祭祖完毕后才开始吃团圆饭。新年伊始，仡佬族人家便到水井边买"新水"，有"初一买新水，一年不生病"的说法。从正月初八开始，仡佬族人就开始了春节活动，有玩龙灯、狮子灯、跳花灯、茶灯等，直至正月十五才结束。正月十五这天，有些人家会在院坝用石灰画一"古老泉"，然后站在一定的距离用箭向"古老泉"投掷，为消除瘟疫之意。

仡佬族有自己特色民族节日，典型如敬雀节。居住在石阡县包溪、尧上一带的仡佬族，将农历二月初一定为敬雀节，其图腾为葫芦神鹰。在敬雀节这一天，要对葫芦神鹰进行祭祀。祭祀地点选在村外的晒谷场上，晒谷场高矗着葫芦神鹰架，架前摆一张八仙桌，按东、南、西、北、中五个方位分别插上红、蓝、黄、白、青五色彩旗，彩旗下摆放酒、糍粑等祭品。仪式开始后，由人吹着长号、唢呐，6位身穿法衣的仡佬族人在锣鼓声和牛角号声中念念有词，表达虔诚的心愿，祈求神鹰保佑来年风调雨顺，五谷丰登，人畜平安，合寨吉祥。祭祀结束后，抛撒彩凤糍粑，众人争抢。据说如能够抢到一个，当年便能万事顺意。在敬雀节这天，仡佬族的青年男女都要着节日盛装，载歌载舞，整个村寨充满节日的喜庆氛围。

（三）苗族过春节

苗族的春节又叫客家年，打糯米糍粑、贴春联、守夜等与汉族大同小异。大年初一开财门则保存了自己的特色。大年初一清晨，有男孩的人家就要让男孩在客人进门前到房屋前后拾些柴薪，寓意着"开财（柴）门"，然后放鞭炮，进行祭祖，以除邪恶。初一开完财门后，苗族人家还会用两手做出拦牛、羊的姿势，嘴里念着"赶牛，赶羊……"以示六畜兴旺，随后才吃年饭。正月初二，苗家人开始着盛装走乡串户，青年男女会聚集在村寨周围的草坪上，吹芦笙，唱歌跳舞，一些地区还会举行"踩花山"的活动。在苗族人家的春节中，作为岁首的第一个场期，也是极为隆重的，称为"赶新年第一场"。因此在赶场这一天，苗族群众都要去距离村寨较近的集市赶场，去赶场的人着装讲究。赶场主要是游玩，在赶场途中，会有三五成群的青年男女设鼓卡莎，过往的男女还打鼓对歌，场面十分热闹。在集市上，也有耍狮舞龙等各式各样的民族文化表演，新春的气息极其浓厚。

盐道沿线少数民族过春节是他们受汉族文化影响的典型例证，各少数民族春节文化又内含了民族特质的文化信息，体现了贵州多彩文化。

三 信仰文化

川黔古盐道沿线地区有许多少数民族聚居区，这些地区的少数民族在历史发展进程中形成了各自原始信仰文化，突出表现为万物有灵的自然崇拜、图腾崇拜以及祖先崇拜。《后汉书·南蛮西南夷列传》中记载："牂牁地多雨潦，俗好巫鬼禁忌。"①《宋史·蛮夷四》记载："西南诸夷，汉牂牁郡地……病疾无医药，但击铜鼓、铜沙锣以祀神。"②湘黔地区的苗族很久以前就"信多神，尤其畏鬼，有病唯一疗法，即为鸣锣请巫师，在家代其捉鬼。"③可见，在贵州大部分地区，大部分少数民族都有自己的原始信仰。居住在古盐道沿线的土家、仡佬、苗族等，在历史进程中创造了独特的民族文化与地域文化，这些文化又与其他文化相互交流融合，从而衍生出新的文化现象，其中的原始信仰就以多样化的方式呈现在世人眼前，但各民族宗教信仰中亦逐渐出现共性，典型如很多少数民族信仰中有"冲傩"或称为"跳傩"的傩文化。

（一）少数民族人民的原始信仰

原始信仰是各少数民族中最古老的图腾崇拜，包括自然崇拜、图腾崇拜和祖先崇拜。土家族的自然崇拜集中表现为对风神的崇拜，土家人称为"祭风神"，目的是求得风神的庇护，确保风调雨顺，五谷丰登。追溯土家族的族源，土家族人还以白虎为图腾。《后汉书·南蛮西南夷列传》中有关于土家族祭祀白虎的记载："廪君死，魂魄化为白虎，巴氏以虎饮人血，遂

---

① 司马彪：《后汉书》，刘华祝等点校，吉林人民出版社，2006，第1622页。
② 脱脱等：《宋史》，刘浦江等点校，吉林人民出版社，2006，第9765页。
③ 贵州省民族研究所：《民国年间苗族论文集》（内部资料），1983，第45页。

以人祀焉。"① 在古代，土家族先民祭祀白虎非常庄重，三年进行一次祭祀，每一次祭祀都会杀一个人，以形成"还人头愿"的祭俗，后来因为杀人过于残忍，就改为在土老师（土家语称为"梯玛"，意为敬神的人，汉语称为土老师）自己头上开一白口，用滴血来替代人祭。今天思南、德江等县的土家族在进行傩祭时，仍然保有此俗，称为"红山愿"。也有部分地区的土老师改为杀鸡祭祀。在铜仁地区的土家族仍然保留着崇虎祭虎的习俗，认为白虎是家神，民间世代流传着"白虎当堂坐，当堂坐的是家神"。土家族人民对白虎的信仰不仅表现在观念上，还表现在生活习俗中的一些细节方面，如在儿童帽子上扎一圈虎头，称为"虎头帽"等。土家族的祖先崇拜主要有崇拜傩爷傩娘、土主、梅山神。土家族认为傩公傩母是创造人类的祖先，人间有妖魔、病痛，只有求助他们才能平安无事，而替代傩公傩母行使驱魔职能的人，是傩坛土老师。据《沿河县志》记载："男巫曰端公，凡人有疾病，多不信医药，属巫诅焉，谓之跳端公。跳一日者，谓之跳神；三日者，谓之打太保；五日至七日者，谓之大傩。"这种习俗在沿河地区沿袭时间久远，流传甚广。在土家族人的心中，土老师是祛鬼邪、求吉祥的人。但凡遇到不吉祥的事情，都寄希望于土老师，遇到邪魔鬼怪，一定要请土老师进行"冲傩还愿"，以驱邪安神，求得神灵保佑。除此之外，如若遇到久旱未雨，也要请土老师"打洞""开红山"，以祈求普降喜雨。

　　苗族与仡佬族，同样存在自己民族特有的原始信仰。贵州苗族支系众多，每个支系的自然崇拜又有很大区别。居住在涪边古盐道上的苗族，其图腾崇拜是槃瓠，在黔东北大部分地区，尤其是铜仁松桃地区的苗族，现在对槃瓠崇拜的习俗仍然比较浓厚。苗族人也认为自然界中万事万物都有神灵的意志和神灵的力量，他们会进行"祭五谷神""冲傩"等自然崇拜的活动，以祈求五谷丰登，人畜兴旺，家庭和谐，健康平安。同时，人们也会进行祭祖活动，如吃牛或椎牛（苗语：Nongx ngiex）祭祖、打棒棒猪（苗语：Pot

---

① 司马彪：《后汉书》，刘华祝等点校，吉林人民出版社，2006，第1612页。

ghot）以及跳傩还愿（苗语：qod nux）① 等。

作为涪边古盐道上世居少数民族之一，仡佬族也存在自己的原始信仰，如信奉山神、神树，有祖先崇拜，有冲傩等。仡佬族人认为"万物有灵"，疾病灾害、祸福等现象的出现，是因为有某种超自然的鬼怪作祟。这些鬼怪没有固定的名称或形象，可以是山妖、水怪、病魔、血光、吊颈、冤孽等。只要是使人遭受灾难的邪恶幽灵，均在鬼怪之列。于是，仡佬族人对之既畏惧又厌恶，所以在禳祈的同时，又采取祈求正神为之护佑和驱除的方式，或借助巫术禁咒等进行防范或解除。因此，在仡佬族人的心中，巫术占有十分重要的位置，他们认为巫师的能力很大，不仅能够为人们祈福消灾，还能念咒帮助人们治病，因而十分信奉巫师。

综观涪边古盐道沿线地区，各族人民的原始信仰存在多元并存的现象。但随着各族人民相互交流、相互融合，形成了一些他们共同拥有的信仰，如在土家、仡佬、苗等各族中，其原始信仰都有"冲傩"或称为"跳傩"的傩文化，在他们心中，"傩"是神灵的代表，对"傩"进行祭祀，一方面是对神灵的敬畏，另一方面是通过傩仪式求得祈求者及其家人在生活中的顺心顺意和健康平安，使祈求者心中的不安得到一定的慰藉。

（二）佛教、天主教宗教信仰

古盐道曾是西南地区各民族对外交往的重要通道。特别是对贵州而言，川黔古盐道是贵州民众与外界交流的主要通道。外地人通过古盐道进入贵州，外来宗教亦逐渐被带进贵州。古盐道沿线地区的各族人民逐渐受到这些宗教的影响，如佛教、天主教传入贵州，它们不同程度地存在并影响着当地人的思想文化。

佛教传入中国大约在东汉明帝永平十年（公元67年）。佛教传入乌江流域也是在东汉时期。据《涪陵市志》记载："佛教于东汉时期传入积（古时将涪陵称为积），相传有隆洞庵、中峰寺等寺庙。"这是关于佛教传入乌江流域最早的记载。嘉靖《思南府志》也记载："明嘉靖年间，思南府属之

---

① 铜仁地区地方志编纂委员会：《铜仁地区志·民族志》，贵州民族出版社，2008，第221~224页。

沿河司北六十里，唐建为福常寺，清朝时改为永乐寺。""圆通寺，在府南蛮夷司东，长官安洛建，弘治年间长官安宇、李谷重建。"[①] 其中，安洛为明弘治三年（1490年），承袭官职的蛮夷司正长官。由此可以看出，佛教的传入，起点在今天重庆涪陵，沿涪边古盐道而上，进入贵州。东汉时期乌江流域就有佛教传入，但其传播非常缓慢，直到明清，整个乌江流域佛教才兴盛起来，各地区大建寺院。据资料统计，至民国时期，涪陵、彭水、思南（含沿河）、印江、石阡、务川等地有据可查的寺庙多达680座。[②]

天主教又称为"罗马公教"，于明末进入贵州。在今天石阡县内，还保存有天主教教堂。巴黎外方传教会是历史上最早的全力从事海外传教的天主教组织，历史上，西南地区是其重要的传教区。其创始人巴侣主教于康熙二十三年（1684年）死于福建。大约在同一时期，贵州石阡发现有沈姓的教友。到清咸丰九年（1859年），法籍丁若望神父曾在石阡县城吕家巷修建了一座教堂，后来石阡天主教教堂经历多位神父。教堂占地面积3000多平方米，总面积7800多平方米。天主教的传入，对石阡地区的人们及生活产生了很大影响。

由上我们可以看出，川黔古盐道沿线地区人们的信仰主要由两部分组成，一方面是古盐道沿线地区人们的本土原始信仰，包含了自然崇拜、图腾崇拜、祖先崇拜等本土习俗，具有浓厚的本土气息，是涪边古盐道沿线地区各民族及民族村落世代相传的民族文化习俗，世世代代影响和指导着各民族人民的人生观和价值观；另一方面是从外地传播进来的宗教文化，包含了佛教、天主教等。这些外来的宗教文化并非一拥而入地进入古盐道沿线地区，而是慢慢地传入，经过长时间的传播与融合，形成了当地具有民族特色和地域特色的宗教信仰文化，影响着当地人们的生产生活等。无论是本土原始信仰还是外来宗教文化，都在一定程度上影响着当地的社会发展，都是川黔古盐道沿线地区信仰文化的重要组成部分。

（三）民间信仰

古盐道沿线地区分布民族众多，因历史、自然环境、经济、文化、政治

---

① 《嘉靖·思南府志》，张军校注，团结出版社，2017。
② 龚锐等：《乌江盐油古道文化研究》，民族出版社，2014，第258页。

等原因，多数少数民族的信仰主要是原始崇拜或祖先崇拜，而汉族多信仰儒、道文化及城隍、土地诸神。

明清时期，因古盐道的开通，一些外来信仰随着大量外来人口的涌入与当地民族信仰的交流碰撞，逐渐发生了变化，使川黔仁边古盐道的信仰变得多元化。清乾隆年间，川黔仁边古盐道的拓展，使仁怀成为"黔蜀扼要之区，改拨之初，居民无多，案牍稀少，尚称易治，定为中缺。越今三十余年来，比户滋生，五方杂处，楚、蜀、闽、粤之人，烧窑种靛，贸易其间"。[1] 加之贵州"介楚之区，其民夸。介蜀之区，其民果。介滇之区，其民鲁。介粤之区，其民蒙。"[2] 移入古盐道的各省群体都自觉或不自觉地将自己所信仰的神祇带到这片地区。以清朝时期川黔仁边古盐道沿线地区的仁怀直隶厅厅城（今赤水市）为典型例子予以说明。道光《仁怀直隶厅志·祠祀》记载有社稷坛、神祇坛、历坛、文庙、关帝庙、文昌庙、龙神祠、城隍庙、火神祠、昭忠祠、武庙、节孝祠、张桓侯庙、忠烈祠、财神庙、雷祖庙、万寿宫、禹王宫、天后宫、南华宫、南景天庙、马王庙、奎光阁、镇江王庙、东岳庙、海灵宫、敷泽兴济通祐王祠（旧称"三府庙"）等庙宇，每个庙宇供奉祭祀的对象皆不一样。如祭祀神祇坛时要制作三个牌位即"云雨风雷之神""本境山川之神""本境城隍之神"，关帝庙祭祀汉关公，忠烈祠祭祀南将军，万寿宫祭祀许真君，惠民宫祭祀秦蜀守李冰等。

因仁边古盐道发展，古盐道沿线地区已经与外界交流频繁，外省来经商、定居的人增多，使当地民间信仰文化由一元向多元发展。这主要体现在许多会馆的神灵祭祀的对象从一神到多神。在会馆集中之区，以会馆为窗口和依托的各地之间的物质和宗教文化交流始终未曾间断过。各地会馆的神灵从一神奉祀到多神崇奉并济的本身就是信仰文化彼此互为交流融合的结果。[3] 如山西会馆本供关帝，可后来，有些地方的山西会馆却一起供奉菩萨

---

[1] 陈熙晋：《仁怀直隶厅志》，赤水市档案局、赤水市地方志办公室点校，中国文化出版社，2016，第256页。
[2] 《黔南识略·黔南职方纪略》，杜文铎等点校，贵州人民出版社，1992，第19页。
[3] 《中国会馆志》编纂委员会：《中国会馆志》，方志出版社，2002，第293页。

尊神、马王老爷诸神像；豫章会馆正殿供许圣真君，旁殿供奉五路财神，同时还供奉了诸多文昌帝君神像；湖广会馆同时祭祀了财神、关帝、文昌；云贵会馆同时祭祀忠烈福王、福禄财神、关圣大帝、镇江王爷。无论是家族、乡约，抑或是会社、会馆，都逐渐建立起一套自己的神灵信仰体系，文化活动便大体上围绕祭祀活动而展开。[1] 当然这些庙宇并非川黔仁边古盐道上独有的风景，在其他地区也有，如光绪年间的《威远县志》记载："蜀都曰惠民宫，两湖曰禹王宫，两粤曰南华宫，福建曰天后宫，江右曰万寿宫，贵州曰荣禄宫……察各庙之大小，即知人民之盛衰。"可见古盐道沿线地区人们交流之频繁，人员来源之广，信仰之多元。

当然，还有其他信仰，如石敢当、祖先等小范围的祭祀活动。道光《遵义府志》记载"石敢当，今宅有冲射处，即位此石，盖取此义以御煞星耳。故凡人有担当者，亦目之曰'石敢当'。今俗居当街道，犹埋石，书'石敢当'，其遗意。今按：人家少埋石者，多于门中直钉一虎头扁，中书'泰山石敢当'"。[2] 实地调研过程中，我们发现一些地方至今仍有沿用这些祭祀习俗。在仁怀市盐津河大桥桥头立有石敢当，正中间刻有"泰山石敢当"，顶部用红布盖住（见图5-1）。

图5-1 仁怀市盐津河大桥桥头石敢当

---

[1] 王日根：《明清民间社会的秩序》，岳麓书社，2003，第30页。
[2] 郑珍、莫友之：《遵义府志》，巴蜀书社，2013，第564页。

盐在祭祀文化中具有重要地位。川黔仁边古盐道沿线地区人们因—盐难求，所以不仅当地人们非常珍惜盐、渴望拥有盐，把盐当享受品，正如顾文栋说的"至于'供菩萨盐'、'挂吊颈盐'或'望盐'者，则是把起码的物质需要当作难得的精神享受"[1]，而且在祭祀神灵时多将盐作为非常重要的物品之一。物以稀为贵，作为珍馐美味的盐，成为人们贿赂、取悦诸神灵的重要物品。史书中多有记载，如道光《仁怀直隶厅志》记载祭祀社稷坛时所需"祭品：帛二、簠二黍、簋二、羊一、豕一、鉶一、笾四、豆四、醓醢、白瓷爵三、尊一"。道光《遵义府志·学校》记载了文庙祭祀所需物品（见图5-2至图5-7)[2]

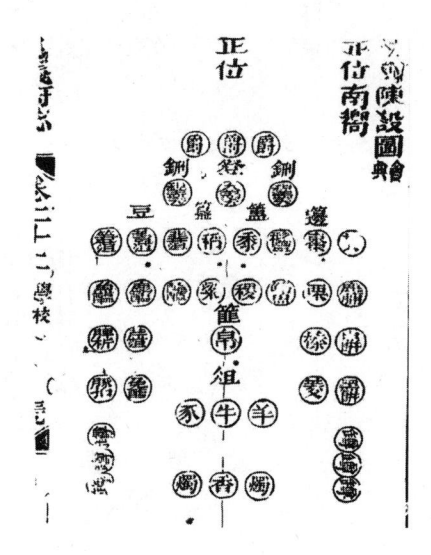

图 5-2 文庙供品正位陈设

由这几幅图可以看到，祭祀物品中不可或缺的就是形盐。光绪《增修仁怀直隶厅志》中记载关帝庙祭祀物品为"帛一、尊一、爵三、牛一、羊一、豕一、登一、鉶一、簠二、簋二、笾十、豆十、鑪十、镫二"，[3] 祭祀

---

[1] 顾文栋：《贵州近代盐荒论》，《贵州文史丛刊》1984年第1期，第19页。
[2] 郑珍、莫友芝：《遵义府志》，巴蜀书社，2013，第360~361页。
[3] 崇俊修，王椿纂《增修仁怀直隶厅志》，王培森校补，赤水市档案局、赤水市地方志办公室点校，中国文化出版社，2015。

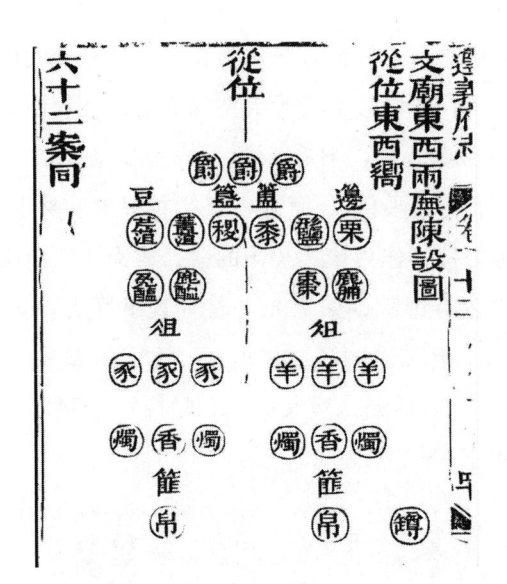

图 5-3 文庙供品从位陈设（一）

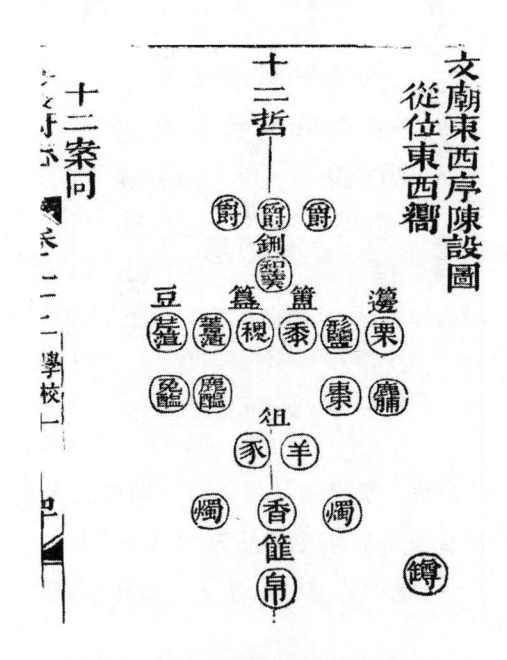

图 5-4 文庙供品从位陈设（二）

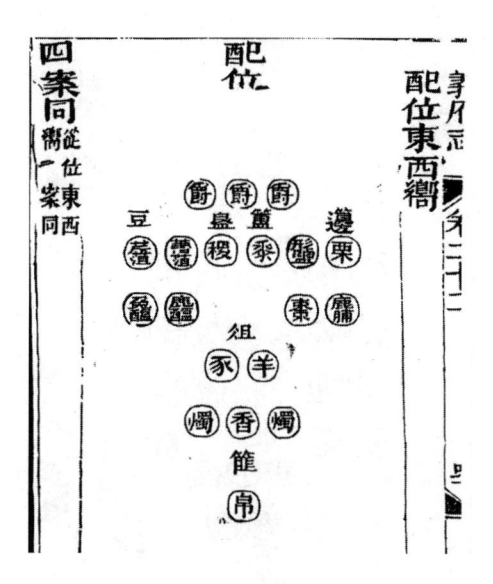

图 5-5　文庙供品东西配位陈设

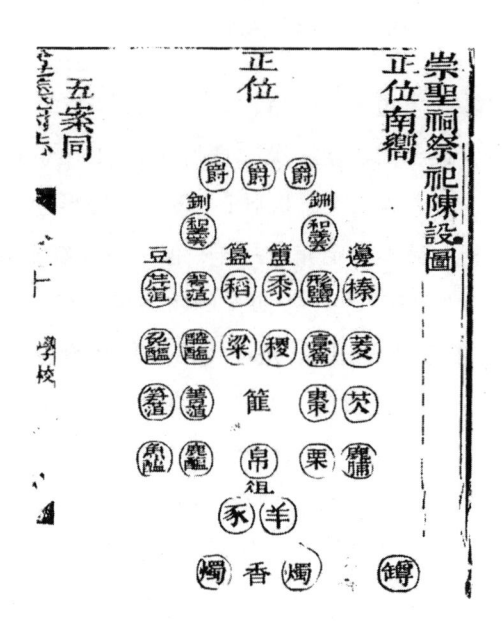

图 5-6　崇圣祠供品正位陈设

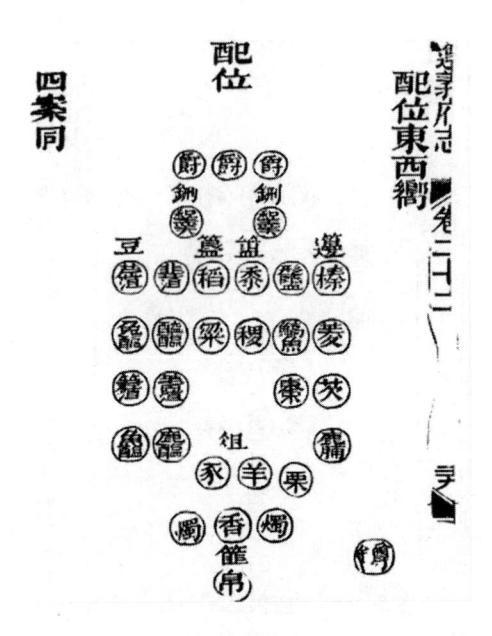

图 5-7　崇圣祠供品配位陈设

形盐在文字记载中多以"笾十"①"笾八""笾四"作为祭祀物品。"笾十"即形盐、藁鱼、枣、栗、榛、菱、芡、鹿脯、白饼、黑饼;"笾八"即形盐、藁鱼、枣、栗、榛、菱、芡、鹿脯;"笾四"即形盐、藁鱼、枣、栗。②当然,每个地方供奉物品不一定完全一样,但一般视祭祀规模的大小而决定摆设物品,而"笾十""笾八""笾四"的物品也多有变化,但从道光《遵义府志》、道光《仁怀直隶厅志》、光绪《增修仁怀直隶厅志》三本地方志书中记载来看,其中不能少的是"形盐","形盐"即盐块。能被供奉"形盐"的神祇,是具有一定广泛意义的神祇才能使用,而如财神就没有资格,道光《遵义府志·风俗》中记载:"四官爷,财神也,俗称酉溪洞中求财打宝四员官将。乡市间家供此牌,祀之钱马香烛,酒一瓶,列四杯,肉一方,谓之刀头,置刀楔上,旁盛盐椒水。降神奠献毕,各执杯酬饮,切肉点拈

---

① 郑珍、莫友之:《遵义府志》,遵义市志编纂委员会办公室,1986,第 599 页。
② 孔喆:《孔子庙祀典研究》,青岛出版社,2019,第 318 页。

食。"① 由此可看出二者之间的地位差别,文庙贡品必须有"形盐",而财神仅仅供奉"盐椒水"。

第二节 川黔古盐道沿线地区教育发展

由于受自然地理环境及历史人文环境综合因素影响,与中原地区和四川等地区相比,古盐道沿线地区仍然处于边缘地带,教育发展甚为缓慢,但与其他远离古盐道的地区而言,古盐道沿线地区文化教育因经济发展较好而发展较快。这些除了政府发展教育之外,还与盐商对文化教育的大力推动密切相关。历史上一些盐商兴办学校、办印刷厂、办报刊等。

一 官方教育发展

贵州建省以前,川黔古盐道沿线地区的一些少数民族的教育基本靠口耳相传或行为模仿的方式进行,教学内容局限于生产劳动、社会生活等方面所产生的经验、技能、知识、行为规范等,很少有真正的教育制度,也很少有正规的学校教育。明永乐十一年(1413年)以后,中央政府加强了对贵州的管制,疏凿河道,使古盐道的运输更加畅通。随着古盐道的开通与发展,外省人口不断进入,中原文化与巴蜀文化等被逐渐带入贵州腹地,从事教育事业的人逐渐增多,古盐道沿线地区的教育体系也初步形成。为了有效控制西南边陲,朝廷在西南地区推行了"安边之道",加强了贵州地区的"礼乐教化",大力提倡兴办学校,建立各级教育行政机构,使官学、社学、书院等教育得到迅速发展。不仅土司、官员的子女可以进入官学和书院学习,普通平民百姓的子弟也能进入书院学习。这些措施均促使汉文化在古盐道地区迅速传播发展,大大促进了古盐道沿线地区教育文化的兴盛繁荣。

明永乐十一年(1413年)至嘉靖中的百余年间,全国两京十二省中都

---

① 郑珍、莫友之:《遵义府志》,遵义市志编纂委员会办公室,1986,第323页。

各自设有乡试科场，唯独贵州并于云南省，凡是要参加科举考试的学子，都要远到云南昆明应试，千里迢迢，路途艰难，对于贵州培养人才带来很大不便。为改变这一局面，时任朝廷谏官的思南人田秋决心在贵州开设本省的乡试科场，于是他以亲赴云南应试之难，亲见亲闻远赴云南应试之苦，于嘉靖九年（1530年）向皇帝呈上了《请开贤科以宏文教疏》。曰："贵州一省，远在西南，未设乡试，须附云南科举，盖因永乐设省，制度草创，且以远方之民，文教未尽及也。今涵濡圣治，百五十余年，远方人士正如在山之木得雨露之润，日有生长，固非昔日之比。开科盛举，正有待于今日。贵州至云南，相距两千余里；思南、永宁等府卫至云南有三四千里。而盛夏难行，山路险峻，瘴毒浸淫，生儒赴试，其苦最极。其间有贫寒而无以为资历者；有幼弱而不能徒行者；有不耐辛苦而返于中道者；有中冒瘴毒而疾于途次者。此皆臣亲见其苦，亲历其劳，今幸叨列侍从，乃得为陛下陈之。边方下邑之士望天门于万里，扼腕叹息欲言而不能言者亦多矣。臣尝闻国初两广亦共一科场，其后各设乡试，渐增解额，至今人才之盛埒于中州。臣以为人性之善，得于天者，本无远近之殊，特变通鼓舞之机，由于人者有先后耳。黔省设科之后，人益向学，他日又安知不如两广之盛大乎？开科之后，请于旧额之上，量增数名，以风励远人，使知激劝，则远方幸甚。"[1] 后朝廷命贵州巡按御使王杏勘议，王杏很支持田秋，据实上奏，最终获准，据《世宗嘉靖实录》记载："嘉靖十四年八月庚子（十二日）（1535年9月8日）先是，贵州乡试附云南，道里不便。给事中田秋建议欲于该省开科。下巡按御史勘议，称便，因请二省解额，命云南四十名，贵州二十五名，各自设科。"嘉靖十六年，贵州首开乡试。

贵州乡试开设后，极大促进了贵州文化教育的发展，各州县相继设立了书院、儒学校等。古盐道沿线地区的城镇如思南、沿河、石阡等地的教育文化更是得到了巨大发展。涪边古盐道上的教育早期是通过书院、私塾、社学

---

[1] 张羽琼：《论田秋与明代贵州文化教育的发展》，《贵州师范大学学报》（社会科学版）2007年第2期，第120页。

开展起来的。同治十三年（1874年），在沿河就建有鹤鸣书院、竹溪书院等。私塾在明清时期更是遍布城乡，培育了许多名流子弟。据民国《沿河县志》记载，明朝时期沿河地区中进士的有3人，举人有6人。到了清代，进士有3人，举人有29人，贡生有65人等。此外，书院私塾教育的内容中中原文化占据主导地位，极大促进了中原文化、巴蜀文化与本土文化的交流与融合。

清代，贵州各地区的教育制度逐渐完善，各类学校规模不断扩大，数量不断增加，各级官学、书院达到了两百多所。可见，明清时期，贵州教育事业得到了快速发展，如黔东北地区作为贵州通往川东、湘、鄂等地的重要门户，一方面随着川黔涪边古盐道的发展，大量的中原文化、巴蜀文化等被带入黔东北地区，使该地区受外来文化影响较早较深；另一方面学校教育的发展，使黔东北地区的本土文化与中原文化以及外来的文化等的交流更加密切，思南一度成为黔东北地区的文化中心。

二 盐商助推教育文化发展

古盐道上的商人在商业上取得了一定成就之后，往往会出资创办或赞助学校，从而推动了当地各民族的文化教育事业发展。

（一）兴办学校

自仁边古盐道开通以后，许多商人经商发达以后在仁边古盐道上定居，为了让其子女能够受到更好的教育，许多人自办或赞助学校的办学。如"张淳，字鉴华，国子生。其先本甘肃固原州人，国初避乱迁于仁怀县之生界，后还与厅城，遂为厅人……闻黔无盐，仰给于蜀……以是官招商船行盐，仍无应者。淳精心设计，乃相水势，规造盐船……淳自奉极俭约，于邻里乡党不吝施与，延师教其子读书……张氏自淳以盐商起家，修学校、治道路、葺桥梁及育婴掩骼诸义举，皆首先乐助云。"① 由此看出盐商张淳对教

---

① 陈熙晋：《仁怀直隶厅志》，赤水市档案局、赤水市地方志办公室点校，中国文化出版社，2016，第271~272页。

育特别重视,热心修学校。另如"谢一梁,字杏园……管理葫市万寿宫,修建庙宇,并拨阿蔺寺庙谷,兴设培风义学。"① 到了民国时期,因时局动荡,政府主导的学校并未能得到较好发展,但随盐道的开通与发展,许多外来先进的思想传入古道沿线地区,私人办学之风渐起。民国时期就创办了许多私人学校,诸如普定中学、私立弘毅学校、达德学校等。

1. 创办普定中学

普定原是个乡镇,只有六七千人,交通闭塞,文化落后。普定的老地名叫定南,1914年才将县衙由安顺迁至定南称普定县。原来当地只有一所小学。盐商伍效高幼年时,因家境贫困只读过一年半的私塾,12岁即开始学做小买卖,担货走村串寨叫卖,成年后,出省经商不会写信,受人歧视,深感读书的重要。随着阅历日深,他涉足西南各省及香港、澳门等地,进一步认识到文化落后对个人、对地方、对国家都有极大影响,从而产生了办学的念头,从外面回来以后,伍效高与父亲伍西堂商量,计划拿出10万元(后实际用了18.8万元,折合黄金3000两)在普定办一所中学,其父认为这是为地方办好事,极表赞许,接着就着手建校。在拟订计划时,伍效高拟定修一个大型图书馆,名西堂图书馆,以报答他父亲养育教导之恩。建校集资又得到盐商丁纯武、邓羲之、邓若符的支持,丁纯武捐1万元,邓羲之捐6000元,邓若符捐1.5万元,他们捐的钱用于修建教学大楼,取名儒臣楼,以示纪念丁纯武的父亲。1938年底伍效高等人向普定县政府申报并获批办学。1939年1月22日召开首次筹备会,邀请筹备人员41人,推选常委7人,议定校名为普定私立建国中学,意思是为国家培养建设人才。同时决定聘请丁纯武之弟丁达三先生为校长,定于1939年4月1日举行开学典礼。

普定私立建国中学原定计划招收初中一个班,总60人。不料招生广告贴出后,普定邻县如镇宁、郎岱、织金、安顺等县的学生纷纷报考,人数达200余人,后因考虑实际情况,招生计划改为120人。为更好地提高教学质

---

① 崇俊修,王椿纂《增修仁怀直隶厅志》,王培森校补,赤水市档案局、赤水市地方志办公室点校,中国文化出版社,2015。

量，组织安排人到香港购买了大批教学仪器和教具。后校舍和其他附属工程均已完工，仪器、教具、图书日益充实，开办了普定中学高中部。由于治学严谨，教导有方，并许以教师高待遇，教师月平均50元大洋，初中学生的成绩很好。在1943年全省私立中学的会考评比中，清华中学第一，建国中学第二。在1948年建校10周年时，已办初中18期，毕业11期；办高中7期，毕业3期。1949年后，该校改名为普定中学。①

2. 华氏建校办报

华之鸿（1871～1934年），字延仪，号延釐，贵州贵阳人。清末附贡生。1896年任仁怀厅（驻赤水）儒学训导。1902年回贵阳，接管其家开办的永隆裕盐号。1905年，与唐尔镛、任可澄等创办贵州通省公立中学堂，任学校副监督。1905年10月，在籍前礼部尚书李端棻、候补知府于德楷、内阁中书唐尔镛、任可澄、仁怀府训导华之鸿等人，联名呈请政府就贵阳次南门外雪涯洞创设中学堂。1907年助资创办《黔报》，捐资创办遵义中学堂、团溪两等小学堂、息烽县底寨文昌阁小学、贵阳优级师范、法政学堂，并兼任师范副监督；同年被推为贵州省商务总会会长。1908年春，公立中学堂迁入新校舍。十月，新校舍全部落成。包括校舍建筑及购买地产和置备渡船等项，共38391两，用款全由华之鸿经手。② 1909年参与发起组织贵州宪政会，并投资创办贵阳文通书局。1911年11月贵州光复，任贵州军政府财政部副部长兼官钱局总办，其间，先后扩建义成茅台酒厂（该厂于1867年由其父开办）。1913年1月，唐继尧委其为贵州都督府财政司司长兼官钱局总理；官钱局改为贵州银行后，仍兼银行总理。1915年，茅台酒在巴拿马万国博览会上被评为世界第二名酒，获金质奖章、奖状各一，销路大增。1916年1月，护国运动爆发，贵州宣布独立，任都督府参赞并续任贵州银行总理。此后辞去各项职务，专门经营工商业。1915年创设永丰机器造纸厂，

---

① 中国人民政治协商会议贵州省委员会文史资料研究委员会：《贵州文史资料选辑·第31辑》，1992，第190~193页。
② 中国人民政治协商会议贵州省委员会文史资料研究委员会：《贵阳文史资料选辑·第7辑》，1983，第28~29页。

于1919年建成投产。1929年纸厂遭受火灾，遂以破产告终。1930年文通书局失火，印刷厂房烧毁过半。①

建立毅成中学。1932年腊月，部分文教界人士聚叙在贵阳忠烈街七号华问渠先生家中。当时在座的有李俶元、蓝端禄、罗幼梅等老师。他们谈到近年教育界不景气，军阀混战频仍影响教学。校长变动过多，且校务又备受官方刁难，并以贵阳中学校长聂膺识老师被迫辞职为例。座中诸师感慨之余，提出创办一所由优良师资组成的私立中学的设想。这个倡议是华问渠先生首先提出来的，于是大家便深入讨论，研究邀请发起人士，得到当时贵阳政治、教育、实业界二十八人赞助，组成贵阳私立毅成中学发起人会议。当时社会人士对毅中二十八位发起人称"二十八宿"。毅中二十八位发起人是：华问渠、李俶元、田君亮、花莱峰、罗幼梅、窦觉苍、熊冠英、乐静麓、乐景武、聂膺识、蓝端禄、刘敬常、刘越凡、刘浩如、陈尔嘉、孙立斋、黄国桢、陈贻芬、高树森、徐廷栋、张季龙、丁纯武、赵毓祥、戴蕴珊、聂安陶、魏经略、杨绍馨、杨澄侯。发起人会议选出以华问渠为董事长，以李俶元等九人为常务董事；取"士不可以不弘毅"之义，定校名为"毅成"，制定了"刚、健、笃、实"的校训，提出了校址的选定和经费来源的规划等初步意见。②

毅成中学成立于1933年3月1日，是私人捐资办起来的中学。为了争取在1933年春季招生，毅中的发起人共捐助基金1万元，华问渠个人捐助2000元，戴蕴珊、丁纯武等捐助8000元。华问渠除了捐资2000元外，还捐赠彩凤牌风琴一架、初中理化实验仪器一套。学校设有图书馆，藏书一部分由学校老师捐送，另一部分由戴蕴珊、丁纯武、熊冠英等捐款购置。③

---

① 何静梧、龙尚学：《贵阳人物续》，贵州教育出版社，1996，第54页。
② 中国人民政治协商会议贵州省委员会文史资料研究委员会：《贵阳文史资料选辑·第26辑》，贵州人民出版社，1989，第98页。
③ 中国人民政治协商会议贵州省委员会文史资料研究委员会：《贵阳文史资料选辑·第26辑》，贵州人民出版社，1989，第99~101页。

华家又以近代报章之发行与图书印刷业之演进，皆有资于群治，先后开办《黔报》、《贵州公报》、永丰造纸厂、文通印刷局图书部，输入国内新旧图籍、科学仪器，行于全省。①

3. 私立聚福小学

1912年，福建会馆将福建客籍学堂改为聚福小学，蓝小芝任校长。

4. 达德中学

1920年，黄干夫、凌云、贾一民等于达德男女小学加办达德中学。学生中最为出名的是王若飞。

5. 私立西南中学

1938年，江西人郑振汉来贵阳，创办该校于大西门外江西会馆义园。郑振汉为校长。1949年后停办，贵阳高级工业学校由太慈桥迁到原西南中学旧址。

6. 私立宏雅中学

在宏雅小学内加办的宏雅中学，是一所完全中学。经费自四川会馆开支。以徐稚辉为校董会董事长，陈柏绿等为董事，宏雅小学校长兼任中学校长。1949年后，改为贵阳七中。②

7. 私立豫章中学

1939年春，贵阳江西会馆创办豫章中学，招初中四个班，260人。何菊生任校长，继任为陈训严、杜家瑶。1942年，在威清门外李子园修建校舍，1945年，增办高中。该校经费半数来自学费，不敷数由董事会筹集。该校从开办到1949年底，毕业初中生399人，高中生330人。1952年，豫章中学与导文中学合并，成立贵阳市第四中学。1949年后，改为贵阳四中。③

8. 贵阳私立两广中学

1948年，两广同乡会筹设两广中学，除聘同乡会理事为校董外，还聘

---

① 何静梧、龙尚学：《贵阳人物续》，贵州教育出版社，1996，第55~56页。
② 中国人民政治协商会议贵州省委员会文史资料研究委员会：《贵州文史资料选辑·第13辑》，贵州人民出版社，1983，第128页。
③ 中国人民政治协商会议贵州省委员会文史资料研究委员会：《贵阳文史资料选辑·第26辑》，贵州人民出版社，1989，第10页。

卢焘等6人为校董，另特聘李宗仁、孙科、白崇格、黄旭初、薛岳等国民党军政要人为名誉校董。1948年7月，招生上课，校址在阳明路。1952年，政府以其址设立贵阳三中。①

9. 赤水私立蜀翘小学

私立蜀翘小学由四川会馆于1932年创办。1943年，私立蜀翘小学改由江西会馆、广东会馆、两湖会馆与四川会馆合办，经费开支，各会馆平摊，故改名为"川赣粤湖旅赤同乡会联立蜀翘小学"，仍简称"蜀翘小学"。②

10. 盐商刘熙乙兴办学校

1941年刘熙乙在毕节创办私立弘毅中学，1942年办白泥井私立小学。1943年以其父名义成立维周助学金，资助家乡青年求学，曾资助两名青年赴美国留学。1942年在贵阳民教馆内捐资修建维周篮球场，捐款帮助贵阳大夏大学、花溪清华中学办学。抗日战争期间，捐献"维周号"滑翔机一架。1945年出资办毕节救济院，收养了孤寡老幼200余人。1943年3月在毕节出资办《西黔日报》，宣传抗日救国，1945年在贵阳出资办《力报》。③

11. 盐商赖永初兴办学校

贵阳资本家赖永初创办私立永初中学于次南门外太慈桥附近，赖永初自任校长。该校设有高初中，校舍是新建的，设备较好，教学质量亦优。

1941年，黄平私立中正中学修建大礼堂，经费不足，吴少峰前往求助，赖永初捐2万元法币（合大洋一千二百块）。1945年旧州中学编印《同学录》，赖永初以学校副董事长身份题词鼓励师生："士贵立志，学贵有恒，循序渐进，由浅入深，勿负国家之培植，育成技术之专门，以期献身抗战建国，致力于民族复兴。愿共勉之，以树立青年之典型。"1947年在贵阳独资创办永初中学（即现在的贵州省艺校）和开办永初农场，创办《贵州商

---

① 中国人民政治协商会议贵州省委员会文史资料研究委员会：《贵阳文史资料选辑·第26辑》，贵州人民出版社，1989，第14页。
② 中国人民政治协商会议贵州省赤水县文史资料研究委员会：《赤水文史资料·第3辑》，贵州人民出版社，1988，第69页。
③ 何静梧、龙尚学：《贵阳人物续》，贵州教育出版社，1996，第206页。

报》。举办业余会计夜校,推广新式簿记,成立商业俱乐部等;次子赖贵山创立贵山图书馆。赖永初还对志道小学、时敏小学、大夏大学、花溪公园及中山公园等学校和风景名胜给予资助。① 1948年初,赖永初聘请进步人士冯楠为永初中学校长,直至贵阳解放。1950年他将这所私立中学完好地交给了人民政府。先后在校毕业的初高中学生有千余人。地下党员李宗泽、宋至平、张春涛,进步教师赖文华(赖之女)、廖福民,进步人士柏辉文、郭谨诚曾在校任教职员。②

(二)创办报社

1.《贵州商报》

《贵州商报》创刊号在1940年10月10日正式发行。陈职民为商报发行人,赖永初为商报社社长。因贵阳县准备于1946年7月1日起改为贵阳市,贵阳县商会改为市商会,为适应工商界要求,迅速报道商情,《贵州商报》报社决定将四开版周刊改为对开版日报,报社社址亦由原打铜街商会,迁入原商会主办的商友俱乐部内。此后,报社编制扩大,设董事会由张荣熙任董事长,董事有赖永初、张慕良、冯程南、夏少锡、曾竹溪、伍效高、蔡森久、吴禹丞等。《贵州商报》因敢于说真话而出名,例如,同是一条省、市消息,内容因与当局抵触,官方报纸不让发表,但《贵州商报》照登不误;同是一则内幕新闻,官方报纸考虑有损政府声誉,不予发稿,《贵州商报》却披露无隐。这就是《贵州商报》的报风。其办报的特色,就是着重抓省内外重要经济消息,抢各地行情、物价动态的报道,以及市场展望和述评等。这些项目都是同行报纸不能争胜的。后来,国民党当局指责"一、商报言论,每多与政府政令抵触,攻击对政,助长'匪'势,违反了'戡乱建国条例';二、据密告,商报内部有异党分子,必须严予查处"。③ 但《贵

---

① 中国人民政治协商会议贵州省委员会文史资料研究委员会:《贵阳文史资料选辑·贵阳的老字号专辑》,贵州人民出版社,1992,第26~27页。
② 何静梧、龙尚学:《贵阳人物续》,贵州教育出版社,1996,第393页。
③ 中国人民政治协商会议贵州省委员会文史资料研究委员会:《贵州文史资料选辑·第23辑》,贵州人民出版社,1986,第77~81页。

州商报》传播了经济信息,在经济社会发展中发挥了新闻舆论的监督作用,具有进步意义。

2. 《力报》

《力报》原是湖南的,1944 年长沙沦陷,由湘迁筑。1945 年,由李思齐出面,刘熙乙、刘裕远弟兄出钱买了该报的发行权而继续出版。发行人是平刚,社长是李思齐,副社长是马怀麟,社址设在黔灵山脚刘宅旁。[①] 抗日战争期间和抗战胜利以后,国民党当局的所作所为,违背了孙中山先生"联俄、联共、扶助农工"的政策,倒行逆施,贪污腐化,祸国殃民。一些有志的爱国青年,为了寻求真理,实现救国救民的理想,他们默察深思,分析比较,利用报刊针砭时弊,贵阳《力报》事件就是这一时期比较突出的一个事件。它反映了知识分子、爱国青年的成长和所走过的道路。[②] 《力报》站在爱国立场,对国民党的专制腐败、对内镇压、对外谄媚、争权夺利、派性角逐等丑行,予以充分揭露,并发表了《退一步、进两步》《派性出学校》《论综合所得税》等社论。1947 年,改组后的贵阳《力报》以崭新的版面和战斗姿态出现,先后发表了《米价涨,人心危》《基层政权的选举》《论政治的稳定与经济的稳定》《论政党提名》《快救人民于水火之中》《论日货走私》《美国的远东市场》《重视东方的大变化》等社论,对当时政治经济政策的倒行逆施,予以无情的抨击。同时,利用自己的电台和交换来的《华商报》,报道或转载各个战场真实情况。[③]

3. 《励行月刊》

《励行月刊》是由以刘熙乙为主的工商企业人士举办的。《励行月刊》的产生,是当时贵阳市私人资本经营的工商金融业中的创举。1944 年夏天,担任贵阳聚康银行名誉董事长的王伯群在聚康银行创办刊物时取"励行"

[①] 中国人民政治协商会议贵州省委员会文史资料研究委员会:《贵州文史资料选辑·第 23 辑》,贵州人民出版社,1986,第 3 页。

[②] 中国人民政治协商会议贵州省委员会文史资料研究委员会:《贵州文史资料选辑·第 23 辑》,贵州人民出版社,1986,第 13 页。

[③] 中国人民政治协商会议贵州省委员会文史资料研究委员会:《贵州文史资料选辑·第 23 辑》,贵州人民出版社,1986,第 20 页。

二字为刊名。该刊是私家银行内部研究经济、金融、业务的刊物。王伯群为发行人，王裕觊为主编，撰稿人全为该行成员。刊头题字是王伯群的亲笔。该刊出版了三期，到了1944年冬，日寇侵犯黔南，该行总行疏散去重庆而停刊。王伯群在去重庆途中生病，病故于重庆，该刊就一直停了下来。①

抗战胜利后，刘熙乙接任贵州银行总经理。1946年初，刘熙乙召集有关企业的负责人开会，参加的人有贵州银行总经理、贵州永边销区官盐运销营业处（简称永岸盐号）总经理、新黔企业公司董事长、南明烟厂董事长刘熙乙，贵州仁边销区官盐运销营业处（即利民盐号）总经理伍效高，聚康银行总经理、永岸盐号副总经理、黔仁盐业公司总经理孙蕴奇，新黔企业公司总经理赵发智，南明烟厂贵阳厂经理兼重庆厂经理曾韵青，南明烟厂贵阳厂厂长李文裳，聚康银行、永岸盐号协理、新黔企业公司副总经理刘裕远。会议讨论的中心问题是恢复《励行月刊》。经过讨论，与会者一致认为，为了提高企业职工的业务知识和文化水平，推广业务经验，鼓励职工的正当娱乐，对提高职工福利采取有效措施，应组织一个企业职工俱乐部式的场所，并把月刊列为其具体内容的一部分。会议决定成立各企业的"同仁励行社"，由各企业负责人捐助基金，由刘氏弟兄提供中山东路四十五号房屋为社址。1946年夏天，"同仁励行社"正式成立，该社全称字数颇多：贵州银行、聚康银行、贵州永边销区官盐运销营业处、贵州仁边销区官盐运销营业处、黔仁盐业公司、新黔企业公司、中隆实业公司（即南明烟厂）同仁励行社。简称"同仁励行社"，口头上叫作"励行社"。月刊每期发行三千五百册至四千册，每册五百元。自1947年6月到12月，连续出版了18期。该刊的栏目有时评、经济论著、业务报道、人物介绍、消息报道、经济知识、文艺、同仁园地等。从月刊的内容看，有些文章，敢于揭露国民党政府的贪污、腐化、无能，为当时政局作了深刻的描绘，而且已反映出国民党

---

① 中国人民政治协商会议贵州省委员会文史资料研究委员会：《贵州文史资料选辑·第23辑》，贵州人民出版社，1986，第165页。

政府的真实写照。并且处处为人民着想，在当时独裁专制、白色恐怖的情况下，真可算是大胆而泼辣。该刊的发行确有一定的进步意义，不但对社员的思想教育起到了一定作用，而且在当时社会上也有一定的影响。①

三 盐商推动戏剧发展

古盐道繁荣以后，吸引了周边诸多艺人前往靠表演为生。而许多经商的人发财以后，为提高其素养或扩大商圈，常常会请一些艺人表演。一般表演的费用多是由大商人或者商会或者会馆提供。会馆是其会员重要聚会的活动场所，一般都建有戏台。会馆请来的戏班多是演唱其会员家乡的戏剧，如江西会馆主要是由江西籍盐商建立的，因此其表演的多是以江西那边的故事或者传说为戏剧创作原材料。除了会馆组织的戏剧外，还有所谓的"唱大戏"，其以"劝善惩恶""因果报应"为戏剧的主要内容，看过的人多，受益的人自然也多。街坊上的头面人物、富商大贾、盐业主人、盐船老板，为了娱乐，"好善乐施"，"普化众人"，常常组织唱戏。专门请来戏班，或在流动戏班到来的时候，在"大庙上"唱大戏。四乡各处的人都涌来看，不用买票，谁都可以进戏场。戏班费用由上述盐、船、街坊头领"凑份子"包。②

当时戏班演出，并无固定剧场，只是在各街道、庙宇、会馆等处，作酬神、办会或者地方官绅做寿宴客时承包演出。如大道观、吉祥寺、火神庙、四川会馆、万寿宫、湖北会馆、湖南会馆等处，每逢举办神会，都是要演戏的。演出的价格很便宜，三两银子就可以演唱一个早、午、夜台。除较大的庙宇、会馆有固定的戏台外，一般街道遇六月、九月间财神会、土地会要演剧时，则事先在十字或丁字路口处搭临时戏台，这被称为"过街戏"。观众摩肩接踵地站在街头翘首看戏，行人绕遭，交通阻塞。至于在固定的"戏敞坝"演出，则是选择适当的露天广场，搭好戏台，观众则可租用戏班准

---

① 中国人民政治协商会议贵州省委员会文史资料研究委员会：《贵州文史资料选辑·第23辑》，贵州人民出版社，1986，第166~169页。
② 中共赤水市委宣传部：《川盐入黔仁岸赤水》（内部资料），2007，第245页。

备好的高板凳坐着看戏。不过这种板凳不多，一般只几十条。矮凳放在前面，高凳放在后面。按"戏敞坝"地形的情况，戏台前面的左、右两侧也可以摆放。讲究的还在高板凳脚绑上一把大伞以遮风日。清嘉庆年间，贵州提学使李宗昉在其《黔记》中曾有竹枝词述及此事。其词云："板凳条条坐绿鬟，娘娘庙看豫升班，今天胜似昨天好，烤火连台演下山"（词中所指的娘娘庙在今指月街口，"烤火下山"即富贵图）。至于官绅宴客祝寿的堂会戏，一般都不让外人看。不过这类演出分内台、外台两种，内台戏不许外人参观，外台戏可任人自由参观。夜间演戏时，台上点的灯名为"满堂红"（两盏大菜油灯，周围均可点。每盏可容油一两斤，灯草分成三股点，每股有几十根灯草，挂在台口）。也有用牛油烛的，多支成一排，点在戏台前面。再讲究的就点铁线烛（以铁丝系烛心后始浇成烛），悬挂台口，通常点四支或六支。"过街戏"则很少在夜间演。[①] 川戏至今仍在黔地流传，在今天遵义市习水县土城镇仍有一些上年纪的老人在传唱，当地人称"唱玩意"，他们所唱的内容多是侠义精神，如关公、三国故事等。

第三节 川黔古盐道对贵州文化教育的影响

在川黔古盐道的发展过程中，形成了具有贵州特色盐文化、古道文化及民族文化。它们是贵州文化的重要内容，丰富了贵州地域文化，充实了中华文化，是中华文化重要组成。川黔古盐道的开通与发展对提高贵州民众文化水平、发展教育等方面发挥了重要作用。

一 促进了古道沿线地区文化水平的提高

从当时盐路沿途与非盐路之同属一府、地貌亦似的州县之间的人们文化程度差异的比较，可看出古盐道对于人们文化水平的深远影响。1939年，贵

[①] 中国人民政治协商会议贵州省委员会文史资料研究委员会：《贵阳文史资料选辑·第5辑》，贵州人民出版社，1982，第119页。

州省会暨各县识字人数统计表明，盐路沿线县份和非盐路县份的识字人数占总人口的比例即有较大差别，如第五督察区全区识字人数占总人口的比例为10.10%，其中盐路线上的桐梓为11.36%，赤水为14.68%，仁怀为11.14%，而非盐路上的正安为8.05%，湄潭、凤岗分别为8.6%、6.63%。①

二 促进了盐业管理中的文化考核发展

民国时期，关于贵州盐务工作人员的考核，基本实现制度化。其中考试是职员招聘的程序之一，也是考核的重要手段，在考核中作用很大。相关考试分为"甄用考试"及"在职人员补实及升等考试"。"甄用考试"是盐务机关选人、用人的考试；"在职人员补实及升等考试"是已在职盐务机关工作人员的考核考试。

在此考试考核制度中，有关在职人员补实或擢升等职缺之考试科目如下：国父遗教、国文（主要）、算术。需要时加考书法。而在职人员补实或擢升己等及戊等职缺之考试科目如下，普通必试科目：国父遗教、国文（考中文科员外班人员者此为主要科目），盐政概论（戊等）。上述考试制度在一定程度上推动了一部分人，特别是有志于从事盐务工作的人学习文化知识及相关专业知识，从而在一定程度上促进了贵州文化的发展。

三 促进了古道沿线地区民族文化认同

川黔古盐道的发展促进了古道沿线地区民族文化认同。汉文化成为川黔古盐道沿线地区的主流文化。从四川、陕西、江西、湖南、湖北等地迁入的汉族与川黔古盐道沿线各世居民族相互交流、相互交往、共同生产生活、共同开发川黔古盐道沿线地区。一方面，外省迁入者给当地带来了先进的文化和生产技术；另一方面，他们也向当地人学习了许多适应当地自然地理环境的生产技能和生活方式。川黔古盐道沿线各民族在经济生活、政治意识乃至

---

① 胡大宇：《丁宝桢与川盐入黔》，2000年纪念丁宝桢诞辰180周年暨学术研讨会大会发言稿，2000，第18页。

生活方式等方面的趋同和融合，使古盐道沿线地区各族人民的共同利益日益增多，相互依赖感日益增强。各族人民在共同开发川黔古盐道的过程中，形成了古盐道沿线地区开放性、包容性的民族文化和民族心理。

四 推动了古道沿线地区的教育发展

古盐道的发展带动了沿线各民族的文化教育发展。明清时期，贵州学校多以官方创办为主，其中也不乏私人赞助教育，但当时商人的社会地位及政治地位并不高，因此他们的诸多活动并未载入正史，即便记载也寥寥数语。光绪《增修仁怀厅志·人物》中记载"张氏自淳以盐商起家，修学校"。[①] 只是简单地描写了盐商张自淳修学校，具体的学校却没有记载。我们可从一些文人骚客的诗词中去追寻有关古盐道民族教育的情况，如雍正末年陈匡世《水西杂咏》："弦歌礼乐与诗书，无复当年宣慰司；从此版图同一道，西南文教化诸夷。"[②] 乾隆时期余上泗《蛮峒竹枝词》曰："好斗轻生意未忘，书声往往出幽篁；若教离却山崖里，谁向衣冠认紫姜。"作者注"紫姜苗与九名九姓同类，通汉语，喜读书应考，见者不识为苗也"。[③] 这些都描写了古盐道沿线地区的教育发展情况。当然，万历《贵州通志》、嘉庆《贵州通志》、道光《遵义府志》、道光《仁怀直隶厅志》、咸丰《安顺府志》、光绪《增修仁怀厅志》、民国《续遵义府志》等诸多志书中对文化教育的记载较多，但所记载学校多以政府主持修建为主，且大篇幅地描写祭祀儒学先师，对民间办学特别是民间商人出资办学记载甚少。

贵州近现代史上，一些经济实力雄厚的大盐商曾把部分资金转移到文化、教育领域，兴办学堂、印刷厂等。如清末民国初，贵州华氏家族华联辉、华之鸿、华问渠祖孙三代，以经营盐业积累的巨额资产，兴办文通书局、永丰造纸厂，兼及煤矿等其他实业，成为贵州著名工业家。华氏祖孙三

---

① 崇俊修，王椿纂《增修仁怀直隶厅志》，王培森校补，赤水市档案局、赤水市地方志办公室点校，中国文化出版社，2015。
② 《大定府志》，卷五十八，文征八。
③ 《大定府志》，卷五十八，文征八。

代是贵州早期民族资产阶级精英,在文化方面以创办文通书局最为著名。文通书局创办时间之早,在全国名列前茅。文通书局资本之雄厚,在当时国内亦令人瞩目。文通书局的印刷机械设备和永丰造纸厂的造纸机器设备,基本上均成套从国外引进,分别为日本、美国等制造。抗日战争期间,全国政治、经济、文化中心西移,给文通书局带来了千载难逢的机遇。华氏第三代企业家华问渠,看准当时全国人才汇集西南的机会,策划建立了"贵阳文通书局编辑所",集中聘请了国内外最著名的学者数十位,几年间编辑出版发行了有全国意义的第一流图书数以万册计;创立面向全国的《文讯》杂志;参与了由商务、中华、世界、大东、开明、正中几大书局组成的"国定本中小学教科书七家联合供应处",一跃而成为具有全国水平的集编辑、出版、营销于一体的文化出版集团,跻身全国本行业巨擘之列。[①] 大盐商华氏祖孙三代投身贵州文化建设的实践对发展贵州文化、教育事业起到了一定的积极作用。

第四节　川黔古盐道对西南地区文化教育的影响

川黔古盐道不仅是食盐流通的商道,在某种意义上它还是文化教育传播交流的通道。在古盐道上进行的经济贸易活动过程中,一些盐商在重大活动时通常请一些家乡艺人或戏班进行庆祝活动,或者邀请民间艺人进行演出;还有一些盐商或会馆出资办学堂、办报,助推教育发展。这些均促进了西南地区各地各族人民之间的文化教育交流。

一　有助于民族文化交融互动

涪边古盐道的主干线乌江干流,是川盐入黔的四条通道之一,是云贵高原上的交通要道,上控滇黔,下引巴渝,地处西南的咽喉地带。它还是文化传播交流的通道。乌江流域是汉族和土家族、苗族、仡佬族、彝族、蒙古

---

① 刘学洙:《"华家银子":近代贵州新生产力象征》,《当代贵州》2006年第7期,第55页。

族、回族、白族等民族杂居的重要地区。乌江流域文化体现了多民族文化交融，是西南重要的地域文化。它包含了渝东、鄂西、黔东北、黔西北等地区夏商以来的濮文化、楚文化、夜郎文化，也融合了移民到这些地区的侗、苗、彝文化，还融合了博大精深的巴文化。由于川盐销黔的影响，巴文化对乌江流域乃至贵州的文化影响更大。

川盐入黔的运销活动，促进了巴文化与乌江流域文化相互交流、影响，尤其是巴文化对乌江流域文化起到了促进作用。如四川的傩戏、阳戏、花灯戏等剧种随食盐运销先后传入乌江流域，并与乌江流域民情、风俗相结合，形成了乌江流域有特色的地方剧种，促进了乌江流域戏剧文化的丰富和发展。

部分地方受巴文化的影响更大，如沿河县的土家文化。沿河土家族是以古代巴人为主体的土著先民的后裔，其民俗文化被深深地打上了巴文化烙印。随着土家族与汉族密切交往，巴文化与汉文化彼此交融共同发展，共同进步。在漫长的历史长河中，形成了独特的土家民俗文化。有过赶年、摆手节、吃新节、牛王节、六月六等传统节日；民居、饮食、服饰、婚嫁、丧葬等习俗具有民族特色，有祭祀土王、崇拜祖先、笃信土老师等信仰。傩堂戏、打闹歌、摆手舞、肉莲花等文艺，针织挑花刺绣、藤竹草编织、木石雕刻等工艺都具有鲜明的土家民族特色和风格。土家山寨吊脚楼、土汉文化有机结合的淇滩古镇等地的"封火统子"、被誉为"南方农耕文化"典型代表的鲤鱼池土家三合院民居，是土家民俗文化中的亮丽风景。

二 促进了沿线地区民俗交流

古盐道在推动沿线地区政治发展、经济繁荣的同时，也促进了这些地区文化发展，衍生出独特的民俗形态、民间交易和运输的民俗、地区生活仪式习俗、民间信仰的民俗，形成了一些独特的节日文化。

古盐道沿线地区是各民族杂居的区域，汉族与少数民族如苗族、土家族、侗族、布依族、壮族等杂居。在长期的生产生活中形成了许多传统民族节日，孕育了诸多丰富多彩的节日文化，如"三月三""四月八""六月六""赛马节""踩花节"等富有浓郁民族特色的节日。在长期的交流交往中,因受汉族文化的影响,他们的节日都以农历计算,且和汉族一样过大年(春节)、清明节、端阳节、七月半、中秋节、重阳节。这些节日,极少数是某个民族所独有的,大多数是多个民族共同的节日。即使是与汉族相同的节日,也有体现其自身特色的一些习俗。这些特有的民情风俗构成了一道道亮丽的风景,是当今我国民族文化特色旅游的重要资源。

川黔古盐道在历史上有着不可磨灭的重大贡献,特别是在抗日战争时期,在西南地区发展史上有着同京杭大运河同样重要的意义。1949年以前,川黔古盐道为贵州民众的生存发展承载着历史赋予的重任,它是经贸往来的生命线及文化传播与交流的通道,而散布在古盐道沿线地区的产盐基地和运输港口为沿线地区的文化与经济做出了重要贡献。

围绕各个盐场和盐业运输古道而诞生的盐业节俗,有的已消失,有的发生巨变,有的保留至今。这些节庆文化,关系着盐业间的交流,可促进相互间的感情,增加行业团结稳定。①

三 促进了文艺的交流

随着川黔古盐道的发展,四川等地区的川剧、戏曲与贵州的黔剧、花灯在盐道沿线地区广泛传播交流,相互融合。

如前所述,四川的傩戏、阳戏、花灯戏等剧种随食盐运销先后传入乌江流域,并与乌江流域民情、风俗相结合,形成了乌江流域有特色的地方剧种。川剧在清代时开始传入贵州。"川剧,在清光绪年间由四川传入贵州。光绪十年,曾有四川泰和班进入贵州安顺。因地情、经济、文化的密切关系,川剧在贵州植根深厚,颇受欢迎,是最有观众基础的外来剧种。"② 川

---

① 学者龚锐在《乌江盐油古道文化研究》一书中对于乌江盐油古道沿线地区有关盐业的节庆活动进行了详细的叙述,如"王爷会""牛王节""放水节""打尘节""灶王节""婚俗",并且讲述了这些节庆是盐道沿线地区人们共同举行的活动,这些活动既有联系,又有各地区各民族自己的特色,丰富和发展了节庆文化。

② 贵州省地方志编纂委员会:《贵州省志·文化志》,贵州人民出版社,1999,第147页。

剧在贵州传播发展开始主要在靠近四川的黔北地区。在民国时川剧在贵阳地区开始演出,如"1911年11月14日,由黄齐生编写的新编历史川剧《大埠桥》在贵阳达德学校公演"。① 1927 年,川剧艺人魏香庭、熊昆珊等创办贵州第一个川剧科班"川曲班",时达 5 年,为发展川剧、培养梨园弟子做出了贡献。②

四 促进教育交流与发展

川黔古盐道的开通与发展,为当时科举考生提供了方便。贵州在未设科考之前,贵州考生要在昆明、成都参加考试,路上行程达半年之久,并且路途艰险,非常不易。川黔古盐道开通之后,考生顺川黔古盐道前往,既安全又省事。

川黔古盐道沿线地区的盐商或会馆还通过修建书院、学堂,请教育名家到书院讲学,资助读书人,以及创办报刊、印书馆等方式,促进了西南地区文化教育的交流与发展。

---

① 贵州省地方志编纂委员会:《贵州省志·文化志》,贵州人民出版社,1999,第 9 页。
② 贵州省地方志编纂委员会:《贵州省志·文化志》,贵州人民出版社,1999,第 9 页。

第六章
川黔古盐道与西南地区民族交往交流交融

　　历代中央王朝曾对川黔古盐道沿线地区各族人民实行"羁縻"政策。唐朝政府在贵州实行"羁縻州"政策，一直延续到元朝。元朝时期，当时政府则对这片地区实行土司制度。明代对西南少数民族地区实行"必威德兼施，使其畏威"策略，既使用军事镇压又采取政治安抚的政策。具体做法即设卫所，对少数民族实行军事管制；同时承认土司，对归顺的少数民族首领"用原官授之"，以达到让少数民族首领代表中央政府管理少数民族人民之目的。

　　川黔地区自古以来就是因不断移民而形成的多民族融合地区，而移民活动、民族交流活动和川黔古盐道亦有着重要关联。川黔古盐道沿线地区的民族除汉族外，还有土家族、苗族、侗族等少数民族。他们通过频繁的商贸和移民活动不断交流融合。特别是少数民族与汉族往来密切，互通婚姻。各种语言、风俗习惯不断碰撞和交流，此促使西南民族地区的社会状况发生系列改变，形成了多样性的民族关系和特征。

　　古盐道场镇的形成、发展，促进了各民族文化的交流与发展。贵州是一个多民族地区，各民族在这片土地上生产生活。但曾由于交通闭塞，各民族间的交往联系少之又少。盐道沿线的场镇发展起来以后，使各民族间的交流交往渐渐增多。加上外来人口的不断涌入，更是加大了少数民族与汉族之间的交往与联系，促进了民族间的和平交往与共同繁荣。

本部分拟搜集与整理川黔古盐道上民族分布、民族交流与民族融合的有关情况资料，总结各民族和谐相处、民族融合的成功经验，为今后进一步巩固发展良好的民族关系，促进民族团结、民族共同繁荣提供有益启迪。

第一节　川黔古盐道沿线地区的民族分布概况

"我国南方的民族，大都源于古代的四大族系，即氐羌、百越、苗瑶和濮人"。《贵州古代民族关系史》分析秦汉时期少数民族在贵州的分布如下："北部主要是濮人，南部是百越民族，西面是氐羌民族，东为苗瑶族系。"秦汉后西南地区得到开发，云南的氐羌族等不断进入贵州。于是"出现濮人衰落、氐羌东进、苗瑶西迁、百越北移、汉族南下的民族大迁徙，众多民族先后进入贵州而形成'又杂居，又聚居'的分布状况。在民族交流与融合中，形成众多的民族。"[①] 可见，很久以前，贵州已经成为多民族"五方杂处"之地。

一　仁边古盐道沿线地区民族概况

川黔仁边古盐道沿线地区民族指的并不是某一个单一民族，而是指居住在仁边古盐道沿线地区的许多民族。仁边古盐道沿线地区面积广，历史悠久，民族众多。历史上就有"红苗""白苗""仲家苗""濮人""红仡佬""花苗""青苗""青头苗""马鞍苗""猓猡""青仡佬""鸦雀苗""仡佬"等众多民族。

明代以前，仁边古盐道的主要干道即赤水河运盐道。赤水河流域从新石器时期就已有古人类活动出现。殷商时期，西南和中南地区已有中国历史上一支古老民族——濮人。1994年，在今仁怀市的云仙洞发掘出大量的陶器、石器，经贵州省考古研究所专家考证为濮人所有的生活器物，确定云仙洞为濮人洞穴遗址，成为濮人生活在赤水河流域的最好证明。春秋时期，赤水河

[①] 侯绍庄、史继忠等：《贵州古代民族关系史》，贵州民族出版社，1991，第18页。

流域开始出现早期的奴隶制邦国,赤水河中下游一带建立起鳛部、鳛国。秦统一六国后,在黔北地区的鳖国与赤水河中下游的鳛国之地建鳖县。直至西晋末年"八王之乱"时,流民起义首领李特率众攻下成都,独据巴蜀,为扩大和发展势力范围,其派李寿自黔北与赤水河流域,强行引"僚"入蜀,生活在赤水河中下游地区的濮人被迫离开世代居住之地,幸存下来者也逃往深山老林隐居下来。现在赤水河下游一带只留下崖墓、生基和带有蒲、僚、仡佬、山、甘等的地名。[①]唐朝在今贵州境内设府、州、县以征赋税,同时设立"羁縻州"管辖少数民族地区。宋代与唐代大体相似,在今天贵州乌江以北设置了诸多如羁縻州形式的统治方式,而此时在黔西、黔南建立的少数民族政权更多,他们与宋朝虽有一定联系却保持着相对的独立性。特别是元朝设置的土司制度,元朝在贵州设置了亦奚不薛宣慰司(后又改为顺元路军民宣抚司)、播州宣慰司、思州宣慰司等。其中,仁边古盐道所涉及范围就包含亦奚不薛宣慰司和播州宣慰司两个土司辖地。由于历史记载不多,特别是在封建时代,史学家们具有时代局限性,故而未能将"化外"之地历史记载得详细,但仍可从明朝各历史典籍中得知,明朝之前在仁边古盐道已有许多民族先民生活在这片区域。

明代,中央王朝对贵州的开发力度非常大,整个贵州发展迅速,对川黔仁边古盐道的各民族分布及迁徙都有巨大影响。在明朝的240余年的封建统治中,贵州的行政建制起了巨大变化,明初对土司实行改革,在贵州立卫所、屯、堡,加强控制的同时也加大了对贵州社会经济的开发,并在改土归流的基础上建立贵州布政使司。1413年,建立贵州等处承宣布政使司,从此,贵州省开始有了省的建制。川黔仁边古盐道上的各民族分布变动较大,特别是战争、贸易、移民等对盐道民族分布格局影响巨大,带动了沿线民族的迁徙。明代弘治年间《贵州图经新志》对川黔仁边古道的民族有如下记载:

"土著诸夷种类不同,俗尚各异。曰罗罗者,即古乌蛮,亦有文

[①] 苏林富:《赤水河中下游地区土司与明仁怀县的建立》(个人资料),赤水市档案馆。

字,类蒙古书,土司奉行易土字示其民;人深目,长身黎面,白齿,男子不挽髻去鬓……曰宋家者,其始中州裔,义居边徼而衣冠俗颇同华人,男女有别,授受不亲,其于亲长亦知孝。曰蔡家,与宋家杂处,风俗亦颇相类,故二氏为世婚。曰仲家,多楼居,好衣青,男子戴汉人冠帽,妇人以青布一方裹头,着细褶青裙多至二十余幅,腹下繁五彩挑绣,方幅如绶,仍以青衣袭之,其语言喁呷,居丧食鱼而禁鸟兽之肉,婚嫁则男女聚饮歌唱,相悦者然后论姿色,妍姥牵牛马多寡为聘礼,疾病不服药,为祭鬼而已,卜用茅或铜钱鸡骨,通汉人文字,以十一月为岁首。曰龙家,绾髻白布束之,妇人亦绾髻,皆以白布为衣,亦用汉人文字,以七月七日祭先祖甚……曰红仡佬,男子旧不着衣冠,今断作汉人之服饰,语言侏僂,妇人以毛布染红作裙,□□□谓之桶群。曰花仡佬,俗同红仡佬……曰东苗,男□髻着短衣,色尚浅蓝……曰西苗者,俗同东苗。曰紫江苗者,性犷,恶好杀,饮食粗秽,余俗与东西苗同。"[1]

由此,我们可以看到明代弘治年间,分布在仁边古盐道的少数民族的称谓就有"罗罗""宋家""蔡家""仲家""龙家""红仡佬""花仡佬""东苗""西苗"等称呼。贵州少数民族族类"实系风俗亦异,大抵标□野鹿淳朴,犹存各军卫,徙自中原,因沿故习,用夏变□□此马恃彼至愚无知者或及见变于□,重以江右川湖□商流徙,罢役逋逃,多为奸诈,诱群酋而长其机智而淳朴。俗尚朴实(旧志,郡人多中州之迁谪,故服食器咸尚朴实,间有侈糜者,群皆笑之),君子秀而文,其民勤而务本,人多气节,文教丕振,风气和平,不喜争讼,乐于怙推(旧志,民畏法,讷于讼,以怙退不争为贤),集场贸易(旧志,郡内多汉人,其贸易以十二支所肖为场市,如子日则曰鼠场,丑日则曰牛场,之类,□期则汉夷不问远近,各负货聚场贸易)"。[2] 发展至明万历年间,记载就较前详细,如万历年间成书的《贵州通

---

[1] 沈庠修,赵瓒纂《贵州图经新志》卷一,弘治刻本,第10页。
[2] 谢东山修,张道纂《贵州通志》卷三,嘉靖三十四刻本,1982年贵州省图书馆复印本。

志》卷三记载贵阳府"属□种类不一,风俗亦异,曰八番子者,服食居处与汉人同,妇人直项作髻,不施被饰,俱以耕织为业,获稻楷储之,刳木作臼,长四五尺,曰椎塘,每临炊始取稻和把入臼手舂之,其声丁东抑扬可听。曰苗人者,性喜杀,僻居,鲜□然然甚重信,亦知爱亲,每春暮闻鸦啼,则比屋号泣声振林谷间之,则曰禽鸟,去犹岁一至,父母死不再来矣,吾思吾亲,故闻鸦而泣。曰仲家者,奸究无义,多为寇盗。曰仡僚者,服鄙陋,饮食秽恶,余详见宣慰司"。①《明史》载:"西南诸□,有虞氏之苗,商之鬼方,西汉之夜郎、靡莫、邓、存、焚、焚之属皆是也。自巴、夔以东及湖、湘、岭价,盘据数千里,种类殊别。历代以来,自相君长。原其为王朝役使,自周武王时孟津大会,而庸、蜀、晃、擎、微、卢、彭、腹诸□皆与焉。及楚庄蹻王滇,而秦开五尺道,置吏,沿及汉武,置都尉县属,仍令自保,此即土官、土吏之所始欤。迨有明殖元故事,大为恢拓,分别司郡州县,额以赋役,听我驱调,而法始备矣。然其道在于羁縻。彼大姓目擅,世积威约,而必假我择禄,宠之名号,乃易为统摄,故奔走惟命。然调遣日繁,急而生变,恃功估过,侵扰益深,故历朝征发,利害各半。其要在于抚缕得人,恩威兼济,则得其死力而不足为患。"②对民族迁徙影响巨大的历史事件莫过于明朝实行军屯、商屯、平播之役、改土归流。屯田自汉代开始就在西南地区实行,只是当时规模不大。到了元代,屯田制度又在湖广、四川、云南三行省实行,在今天贵州境内,就有乌撒、普安等处设有军屯和民屯。明朝在今贵州开始大兴屯田,各府、州、县皆有,并伴随"开中"的实施,还往往带有商屯,《明史·食货志》说:"明初,募盐商于各边开中,谓之商屯。"商屯多数是募盐商于边地组织的。明朝屯田可以缓和人地矛盾,利于中央王朝实施"移民实边"政策,特别是民屯对"调北填南""以湖广填贵州"有着非常重要的作用。

清雍正五年(1727年),划四川、湖南、广西部分地方归属贵州,自此

---

① 《贵州通志》卷三,书目文献出版社,1990。
② 张廷玉等:《明史》卷30,中华书局,1974,第7981页。

贵州省的疆域确定。该时期对川黔仁边古盐道上各民族的记载相对增多，但正如《清史稿·土司》所说："无君长不相统属之谓苗，各长其部割据一方之谓□。"所以在清代贵州各少数民族的族称只是一个统称或者是他称，并不是该民族的自称。清朝田雯著《黔书》中记载有"黑罗罗本卢鹿，讹为今称。有黑白二种。居平远、大定、黔西、威宁者，为黑罗罗，亦曰'乌□'，黑大姓。俗尚鬼，故又曰'罗鬼'""白罗罗，永宁州募役司及水西皆有之……居普定者为'阿和'，俗同白罗罗，以贩茶为业""仡佬其种有五""剪头仡佬在新添""仲家，贵阳、都匀、镇宁、普安皆有""土人所在多有之""□人"等。① 这些称呼虽然详尽，却无法考证是自称还是他称，不过清朝对贵州少数民族的文献记载因处于封建时代，并没有客观的民族观，所以多蔑称。需要说明的是，土著、土民，不能简单地认为是某一个民族。刘锋把《百苗图》中的"土人""□人""冉家□"等归属土家族，而"土人"分布在贵阳、广顺等地，但今天的民族调查表明黔中地区未发现土家族的后裔，刘锋猜测原先分布在贵阳的土家族已完全汉化。② 《黔南识略》序中说贵州"其民多南楚西江之流移，一再传之后遂成土著"，③ 也就是说，罗绕典认为贵州的土著是移民之后。《贵州省穿青人的民族成分问题调查报告》认为："穿青人，古时称'土人'、'里民子'，是明初从江西强迫随军迁入贵州服役的汉人，形成了有地方特点的移民集团，曾在贵阳清镇一带居住，当时这一带是彝人土司统治的水西地区的边缘，也是汉人势力的前线。土司势力削弱后，他们向西迁入今织金、纳雍等地，清初改土归流移入的更多。"④ 由前述几种，可以看出，"土人""土著"并不是一个具体的民族，应该是不同地区外来民族对已居住民族的称呼，故而，每个地区都有"土民""土著"的记载，我们不能将其混为一谈。《黔书》《黔记》记载了整

---

① 田雯：《黔书》，罗书勤点校，贵州人民出版社，1999，第19～27页。
② 刘锋：《百苗图疏证》，民族出版社，2004，第292～293页。
③ 《黔南识略·黔南职方纪略》，杜文铎等点校，贵州人民出版社，1992，第15页。
④ 全国人民代表大会民族委员会：《贵州省穿青人的民族成分问题调查报告》（内部资料），1954，第4页。

个贵州的各个少数民族的族称及分布，依据其制作表6-1，由此我们可以清楚地对分布在仁边古盐道的各民族有一个系统了解。

表6-1 清代仁边古盐道少数民族族称及分布

	族称	分布地区		族称	分布地区
《黔书》	花苗	贵新县广顺州	《黔记》	倮罗	大定府
	东苗、西苗	贵新县		白倮罗	大定、安顺
	牂羊苗	广顺州		宋家苗	贵阳、安顺
	白苗	龙里县		蔡家苗	贵筑、修文、清镇、威宁、平远
	谷蔺苗	定番州		卡尤仲	贵阳、安顺
	黑罗罗	平远、大定、黔西		菠笼仲	贵阳、定番、广顺、安顺
	八番	定番州		狗耳龙家	安顺
	剪头仡佬	新添		花苗	贵阳、大定、安顺、遵义
	木老	新添、黔西		白苗	龙里、黔西
	仲家	贵阳		青苗	黔西、修文、贵筑
	土人	广顺、新贵、新添		东苗	贵筑、修文、清镇、广顺
	蛮人	新添		打牙仡佬	黔西、平远、清镇
	仡佬	平远		郭圈仡佬	平远州
				恷佬苗	散居各府县
				八番苗	定番州
				古蔺苗	定番州
				六额子	大定
				克孟牂羊苗	广顺州金筑司
				里民子	贵阳、黔西、大定、清镇
				鸦雀苗	贵阳
				葫芦苗	定番

注：表中未全部将《黔书》《黔记》里记载的贵州所有少数民族称谓列入，只是摘取分布于仁边古盐道的民族。

《黔书》成书于清康熙年间，《黔记》成书于清嘉庆年间，乾隆年间开通赤水河，嘉庆年间赤水河成为川盐入黔的一条主要运道，仁边古盐道得到快速发展，促使人们对仁边古盐道沿线的各民族有了更深的了解，故《黔记》记载了如此之多的民族群体。当然，这些民族群体族称，只是基于著书者的了解而写的，多数根据音译而出文字，但这不影响我们对文献的使用。

对清代贵州众多的族称进行现今民族归属，是个极为复杂的问题，时至今日仍存在争议。学者刘锋在《百苗图疏证》[①]中对《百苗图》的82个民族归属问题予以说明。后来，学者严奇岩在《竹枝词中的清代贵州民族社会》中对刘锋的民族归属进行添加。关于清代贵州少数民族归属，这里采用后者，如表6-2所示。

表6-2 清代贵州少数民族的归属情况

民族类别	民族族类
苗族	白苗、平伐苗、东苗、谷蔺苗、青苗、花苗、高坡苗、尖顶苗、箐苗、花仡佬、水仡佬、木佬、西苗、紫姜苗、九名九姓苗、克孟牯羊苗、黑苗、九股苗、八寨黑苗、黑生苗、黑山苗、天苗、生苗、西溪苗、爷头苗、洞崽苗、黑脚苗、红苗、六额子、白额子、鸦雀苗、葫芦苗、土仡佬、大头花苗、鱼家蛮
瑶族	瑶人、伶家苗、侗家苗、板瑶、生瑶、白瑶、黑瑶、熟瑶、箭瑶
布依族	补笼仲家、八蕃苗、白仲家、卡尤仲家、朗慈苗、侬苗
侗族	洞苗、清江黑苗、黑仲家、清江仲家、侗人、洪州苗、车寨苗、黑楼苗、罗汉苗、楼居黑苗、清仲家、六洞夷人、罗汉苗
水族	水家苗
壮族	仡僮、熟僮、生僮、斑衣僮、僮人
毛南族	佯僙
仡佬族	红仡佬、打牙仡佬、披袍仡佬、剪发仡佬、锅圈仡佬、猪屎仡佬、剪头仡佬、挖山仡佬、锅圈仡佬
彝族	黑倮罗、白倮罗、罗鬼女官、黄倮罗、红倮罗、乌倮罗、生倮罗
土家族	土人、蛮人、冉家蛮
白族	僰人
汉族	宋家苗、蔡家苗、杨保苗、里名子、白儿子
未定	狗耳龙家、大头龙家、曾竹龙家、马蹬龙家、白龙家、马尾龙家

资料来源：严奇岩，《竹枝词中的清代贵州民族社会》，巴渝书社，2009，第5页。

至道光年间，仁边古盐道已发展了近百年。仁边古盐道各民族也不断得到发展。由罗绕典修，成书于道光二十七年的《黔南职方纪略》中第九卷

---

① 刘锋：《百苗图疏证》，民族出版社，2004，第292~293页。

记载"大抵贵州所有苗种凡五十有二"①，52个"苗种"中分布于仁边古盐道的就达28种之多。可见，随着仁边古盐道的不断发展，仁边古盐道的民族群体在不断地增加。

咸同年间，盐运因战乱而断断续续，清政府为了筹集军饷，对商人进行搜刮，1853年，还特别创建了"厘金"制度。1854年，清政府命令厘金在全国范围内实行。厘金是属于商品过境税和交易税性质的捐税。厘金对象一是行商，二是坐商，征之于行商的称行厘（活厘），征之于坐商的称坐厘（板厘）。②原定厘金为商品价格的百分之一，但后来发展到百分之十。贵州各府、厅、州、县见征厘税有利可图，为了增收，在城镇、场镇和场市等地私设卡收税，征收对象也扩大到小贩。1860年，贵州设卡收厘税，贵东道道员韩超于1859年向贵州巡抚蒋霁远请示开收厘金时说："铜、松、思、石、镇、思一带，上达滇黔，下通川楚，为客商往来必由之路。其盐、茶、桐油、土药、麻布、竹、木、百货税课厘金，若道路无阻，办理得法，月可获万余金。"③最初在贵州设川黔仁岸、永岸、綦岸、涪岸及黔东的流塘、托口、龙溪共七个收厘税的局。1877年，贵州增设厘局，分别是：贵阳府、安顺、大定府（永岸、赤水、毕节、滥泥沟、威宁）、普安厅、兴义（黄草坝、白层河）、遵义府（城内、松坎、正安）、平越直隶州、永兴场、仁怀厅仁岸、镇远府（瓮洞、葡洞）、黎平府（丙妹、流塘）、思南府洛岸、思州府（龙溪口、玉屏）、铜仁府（查局、漾头司）、松桃厅五官坝。④到同治元年陆续增设到四十多厘局。厘金的实行，是清政府剥削百姓的一种手段，阻碍了商品的流通，极大地影响了川盐入黔，使原本脆弱的贵州商品经济变得更加脆弱，再加上连年战争，致使盐路不通，商旅不敢来仁边经商，仁边古盐道的发展及古盐道沿线各民族的发展都遭受了严重挫折。

贵州自咸同起义后，清统治者采取了招抚流亡、鼓励垦荒、招抚商人运

---

① 《黔南识略·黔南职方纪略》，杜文铎等点校，贵州人民出版社，1992，第378页。
② 《贵州通史》编委会：《贵州通史3·清代的贵州》，当代中国出版社，2003，第525页。
③ 贵州省文史研究馆校勘《贵州通志·前事志》，贵州人民出版社，1985，第745页。
④ 托津：《清会典事例》（第三册），中华书局，1991，第844页。

盐等措施，特别是1876年丁宝桢任四川总督，对仁边古盐道进行整顿之后，仁边古盐道逐渐得到恢复，古盐道沿线各民族的交流、迁徙、经商也逐步增加。将表6-1与表6-2做对比，再结合现今贵州各民族分布区域，可以看到分布于川黔仁边古盐道的民族就有今天的彝族、白族、仡佬族、布依族、仫佬族、苗族、汉族等民族以及待识别的民族群体穿青人，且分布区域与今天基本重合。可见，清朝时期，仁边古盐道民族分布格局已基本形成。

二 綦边古盐道沿线地区少数民族分布

除了汉族之外，川黔綦边古盐道沿线还分布着许多少数民族，或聚居，或杂居。川黔綦边古盐道上的食盐运输对古道沿线乃至整个贵州的少数民族的生产生活许多方面产生重要影响。

綦边古盐道从黔北到黔中再到黔南，可以说是覆盖了大半个贵州省。綦边古盐道从江津江口码头出发，经水、陆运输可抵达黔南之都匀府、荔波县等地区，特别是黔中、黔南一带历来就是少数民族的聚居区域，从表6-3可知。

表6-3 清代川黔古盐道经过主要地区少数民族族类

地区		民族族类
黔北	桐梓县	仡佬（革僚）、鸦鹊（雀）苗、红头苗
	遵义府	无亲辖地，治遵义县，有苗曰红头苗、青头苗、鸦雀（鹊）苗、革僚（仡佬）
黔中	贵阳府	宋家、蔡家、花苗、白苗、青苗、仲家
	平越直隶州	仲家、木佬、仡兜、西苗、紫姜苗
	定番州	青苗、白苗、仲家、摆榜苗、谷蔺苗、八番苗（八番老户）
	贵定县	青苗、花苗、仲家、仡佬、平伐苗
黔南	都匀府	夭家、木佬、黑苗、白苗、白仲、鸭崽
	独山州	狆家、水家、黑苗
	荔波县	水、佯、侗、僮、瑶、仲、伶

注：此表辑录于《黔南识略·黔南职方纪略》（贵州人民出版社，1992）、《独山州志》（《中国地方志集成·贵州府县志辑》，巴蜀书社，2006）。

分析生活在这条食盐运输线路上的少数民族分布情况，由表6-3可知：第一，种类多，以今天的民族识别来看，有苗族、布依族、侗族、土家族、彝族、水族、瑶族、壮族、毛南族、仡佬族等十几个民族；第二，少数民族人口比汉族人口多，在清代，这些地区除黔北外，黔中、黔南的少数民族普遍都比汉族多，如贵阳府乾隆时期"通计（贵阳）府属汉苗错处之庄一百七十有奇，苗寨一百一十有奇"①，少数民族占了府属总人口一半以上，荔波县"境内共五百九十四村寨，苗户一万八千一百零五户，汉民一千五百零三户"②，汉族人口甚至不足少数民族人口的十分之一。

三 涪边古盐道民族概况

作为西南地区连接四川与贵州的一条重要盐运古道，川黔涪边古盐道沿线分布着诸多少数民族。就贵州境内来看，这些民族大抵源自古代的百濮、苗瑶、百越、氐羌等四大族系，历史上是"武陵□""黔中□""五溪□"等生息繁衍之所。在乌江流域下游，主要是巴人后裔土家族，中上游则主要是濮人后裔仡佬族，土家族与仡佬族则为黔东北地区的"土著民族"。随着乌江航运的发展繁盛，彝、苗、布依、侗、白、瑶族以及汉族等不断进入乌江流域，使该地区人口剧增，他们在此和睦相处，相互学习，共同开辟耕耘这片美丽的土地，在长期的交往中形成了"你中有我、我中有你、大杂居小聚居"的民族分布格局。

涪边古盐道沿线地区的主要少数民族情况如下。

（一）土家族

涪边古盐道上的土家族，主要分在黔东北地区的沿河、思南、德江、印江、江口、铜仁等县（市），这一地区的土家族是湘、鄂、黔、渝四个省（市）边境邻近地区土家族共同体的一部分。在长期的演变过程中，逐渐形成了单一民族所固有的民族特征。

今贵州黔东北地区，古时为巴国边境，巴人就世代居住在这块土地上。居住在乌江边上的土家族，溯其族源，大多与古代巴人有关，据《华阳国

---

① 《黔南识略·黔南职方纪略》，杜文铎等点校，贵州人民出版社，1992，第27页。
② 《黔南识略·黔南职方纪略》，杜文铎等点校，贵州人民出版社，1992，第108页。

志校补图注》记载："其地,东至鱼复,西至僰道,北接汉中,南极黔涪。"① 经考证,"鱼复"为今重庆市奉节地区,"僰道"为今重庆市宜宾,"汉中"指今陕西汉中市,"黔涪"则为黔中及涪陵水(乌江下游)流域,包含了今天渝东南的涪陵、石柱、彭水及黔东北的务川、德江、沿河、印江等广大地区。又据刘琳所校注的《华阳国志校注》可知,"黔"为秦国时期的黔中郡,其所辖地域包含今天的湖南西北部、湖北、重庆、贵州等邻近地区。又曰"南及贵州思南一带"②。而"思南一带"包含了今天贵州思南以及印江、德江、务川、沿河等地。

《史记·西南夷列传》记载："始楚威王时,使将军庄蹻将兵循江上,略巴、(蜀)黔中郡以西。"而颜师古在《汉书》的注释中称："黔中,即今黔州,是其地,本巴人也。"据考证,黔中当为今天湖北省西南部、湖南南部以及贵州东部等大部分地区,原为巴国所辖之地,后来被楚国占据,也被称为"巴黔中"。根据《元和郡县制》记载,"黔州"领有务川、思王、思邛三县,辖地包括今思南、德江、务川、印江、沿河等地。而"本巴人也"即指当时居住于黔州的居民为"巴人"。又根据《十道志》记载:"楚子灭巴,巴子兄弟五人流入黔中。汉有天下,名月酉、辰、巫、武、沅五溪,各为一溪之长,号五溪□。"③据考证,其"兄弟五人"并非全部迁徙至五溪地区,而是一部分进入了五溪,一部分分散于长江沿岸,一部分仍留在了巴蜀地区。在巴国被秦所灭之后,在此地区先后设置了巴郡、南郡以及黔中郡,并设置里亭组织来进行管理,当时沿河等地仍属于其管辖范围。汉时的涪陵郡(今彭水郁山)曾被改名为巴亭,指巴人居住的地方。在两千年乃至更长的历史时期内,这一地区的民族成分,基本上不曾有过太大的变动。故而,自秦汉以来,巴人即今天的土家族作为世居民族便在贵州黔东北大部分地区繁衍生息。

秦汉以前,均以国命名,巴族在以川东为中心建立巴国后,"巴"成了

---

① 常璩:《华阳国志校补图注》,任乃强校注,上海古籍出版社,1987,第5页。
② 常璩:《华阳国志校注》,刘琳校注,巴蜀书社,1984,第378页。
③ 铜仁地区地方志编纂委员会:《铜仁地区志·民族志》,贵州民族出版社,2008,第32页。

国名，也成为族名。秦汉以后，开始以地域称族，将巴蜀之民统称为"南□"，"巴人"就包含在其中。汉将武陵山区的居民称为"武陵□"。三国将五溪地区居民称为"五溪□"，这些称谓均包含着土家族先民。在《华阳国志》中关于巴人有这样的记载：巴人的先民中，为廪君的后裔有賨、□、白虎复仪、板楯□等。到了唐宋时期，对土家族先民的称谓就比较详细，如"五溪□""彭水蛮""辰州□""夔州□""酉阳□"等。《太平寰宇记》中记载思州辖区的部分风俗："□僚杂居，言语各异。"又载"唐开元四年（716年），招集生僚以置"。① 这里把当时的思州境内居民都划归为"□僚"。宋代对土家族先民的称谓又有所变化，《宋史》中，将土家族先民称为"土人"开始出现了"土"字。《资治通鉴》中将田祐恭称为"思南□"，嘉靖《思南府志》中记载，"大观元年（1107年）番部长田祐恭愿为王民，始置思州"，将贵州土家族田氏政权称为"思州□"，田祐恭为番部长。

到了明清时期，对土家族的记载就更为详细。《明实录》中将思州、思南等地的土家族称为"土人"。《贵州图经新志》将务川、沿河等地的居民称为"土人"，他们说"土语"，"彼此不开谙，惟在官者为汉语耳"。嘉靖《思南府志》载："郡西北若水德、蛮□，若婺川，若沿河，号曰土人，有土□，稍平易近俗，而彼此亦不皆同。"可见，在思南地区，其民族以土人为主，是土家族的聚居区，这是毋庸置疑的。到了清代，土家族仍然被称为"土人"。郭子章在《黔记》中说道："贵州本夷地，一路诸城外，四顾皆苗□，而种类不同。自贵阳以东者苗为伙，而铜苗九股为悍，其次曰佯佬，曰佯僙，曰八番子，曰土人，曰峒人，曰□人，曰冉家□，曰杨保，皆黔东夷属也。"②

土家族的族称，在不同历史时期、不同地域有着不同的称谓。在明清"改土归流"后，汉人大量进入，出现"土家"这一明确的称谓，新中国成

---

① 乐史：《太平寰宇记》，中华书局，2007。
② 郭子章、杨曾辉等：《黔记诸考释》，贵州人民出版社，2013，第3页。

立后，通过民族识别工作，才确定了"土家族"这一称谓。

综上所述，土家族作为世居于黔东北地区的少数民族，其称谓经历了"巴""巴蜀""蛮夷""土人"等称谓，这些均为他称。而土家族则自称为"毕兹卡"，"毕兹"为"白虎"之意，因巴人廪君魂魄化为白虎，故白虎为巴人廪君，"卡"则为"家"或"族"之意，所以"毕兹卡"是"白虎家""白虎族"的意思。新中国成立后，国家通过长时间的民族识别工作，深入土家族地区，经过大量的调查，1956年，国务院将居住在湘、鄂、川、黔四省边境地区的"毕兹卡"确认为单一民族"土家族"。

（二）仡佬族

仡佬族，是贵州最古老的民族之一。居住在黔东北地区的仡佬族，其先民最早主要分布在汉江流域以及今川、滇、黔交界一带。春秋时期，楚国多次与濮人发生战争，致使一部分濮人迁徙。战国时期，仡佬族先民主要聚居在以下四个区域：一是今川、黔边境；二是今滇东、桂西一带；三是今黔西北、黔西南以及安顺地区；四是今乌江中下游的黔中、黔东地区。而居住在黔东的仡佬族，主要是泛舟溯乌江进入该地区，一部分在思南一带定居，一部分又继续沿乌江支流龙底江进入今天石阡境内，成为这片土地上最古老的民族之一，居住在乌江流域的仡佬族则被称为"古老户"，有"□□仡佬，开荒辟草"之说。

仡佬族源于古代"濮人"。商周时期，我国南方有部分族群被称为"濮"，当时其人口众多，支系纷繁，分布辽阔，因而被称为"百濮"。《华阳国志》称："有竹王者，兴于遁水。有一女子浣于水滨，有三节大竹流入足间，推之不肯去。闻有儿声，取持归，破之，得一男儿。长养有才武，遂雄夷濮。氏以竹为姓。"竹王后裔逐渐发展为西南地区一个强大的民族集团。又《史记·西南夷列传》记载："西南夷君长以什数，夜郎最大。"而夜郎所辖地域包含今天贵州黔东北大部分地区和云南东北部，而濮人是夜郎国支系较大的民族之一。《水经注》也曾记载，夜郎国的主体居民是"濮人"。仡佬族先民则是当时夜郎国管辖之下的人口较多的民族之一。春秋战

221

国时期，居住在广西境内的越人北上西进，进入西南地区，与濮人杂居相处，到魏晋南北朝时期，形成一个新的族群，被统称为"僚"，其中以濮人为主体的部分称为"濮僚"，以越人为主体的部分称为"俚僚"。《魏书》对僚是这样记载的："僚者，盖南□别种，自汉中达于邛筰、川洞之间，所在皆有。种类甚多，散居山谷。"到唐宋时期，"濮僚"又进一步分化，僚人中有一支将濮人文化特征保存得较为浓厚，被称为"葛僚"、"僚"或"仡佬"等，开始出现在史书中。明田汝成著的《行边纪闻》说："仡佬，一曰僚，其种有五……蓬头赤脚，矫而善奔……以布一幅，横围腰间，傍无壁积，谓之桶裙，男女同制。花布者为花仡佬，红布者为红仡佬。"① 可见，仡佬族的先民为"濮人"，部分为僚人中的一支。以上，仡佬族的称谓大致经历了"濮""僚""仡佬"几个阶段。

居住在乌江流域的仡佬族，由于所居之处河谷、山地、高原、丘陵、盆地相错分布，自然条件复杂，其多居住在山谷间的小平坝或盆地之中，有利于农业的发展。战国时期，仡佬族就已开始从事农业生产。元明清时期，大量汉族迁入贵州境内，在汉族的影响下，仡佬族的农业生产已开始使用牛耕以及其他先进的生产技术，生产生活中也逐渐形成了"杀牛祭祀""婚假论牯牛，大者为上"等习俗。

（三）苗族

贵州大部分地区，遍布着中华民族最古老民族之一的苗族，而黔东北也是苗族世居地之一。据《苗族简史》，早在五千多年以前，在长江中下游和黄河下游一带，逐渐形成了一个称为"九黎"的部落联盟，首领称蚩尤，苗族人也较为普遍地将蚩尤视为其祖先。逐鹿之战后，"九黎"部落战败，部分民众南渡黄河，聚居于长江中下游，到尧舜禹时期形成了新的部落联盟，史称"三苗"、"有苗"或"苗民"。《黔记·诸夷》记载："苗人，古三苗之裔也，自长沙、沅辰以南，尽夜郎之境，往往有之。"汉以后，除荆襄、江淮地区有一部分苗族分布外，大部分苗族主要聚居在

---

① 龚锐等：《乌江盐油古道文化研究》，民族出版社，2014，第74页。

湘、鄂、渝、黔毗邻地区的武陵郡，他们与其他居住在该地区的少数民族统称为"武陵□"。唐以后，随着社会经济的发展和人口繁殖，苗族在我国南方地位的重要性逐渐显现，引起了唐及以后历代王朝的注意，因而对苗族的认识也渐渐深入，于是"苗"逐渐从若干少数民族被统称的"□"中脱离出来，有史料记载："五溪之□……今有五：曰苗、曰徭、曰僚、曰仡伶、曰仡佬。"可见，"苗"已开始作为一个单一民族被记入史料中。到元明清时期，与苗族毗邻的其他少数民族常被误认为苗族，因而有"夷□""仲家苗""侗苗""水家苗"等称呼，以致"苗"成为西南地区少数民族的泛称。由于居住环境不同，各地区的苗族在服饰、居住、语言等方面也有所不同，仅在今天贵州地区的苗族，就有"花苗""黑苗""青苗""长裙苗""白苗"等不同风俗习惯的苗族，在新中国成立后，经过长时间的民族识别，其最后被统称为苗族。

战国时期，以苗族先民为主体的楚人进入黔东北地区，逐渐与土家族等杂居，成为该地区的世居民族之一。《黔南识略》记载："汉时，思南等地尚陷武陵蛮中。"《明史·贵州土司志》记载："其在水银山，介于铜仁、思、石者曰山苗。红苗之翼也。"明万历三十八年（1610年）贵州巡抚胡桂芳条陈："思南、石阡、铜仁等府苗众，蜂屯蚁聚，肆为寇暴。"[①] 方显的《辨苗纪略》也有记载："北至永顺、保靖土司，南至麻阳县界，东至辰州府界，西至四川平茶、平头、酉阳土司，东南至五寨司，西南至贵州铜仁府，经三百里，纬百二十里，周千二百里。"可见，在贵州黔东北地区，广泛居住着苗族。

在贵州黔东北地区，各县均有苗族分布，尤以松桃、道真、务川、思南为多。苗语属于汉藏语系苗瑶语族苗语支，分为三大方言，黔东北乌江流域地区的苗族属于西部方言，由于该地区受中原汉文化影响较早，故而现在的苗民通用汉语进行交流。

苗族族称有自称与他称之别。苗族自称又因方言而各异，居住在黔

---

① 铜仁地区地方志编纂委员会：《铜仁地区志·民族志》，贵州民族出版社，2008，第112页。

东北地区的苗族与湘西、渝东南境内的苗族属于同一个方言区，他们自称为 ghrax xongb（近音：仡熊）和 Noub（近音：楚）。在不同历史时期，苗族的他称也有所不同。在尧舜禹时期，华夏民族称苗族先民为"三苗"；到了秦汉，又称为"武陵□""五溪□""槃瓠□"；唐宋时期，称为"苗□""蛮□"；明清至民国时期，一直称为"苗""土苗""土民""土蛮"等。因苗族居住较为分散，一些古籍文献又按不同服饰或地域或与朝廷关系等因将苗族冠以"红苗""生苗""青苗""喇叭苗""高坡苗""黑苗""熟苗"等称谓加以区别。居住在黔东北地区的苗族主要有"红苗""黑苗"两种。

（四）其他民族

在今天黔东北地区，还居住着仡佬族、苗族、土家族、布依族、侗族、彝族、仫佬族、蒙古族、白族、回族、满族、羌族等少数民族。这些少数民族或是随着中央王朝开辟疆土、屯兵戍守进入黔东北地区，或是人口繁衍、迁徙至该地区，或因商屯、民屯等进入该区域，留在此世居。不论何种原因，各民族在该地区繁衍生息，与该地的世居民族和谐相处，共同生产生活，形成了你中有我、我中有你、共同繁荣的局面，促进了该地区多元民族文化的发展。

表6-4 川黔涪边古盐道现阶段少数民族分布情况

地区	土家族	苗族	仡佬族	侗族	彝族	瑶族	蒙古族	羌族
松桃县	√	√	√	√				
石阡县	√	√	√	√	√	√	√	√
德江县	√	√						
思南县	√	√	√				√	
沿河县	√	√						
酉阳县	√							

注：①打"√"为该县具有少数民族分布；②该表少数民族分布情况建立在笔者所调研的几个县，不涵盖涪边古盐道上所涉及的所有地区。

资料来源：龚锐等，《乌江盐油古道文化研究》，民族出版社，2014，第64页。

四　永边古盐道的民族概况

永边古盐道沿线地区的大定府、安顺府、兴义府和普安直隶厅在明清时期为少数民族聚居之地。据清代史籍记载：

大定府："大定府志载（指大定府亲辖地）：苗蛮凡六种：曰猓罗、曰侬家、曰苗子、曰六额子、曰革老、曰仲家。平远州志载九种：曰罗鬼、曰锅圈革老、曰披袍革老、曰剪发革老、曰仲家、曰蔡家、曰侬家、曰花苗、曰箐苗。黔西州志载十一种：曰仲家、曰宋家、曰蔡家、曰龙家、曰花苗、曰青苗、曰打牙革老、锅圈革老、曰六额子、曰猓罗、曰白猓罗。威宁州志载六种：曰猓罗、曰花苗、曰獠儿子、曰土老、曰龙家、曰童家。毕节县志载四种：曰猓罗、曰龙家、曰羿子、曰花苗"。① 水城厅："所辖夷人九种：黑白倮罗、獠儿子、干波罗即干夷、蔡家子、仲家子、花苗、白苗、黑苗、打牙革佬"。②

兴义府："（兴义）府亲辖境有苗二种：曰狆家、曰猓猡……兴义县有苗四种：曰狆家、曰獞、曰猓猡、曰獠人……普安县有苗五种：曰狆家、曰白猓猡、曰黑猓猡、曰獠人、曰老巴子……安南县有苗四种：曰狆家、曰猓猡、曰獞家、曰花苗……贞丰州有苗五种：曰狆家、曰獞家、曰白猓猡、曰黑猓猡、曰獠人……册亨有苗二种：曰狆家、曰獞家"。③

安顺府："府亲辖地'苗有仲家、花苗、侬家三种……至于倮㑩、仡佬、青苗、白苗。府治间亦有之'。郎岱同知：'其苗有蔡家、仲家、花苗、倮㑩、仡佬五种'。归化通判：'苗有班苗、花苗、卜侬三种'。普定县：'苗有仲家、青苗、花苗、仡佬四种'。普定县：'苗有仲家、青苗、花苗、仡佬四种'。镇宁州：'州属十三枝地方，惟蒙楚、公具、陇草、阿岔、木岗五枝，皆仲家、罗鬼杂居，此外更有蔡家、青苗、花苗、

---

① 黄家服、段志洪：《中国地方志集成·贵州府县志辑48》，巴蜀书社，2006，第220页。
② 《黔南识略·黔南职方纪略》，杜文铎等点校，贵州人民出版社，1992，第299页。
③ 黄家服、段志洪：《中国地方志集成·贵州府县志辑28》，巴蜀书社，2006，第384~385页。

仡佬共六种'。永宁州：'苗有仲家、蔡家、花苗、仡佬、倮㑩、瑶人六种'。清镇县：'苗有青苗、花苗、蔡家、仲家、仡佬、补苗、侬家七种'。安平县：'苗有九种：曰仲家、花苗、青苗、白苗、马镫龙家、蔡家、红仡佬、剪头仡佬、打牙仡佬'"。① 此外，据（咸丰）《安顺府志》记载，还有里民子、洞苗、苟耳侬、锅圆（圈）革老的少数民族。②

普安直隶厅有少数民族凡三种："罗罗，俗呼罗鬼，上游郡县多其族类……仲家，有三种：一曰卜龙、二曰克尤，三曰青仲……爨蛮，所部皆□人，分别有所谓爨□也"。③

因史籍记载少数民族种类众多，特以表格形式表述如下，以便于观阅，见表6-5。

表6-5　清代永边盐道沿线（贵州省）少数民族族类

地区		少数民族族类
大定府	府亲辖地	裸罗、侬家、苗子、六额子、革老、仲家
	平远州	罗鬼、锅圈革老、披袍革老、剪发革老、仲家、蔡家、侬家、花苗、箐苗
	黔西州	仲家、宋家、蔡家、龙家、花苗、青苗、打牙革老、锅圈革老、六额子、裸罗、白裸罗
	威宁州	裸罗、花苗、僰儿子、土老、龙家、童家
	毕节县	裸罗、龙家、羿子、花苗
	水城厅	黑白倮罗、僰儿子、干波罗即干夷、蔡家子、仲家子、花苗、白苗、黑苗、打牙革佬
兴义府	府亲辖地	狆家、猓猡
	兴义县	狆家、獞、猓猡、僰人
	普安县	狆家、白猓猡、黑猓猡、僰人、老巴子
	安南县	狆家、猓猡、獞家、花苗
	贞丰州	狆家、獞家、白猓猡、黑猓猡、僰人
	册亨县	狆家、獞家

---

① 《黔南识略·黔南职方纪略》，杜文铎等点校，贵州人民出版社，1992，第55～72页。
② 黄家服、段志洪：《中国地方志集成·州府县志辑44》，巴蜀书社，2006，第198～200页。
③ 六盘水市地方志编纂委员会：《六盘水旧志点校》，贵州人民出版社，2006，第243页。

续表

地区		少数民族族类
安顺府	府亲辖地	仲家、花苗、侬家
	郎岱同知	蔡家、仲家、花苗、倮㑩、仡佬
	归化通判	斑苗、花苗、卜依
	普定县	仲家、青苗、花苗、仡佬
	镇宁州	仲家、罗鬼、蔡家、青苗、花苗、仡佬
	永宁州	仲家、蔡家、花苗、仡佬、倮㑩、瑶人
	清镇县	青苗、花苗、蔡家、仲家、仡佬、补苗、侬家
	安平县	仲家、花苗、青苗、白苗、马镫龙家、蔡家、红仡佬、剪头仡佬、打牙仡佬
普安直隶厅		罗罗、仲家、爨蛮

由表6-5可知，生活在永边古盐道沿线的少数民族有着种类多的特点。如果以今天民族识别来看，有苗族、布依族、侗族、彝族、水族、瑶族、仡佬族、回族、白族、满族等十余民族。另外，在清代，大定府、安顺府、兴义府和普安直隶厅普遍存在少数民族人口多而汉族人口少的情况。如大定府亲辖地乾隆十四年，"汉户一万一千六百二十八，男、妇一万五千五百八十八；苗户九千七百八十，男、妇三万八百四十五"[①]，少数民族人口占总人口的66%。府亲辖地如此，更不用说邻边州县了。

第二节 川黔古盐道沿线地区的民族交流

川黔古盐道沿线地区人们长期以来在生产生活中就进行交往交流，在食盐贸易发展过程中，各族人民的交往日益密切，范围日趋广泛，规模也更加增大。这些交流体现在经济、文化等多方面。

川黔古盐道沿线（尤其是贵州地段部分）地区各民族大抵源自古时候的百濮、氐羌、苗瑶、百越四大族系。随着古盐道的兴盛与乌江、赤水河、永江、綦江航运的发展，汉族人口不断进入该地区，增加了该地区的人口，

---

① 黄家服、段志洪：《中国地方志集成·贵州府县志辑48》，巴蜀书社，2006，第586页。

与土家、布依、仡佬、苗、侗等民族杂居相处，各民族相对封闭的生活状况也渐渐被打破。随着中央王朝的控制不断深入与少数民族的不断发展，川黔古盐道沿线地区以民族经济交流、文化交流、语言交流等为主要内容的民族交流日趋频繁，民族融合日益加强，逐渐形成了"同中有异，异中共通"的民族大融合格局。

关于民族交流，按常规应从单一民族之间，或者具体多个民族之间的交流进行分析，但是因川黔古盐道沿线地区民族多、交错杂居，且相关资料少，本书仅从古盐道沿线地区本土民族与外来民族之间主要交流情况加以分析。

一　经济交流

（一）生产方式交流

涪边古盐道以乌江流域为主干道，综观整个乌江流域，群山环绕，崇山峻岭，堪称"山的王国"。自秦汉以来的几千年的时间里，乌江流域的少数民族均以农业和渔猎作为主要经济生产方式。《汉书·地理志》对武陵地区的农业生产记载为："火耕水耨，民食鱼稻，以渔猎山伐为业。"到唐宋时，这样的生产方式仍旧在缓慢发展，没有得到较大的改变。明清时期，随着川盐入黔及乌江航运的发展，内地先进的生产技术被带到了涪边古盐道沿线地区。尽管在1949年以前，古盐道沿线地区的某些地方尚存在"刀耕火种"的生产方式，但是采矿业、手工业等其他产业学习和采用汉族先进的生产方式。

居住在古盐道上的少数民族，大多"聚族而居"。随着中央王朝势力的深入、驿道的开通、航运的兴盛发展、交通的改善，古盐道沿线地区相对封闭的状态已被打破，民族分布格局逐渐由"聚族而居"转变为少数民族与汉族杂住。大量的外来人口的移入，带来了先进的生产技术、手工业产品以及丰富的劳动力，给古盐道沿线地区经济发展带来了新的生机与活力，极大促进了农业经济的发展和手工业的发展。

古盐道的开通，打开了贵州对外的大门，沿线地区的交通得到改善，带动了民族城镇的发展。这些城镇一跃成为贵州对外的重要经济商业活动中心，带动了村落和城市的发展，使大大小小的民族村落集镇形成了一个市场网络，促进了村落城镇间的经济往来与民族交流，推动了沿线地区的商业发展，出现了专门的商业、手工业，改变原来传统农业"一统天下"的局面，使沿线地区人们的生产方式观念受到冲击和改变。

（二）经济产品的交流

古盐道沿线地区经济密切交往主要表现在以下几个方面。首先，城镇兴起，集镇贸易不断扩大，贸易产品出现多样化。川盐入黔与航运的发展，直接催生了乌江边上各个城镇和集镇的发展，村落与村落间的联系不断扩大。大量商客的往来，将许多内地或西南地区其他省区的物资带入川黔古盐道少数民族地区。同时，少数民族也将土特产品等对外销售，扩大了物品流通，增强了少数民族经济的多样化发展。其次，少数民族的手工业得到进一步发展。随着古盐道的兴盛发展，大量的纺织业、染布等手工业开始出现。据清道光《思南府续志》载："弘治以来，蜀中兵荒，流移入境，而土著大姓将各空闲山地，招佃安插，据为其业，或以一家跨有百里之地者，流移之人，亲戚相招，缰属而至，日积月累，有来无去。因地产棉花，种之获利，土人且效其所为，弃菽粟而艺棉。"又有"郡守夏邑侯陈创造纺织局，觅寄籍之妇能纺三絮并工织者，教郡中妇女为之""女手纺织，固成大宗，以辑贸花，将花成线，周而复始，源源而来"。[①] 最后，不同类型的商号、商店在古盐道沿线地区发展起来。它们依托盐运发展起来的集镇码头，已不仅仅进行食盐的趸售。许多外来客商进入古盐道沿线地区后，开创了各类商号，这些商号经营商品种类主要有食盐、桐油、中药材、各类百货等。商品的增加，外来客商的进入，与古盐道上少数民族在经济上形成了互补的关系，外来的客商们在日常生活中需要向少数民族购买一些生活用品，尤其是土特产，而少数民族也会向客商们购买一些生产生活中所需的物资及商品，尤其是工业品。这样你来我往的经济

---

① 夏修恕修，萧琯、何廷熙纂《思南府续志》，贵州省图书馆复印本。

交往促进了沿线地区商品贸易的繁荣与发展。各民族也在经济交往中不断交流，增进了民族间的友好往来。

二　思想文化交流

在中华民族发展的历史长河中，各民族的发展都各具特色，形成了有本民族特色的思想文化体系，在宗教信仰、生活习俗、风俗习惯方面铸就了民族文化的多样性。当然正是这样的多样性推动了区域文化多样化发展。随着川黔古盐道的发展，外来文化被带入盐道沿线地区，在会馆、儒家文化教育、商业贸易等因素的催生发酵作用下，沿线上各民族之间的文化交流早已超越地域、超越陈规的"民族之别"的思想，打破了传统的思想禁锢，在思想文化上逐渐融为一体。据嘉靖《思南府志》，明清时期黔东北地区的少数民族均"蛮僚杂居，言语各异"，而随着涪边古盐道的发展，各大城镇集镇的兴起，外来人口的不断涌入，这一地区的少数民族从"务本力穑"逐渐转变为"渐习贸易"。

清康熙年间，重视义学的发展。"改土归流"与"开辟苗疆"后，清政府在贵州设置义学，通过思想文化教育的方式，加强对少数民族思想上的控制，以达到巩固自身统治的目的。此后，儒学思想在贵州少数民族地区得到普遍推行，对少数民族文化产生了广泛影响。虽然这种思想文化的交流具有很强的单向性、强制性，但是在客观上有利于思想交流和思想统一。

文化艺术上的交流融合也是古盐道沿线地区思想文化交流的重要内容之一。历史上，除黔东南、黔南部分地区外，其他地区都有过川剧演出活动，与四川相邻的黔北地区尤为流行。清末民初，遵义人修桥建屋，就有请唱川戏、以求吉利的习俗。庙会也请川戏班来遵义演"会戏"。1913 年，已有川剧艺人杜德安、余少唐、柳青和、廖树亭等在新城茶楼演唱川戏。1916 年，遵义始有川剧玩友结社活动。此间，虽有战乱骚扰，但川剧在贵州的演出活动此起彼伏，从未间断过。1913~1919 年，川剧在筑与京、湘剧呈鼎足之势。川剧艺人靠团结、剧目丰富、有观众基础而略胜一筹。1919 年，黔军总司令王文华（王殿伦）庆寿，从四川请来罗清明、刘玉宝、越华仙、小牡丹、四季红等川剧艺人在其公馆演出。这其间，还有杨春桃、周明轩、熊昆山、李焕斋、魏香庭等相继来筑献艺。1923年，川剧在贵州发展迅速。贵阳"黔舞台"（后更名为"安和茶园"），由川剧作季节性演出，活动范围延伸到雷家屯、九溪坝、旧州、镇宁等地。贵阳"同庆""宝庆"两剧场每日分两班演出川剧，盛况空前。1930年，贵阳张宝林率川剧班到郎岱演出。1931年，独山侯之玺邀蔡天鹏等到独山演出。川剧活动逐渐遍及全省。1926年，魏香庭在贵阳创办了长达5年的川剧科班"天曲班"，培养了一批新生力量，为川剧在贵州的普及和发展做出了贡献。①

外来剧种传入贵州后，与贵州的风土人情相结合形成具有地方特色的戏剧，如黔剧和贵州花灯。它们的形成"与巴蜀、荆楚、江南等外来文化密切相关。1950年以前，贵州的戏剧是以外地剧种占主导地位，其中川剧、京剧呈主流"。②花灯受川剧影响更大。"黔北花灯，以遵义地区为代表，受巴蜀文化影响，尤其受川剧的影响较深。花灯的唢呐腔，就是从川剧的唢呐腔演变而来。"③

三　语言相互影响

川黔古盐道沿线地区分布民族众多，并且许多民族有自己的语言。许多民族在其内部沟通皆用其民族语言，这在一定程度上不利于民族交往交流，正如李世钧《苗俗杂咏》所咏："榛榛狉狉万山中，八耳方言不一同；客至欲明真意绪，象胥先把语言通。"④但随着古盐道的开通，人口流动加大，各民族之间的交流逐渐增加，各族之间的交往不断加深，使各民族之间的语言及词汇相互借鉴，可做到语言上相通。川黔古盐道是连接四川与贵州主要通道，经济的交流带动了语言交流借鉴，导致川黔古盐道上通用的语言以川方言为主。正如赵从乐在《黔中竹枝词》所描述的那样："方言到处亦殊

---

① 贵州省地方志编纂委员会：《贵州省志·文化志》，贵州人民出版社，1999，第148页。
② 贵州省地方志编纂委员会：《贵州省志·文化志》，贵州人民出版社，1999，第142页。
③ 贵州省地方志编纂委员会：《贵州省志·文化志》，贵州人民出版社，1999，第145页。
④ 窦全曾修，陈矩纂《都匀县志稿》卷五，贵州人民出版社，2019，第51页。

途，楚些吴侬各异呼；若问黔娃声孰近，语音清脆似成都。"

古代贵州少数民族人口曾多于汉族人口，清嘉庆以后才出现汉族人口多于少数民族人口的民族分布格局。[①] 为了沟通，许多少数民族人民开始学习"客话"（汉语），以致后来古盐道沿线的一些少数民族能熟练使用汉语。《黔南职方纪略》记载川黔仁边古盐道上的仁怀县"居民汉户为多，苗族有仲家、罗罗、罗鬼、青革僚、红革僚、红头、鸦雀、马鞍十种。青□、白□、仲家能通汉语，渐染华风，余尚循□俗。无土司管辖。通属汉户十之六七，苗户十之三四，然苗汉无猜"。[②] 而地处川黔仁边古盐道贵州段的起始地区，更为明显。仁怀直隶厅"仁怀河西二里，水田较多，颇称腴壤。土城地气瘠薄，人民宜杂粮，汉户为多。土城与叙永厅、仁怀县二处交错，又为蜀盐商船屯泊之所，客户亦繁。苗惟马鞍一种，性淳，随所佃之土为居，迁徙无常。无土司管辖，通属皆汉庄，苗民零星散处，仅七八十户而已"。[③] 原本生活在这片地区的民族都各有语言，后开通川黔仁边古盐道促进了语言之间的相互学习，致使类似四川方言成为这个地区的主要沟通语言。发展至民国时期，川黔仁边古盐道不同民族语言的相互学习更为明显，如"苗族虽各有语言，到现在似有'汉语化'的趋向。因为这时民智开，交通较便，汉苗更觉混杂，苗语既不普通，自有学汉话的必要，所以现时苗人能说汉话的，闻较昔日增加不少。加之潮流变迁，一切事物名词，也跟着改变，如'都督'、'省长'、'洋笔'、'洋钱'等新名词，在苗话里，译不出相当名词，不得不用汉语来替代。每听他们互话，于格格不入里，常杂有汉话"。汉族的语言也在历史不断发展的过程中引入了诸多词汇，如"凡苗实聚多曰篡篡"[④] "谓看曰□，锁平声"[⑤] 等。再如蓝芸夫描写金沙县新场民国时期的苗族语言，如"'吃戛戛'，苗族祭神，将牛打死，祭神后，食其肉，

[①] 翁家烈：《清代贵州民族关系的变化》，《贵州文史丛刊》1987年第4期，第12页。
[②] 《黔南识略·黔南职方纪略》，杜文铎等点校，贵州人民出版社，1992，第309页。
[③] 《黔南识略·黔南职方纪略》，杜文铎等点校，贵州人民出版社，1992，第310页。
[④] 郑珍、莫友之：《遵义府志》，遵义市志编纂委员会办公室，1986，第567页。
[⑤] 郑珍、莫友之：《遵义府志》，遵义市志编纂委员会办公室，1986，第566页。

叫做'打戛'。因此汉人叫小孩吃肉（各种肉），也叫'吃戛戛'。'吃莽莽'，苗族叫吃饭为'吃莽莽'（莽字读阴平）。所以汉人叫小孩'吃莽莽'。'跷了'，苗族兄弟有人死亡，叫做'跷必当'。因此，汉人死亡，也说'跷了'"。①

在川黔古盐道上各民族之间语言的相互学习过程中还出现了一个极为特殊的群体"㹴人"。㹴人是一个半职业性的翻译族群，许多㹴人通晓几种语言。② 道光年间《大定府志》卷五十八记载，"凡仲家、仡佬、罗罗不能相识者常以㹴人称之"。再如清代舒位说："凡诸苗言语不能相谙者，类皆以㹴人相通传。"③ 由上可以看到川黔仁边古盐道的开通，为各民族语言学习提供了一个交流场所，为丰富各民族语言词汇做出了重要贡献。

第三节 川黔古盐道对西南地区民族发展的影响

今天所谓民族关系是指具体民族之间的关系，我国各民族称谓已经确定下来，研究民族关系确实不是复杂的问题，但在研究古代民族关系时就必须注意族界问题。历来各志书只记载了某一民族分布的大致区域，如何界定民族族界却是问题，史书中所记载的民族称呼众多，如贵州省各民族的族称在明清时期就存在很多，弘治年间《贵州图经新志》记载的族名就有20多个；乾隆时期《黔南识略》中也记载了诸如仲家、苗、仡佬、青仡佬、打铁仡佬、夷、㹴人等。而从今天的角度看，这些称呼有的是民族支系名称；有的是某个民族内部的特定群体，道光年间《大定府志》卷五十八记载"凡仲家、仡佬、罗罗不能相识者常以㹴人称之"④；有的是同一民族的不同

---

① 中国人民政治协商会议贵州省金沙县委员会文史资料研究委员会：《金沙文史资料选·第5辑》，1991，第164页。
② 刘锋：《百苗图疏证》，民族出版社，2004，第304页。
③ 舒位：《瓶水斋诗别集》卷二。
④ 黄家服、段志洪：《中国地方志集成·贵州府县志辑49》，巴蜀书社，2006，第130页。

发展阶段的群体,如不同时期进入贵州的汉族在生产、风俗习惯、经济生活等方面都各不相同,而明清时期将其视为单一民族记载,蔡家、宋家、屯堡人等就是例证。因此,研究民族关系应该注意其时代背景。

古盐道促进了沿线各民族在经济生活、文化心理、社会管理方面的快速发展。古盐道分布着汉、苗、彝、仡佬、布依等民族,因盐运的不断发展推动,各族在经济、文化、风俗等方面联系更加密切。也正是因为盐运带动了其他产业的发展,促进了各民族在各方面的共同性增多,提高了各民族对中华民族的认同。古盐道通过诸多场镇的集散功能,使各民族自觉或不自觉地参与到经济、文化的交流中来,场镇成为各族人民交流的纽带,同时将沿线各民族的文化、宗教、经济等各方面拉进整个中华民族文化圈,使地域文化之间得到交流发展而形成"大杂居,小聚居"的民族分布格局。这些民族共同生活至今,是各民族对他族文化、信仰、经济方式的理解与真诚尊重。诚如道光年间《仁怀直隶厅志》所记载的少数民族与汉族"兼居而无相妨害,兵民共处而世结姻亲"。① 川黔古盐道沿线地区的民族关系是古道沿线地区各族人民相互交往交流融合的历史产物。当然,这样的民族关系反过来又促进了川黔古盐道的全面发展。

一 促进了西南地区多民族融合

古盐道分布着彝族、汉族、苗族、仡佬族、布依族等民族,他们对西南地区的开发有着各自的贡献。以川黔仁边古盐道为例,川黔仁边古盐道的开通,带动了迁入民族与土著民族间的文化交流,影响了川黔仁边古盐道上的民族关系。一方面,古盐道发展为解决贫苦人民的生计提供了出路。各族人民加入川盐入黔的运输队伍之中,为解决贵州各族人民的食盐问题做出了积极贡献,同时彼此也加强了沟通与融合。民国时期,仁边古盐道上的贫苦民众,许多为生计充当了川盐入黔的背盐工。仡佬族"种庄稼难以维生,中

---

① 陈熙晋:《仁怀直隶厅志》,赤水市档案局、赤水市地方志办公室点校,中国文化出版社,2016,第438页。

青年男子常受雇于商家，背运盐和酒"。[1] 遵义县仡佬族"为了维持生计，许多人外出帮商家背运盐巴，背运酒。背运盐的路线是仁怀—锌厂—太阳—平正—纸房—构坝—苑梦—湖洋水—鸭溪，全程共150公里。主要是受雇于仁义、天合、泰和三家盐号。每人每次背盐75公斤，每运完一次，得盐9斤作报酬。1斤盐可换苞谷5升至1斗。因山路崎岖，时有土匪出劫，仁怀运盐至鸭溪需走5天，运盐者往往十人二十人成群结伴行进"[2]。川黔仁边古盐道上的仡佬族与周边各族社会底层的民众一样承担了传统时代盐运的艰辛，志书记载其艰辛情状："幼者十二三，老者五六十，无不以负盐为业也，数步而肩换，三里而息喘。"[3] 另一方面，随着川黔仁边古盐道刺激各场镇的发展，陕西、山西、福建、湖广、四川、江西等省区的汉族商人纷至沓来，以致时人感慨"蜀盐走贵州，秦商聚茅台"，这些因商业移民而来的民族在各盐运古镇开设盐庄、经营客栈、流动贩卖等，他们在当地定居生存，扩大移民成分的同时也影响了当地的文化，使川黔仁边古盐道沿线汉人群体进一步扩大，使自古以来少数民族人口多汉族人口少的格局在明清时期被逐渐打破。

民族融合的前提条件是民族人口的迁徙和杂居。清末至民国初年，仁岸盐运所需人员，除了以运盐为职业的专业船户和马队人员外，其余从事盐运的纤夫、背夫及其他杂活的农民，平均每天就有近万人。其中，赤水河河口至赤水县城一段，除一百多家专业船户外，每天全线需另雇纤夫五六百人。土城至二郎滩段，每日要雇用农民纤夫四五百人。二郎滩至马桑坪的陆路运输，因坡陡路险，驮马不能通行，全靠人力背运。参加运盐的人，每日人数在1000~2000人。茅台至鸭溪，每日有驮马七八百匹，背夫一二千人。鸭溪到刀靶水，每日有驮马三四百匹，背夫1000多人。刀靶水到扎佐，每日

---

[1] 贵州省民族事务委员会、贵州省民族研究所：《贵州六山六水民族调查资料选编·仡佬族·屯堡人卷》，贵州民族出版社，2008，第45页。
[2] 贵州省民族事务委员会、贵州省民族研究所：《贵州六山六水民族调查资料选编·仡佬族·屯堡人卷》，贵州民族出版社，2008，第41页。
[3] 任可澄、杨恩元：《贵州通志》，贵阳书局，1948，第109页。

有驮马四五百匹，背夫 1000 余人。上述驮马均为运盐专业户，背夫则大多是当地农民。① 人口如此频繁地流动，打破了原本聚族而居的状态，使各族社会结构得以重构，为各民族的融合提供了良好条件。在迁徙之后，迁入民族必会与土著民族发生文化冲突，但迁入民族与土著居民相互学习、相互体谅，从而达到民族关系的和谐。

对民族关系有较大影响的外部力量，就是民族迁徙和商业贸易活动。古盐道的开通有利于商业贸易活动的开展，同时又促进了民族的迁徙，因此贸易对民族关系的构建在和平环境下是最重要的方式，没有和平的环境，贸易就会被阻隔。贸易本来就是各民族关系一种不自觉的文化交流方式，是把各自的文明创造的商品互相交换的过程。参与贸易的群体本身就是文化的传播媒介，因此贸易无意中已经在对外传播本民族的文化。川黔古盐道以其特有的沟通功能为各民族提供了大迁徙的通道，同时缩短各民族之间的地域距离，加快了各地区民族的经济、文化交流，为民族的融合打下了重要基础。

二 促进了沿线地区民族经济社会的发展

互助合作是实现各民族共同繁荣发展的主要方式之一，也是改善民族关系的润滑剂。川黔古盐道的发展，促进了古盐道沿线地区形成互助合作的民族关系。川黔古盐道沿线一些少数民族地区在经济上相对落后一些，古盐道的开通推动了民族经济发展，缩小了民族地区经济发展的差距，为融洽的民族关系的形成提供了条件。实际上，这种融洽的民族关系是互益互补、互利互惠的，不仅对古盐道民族地区的发展和稳定具有重要意义，同时也对古盐道沿线的政治、经济和文化发展起着推动作用。

（一）提升了沿线民族地区政治地位

古盐道的快速发展，除了带动其沿线民族地区经济快速发展外，还促进了民族地区政治地位的提升。反过来，政治地位的提升，也为这些民族地区

---

① 中国人民政治协商会议贵州省仁怀市委员会学习文卫委：《仁怀文史资料·第 2 辑》，2005，第 137 页。

的经济、文化发展提供了保驾护航的能力。二者互帮互助，共同进步。下面以仁边古盐道的情况为例加以说明。

1736年，四川巡抚黄廷桂在黔边设仁岸（仁怀）、綦岸（綦江）、永岸（叙永）、涪岸（涪陵）四大口岸，此次将仁边中的仁岸设为川盐入黔的四大口岸之一，使仁边古盐道得到快速的发展。在仁岸刚列为四大口岸之一时，仍承袭1731年"移仁怀县治于生界之亭子坝，以遵义府通判分驻其地"的政策，1738年，移仁怀县驻于生界之亭子坝，该通判分驻该县旧城。盐运的繁荣，带来了巨大的人口流动。1745年，贵州总督张广泗奏准开赤水河道，赤水河流域由仁岸负责，盐船直达茅台村，更是沟通了沿线各民族的交流，致使仁岸的政治地位不断得到提高，"越今三十余年来，比户滋生，五方杂处，闽、广、蜀、楚之人云集"①，加之仁怀通判远驻赤水河，为方便管理，1776年，贵州巡抚裴清改仁怀县通判为"仁怀直隶厅同知"，经过两年改设机构，1778年，正式使用"仁怀直隶厅"这个名称。由仁怀县行政级别升级到仁怀直隶厅级别，正是乾隆元年以后仁边古盐道上的"仁岸"地位得到重视，最终影响了其行政级别的提升，这是仁边古盐道的开通在政治影响方面的具体体现。

在川黔古盐道发展的推动下，打鼓新场从一个小场镇发展成为县级行政区中心。打鼓新场，也称"新场"，1941年之前，一直属于黔西州或者黔西县辖地。打鼓新场介乎黔西、大定、仁怀、遵义四县之间，是川黔仁边古盐道与永岸古盐道的交汇点。因而其经济在明清时期的发展非常迅速，在清末民初，黔北有四大场镇，其中位列首位的就是打鼓新场，可见其经济之发达。1941年7月，设立金沙县，县治设在打鼓新场，领地系从黔西、大定、遵义三县划出，至今未变。总面积为2524平方公里，全县共划分为4个区，18个乡、镇，201个保。②

---

① 陈熙晋：《仁怀直隶厅志》，赤水市档案局、赤水市地方志办公室点校，中国文化出版社，2016，第4页。
② 中国人民政治协商会议贵州省金沙县委员会文史资料研究委员会：《金沙文史资料选·第5辑》，1991，第108页。

（二）有利于沿线地区民族经济的发展

古盐道开通以后，因地理位置优越，交通条件得到改善，便形成了诸多商业活动中心。这些商业活动中心逐渐发展成为场镇或者城市，逐渐把散居的村落连在一起，加强了城乡联系及民族交流，客商数量增加，往来的民族增多，与外地联系日益密切，促进了物资交流，对沿线民族经济发展起了推动作用。

古盐道的畅通和发展打破了"聚族而居"的民族分布格局，促使"少数民族汉族杂处"的民族分布格局形成。各民族在经济上具有诸多互补的关系，特别是客居在古盐道上的客商、客民需要向土著民族购买生活用品，而土著民族又需要向客商、客民购买一些生产资料及商品，这样又促进了贸易的繁荣发展。同时古盐道上的各民族多以寨为居住方式，但又不是非常集中，因此，逐渐形成了轮流赶场的商品交流方式，在一个区域里的不同时间、不同地点交换商品。在频繁的物资交流过程中，逐渐形成了互帮互助的民族关系，这样的民族关系又反过来促进了民族区域的合作与交流。古盐道沿线各族人民为古盐道的开通与发展去开河道、除险滩，花费劳力、物力、财力，形成大的经济活动，促进了沿线的社会经济发展。

（三）有利于沿线地区民族文化的发展

古盐道的发展，使这片区域的文化变得具有多样性。通过会馆、教育、商贸、城乡交流等因素的共同作用，古盐道上各民族的关系超越了地域差别、民族成分，在文化形态上逐渐融为一体。古盐道的发展，促使各民族在风俗习惯上也逐渐发生变化。过去"务本力穑，不事商贾"的民族，后来也"渐习贸易"，而在川黔仁边古盐道商贾聚集的地方，许多民族更是"民趋于利"。以盐换物，盐充当货币的功能。部分彝族、仡佬族、土家族开始穿汉族衣服，其他各民族男子也大多梳头着长衫。《贵州通志·土民志》载，黎平府境洞苗向化已久，男子俱薙发，"男子衣与汉人同"，"精通汉语"；布依族穿"汉装，通汉语"，以至有的"不知为苗人"；苗族"与汉民居相近者，言语皆与汉民同"；仡佬族"通汉语"，"作汉人之服饰"；彝族"衣饰一如汉人"。

三 有利于促进民族认同及国家认同

关于民族认同的定义,学界一直也有着不同看法,顾宗侠认为"民族认同指成员个体对自己所属的某个民族的身份归属认知和情感态度。它内容上包括对本民族历史、文化、风俗习惯、价值观念等的认同"。[1] 李海淑认为民族认同应从两个层面上讲:"一个层面是强调中华民族多元一体格局的整体性,即中华民族认同;另一个层面是多元一体中的多元的民族认同,即族群认同。"[2] 笔者认为民族认同就是各个民族中的个人对其所属的群体从文化、心理、生产方式、经济生活等各方面的承认及接受,同时愿以此而区别其他群体。

关于国家认同的定义,本书采用贺金瑞与燕继荣的相关看法:"是指一个国家的公民对自己祖国的历史文化传统、道德价值观、理想信念、国家主权等的认同,即国家认同。国家认同是一种重要的国民意识,是维系一国存在和发展的重要纽带。国家认同实质上是一个民族确认自己的国族身份,将自己的民族自觉归属于国家,形成捍卫国家主权和民族利益的主体意识。"[3]

虽然民族认同与国家认同定义不一样,但民族认同与国家认同并不相互矛盾,而是相互依存、长期共存的。

由于川黔古盐道沿线地势山高河急,因此食盐只能不停地转运到附近的场镇集散,从而产生了专门从事马驮的盐商,乾隆年间《黔南识略》记载"安顺所属,则兼多负贩"。[4] 他们长年累月往返于川黔古盐道上运送货物。明代中后期,逐步形成集中贸易的市场,仅合茅道一线已出现诸多集市。从文化生态学的角度来看,拥有各自文化的不同地方的族群在接触区域里所发生的融

---

[1] 顾宗侠:《论传统节日的民族认同功能》,辽宁大学硕士学位论文,2012,第11页。
[2] 李海淑:《宗教认同与民族认同的互动》,中央民族大学硕士学位论文,2005,第6页。
[3] 贺金瑞、燕继荣:《论从民族认同到国家认同》,《中央民族大学学报》(哲学社会科学版)2008年第3期,第7页。
[4] 《黔南识略·黔南职方纪略》,杜文铎等点校,贵州人民出版社,1992,第19页。

合是一种群体适应的文化生态。[①] 当这些族群适应了所接触区域的文化，逐渐调适出他们之间的相互认同的文化，便会使之共同繁荣发展。古盐道民族认同主要体现在以下几方面：一是信仰认同，二是经济生活认同，三是政治认同。

（一）信仰认同

川黔古盐道发展促使民族信仰多元化发展，如江西商人经商而带来的万寿宫，里面祭祀许真君；陕西商人带来关帝庙，祭祀关帝；福建商人带来天后宫，供奉天后娘娘；四川商人带来川主庙，供奉李冰；贵州商人带来忠烈祠，供奉黑将军；而当地各少数民族则信仰自然神。道光《遵义府志·风俗》记载：士民家必设香位于中堂，中大书"天地君亲师位"，旁列"孔子""文昌""关帝""灶神"各牌位，多至十余位，少则通书一纸……世奉释道像至三五罗列，板下位"长生土地"，并朝夕焚香，有祷祀，必于此。[②] 信仰众多，仅道光《仁怀直隶厅志》中就有"九宫十八庙"的记载。

认同他族信仰乃至逐渐形成共同信仰有利于解决民族矛盾，构建民族友好关系，相反，如果不尊重他族的信仰，就有可能会发生冲突。在川黔古盐道沿线，一个宫庙里供奉几个神灵已是常见，可见对异民族的信仰表现出真诚的欢迎，同时尊重该信仰，与其祭祀他们共同的神灵，积极接纳他们的信仰活动，往往可以迅速拉近民族之间的关系，从而为和谐的民族关系提供有利的条件。因此，信仰的认同对促进民族文化认同具有重要作用。但从另一角度看，也可看出各个民族对自己所信仰神灵的坚持，始终将自己的神灵作为最主要的祭祀对象。

（二）经济生活认同

川黔古盐道的开通，使各民族因场镇而发生经济关系，共同的经济生活成为可能，各民族人民之间的物品交流频繁。清代诗人郑珍在《吴公岭》中描述"蜀盐走贵州，秦商聚茅台"。各地盐商带来食盐，带走了诸如煤、铁、汞、硫黄、粮食、棉花、桐油、蚕丝、猪鬃、茶叶、白酒、白皮纸、五

[①] 黄玲：《言方行圆：盐马古道——沙溪区域的历史人类学考察》，《北方民族大学学报》（哲学社会科学版）2016年第1期，第61页。

[②] 郑珍、莫友之：《遵义府志》，遵义市志编纂委员会办公室，1986，第555页。

倍子、药材、禽畜产品、生漆、麻、竹木等古道沿线各民族的商品,运入长江,输至全国各地。盐运乃至商贸发展吸引大批的外地客商,繁荣了川黔古盐道沿线地区的民族经济。

随着川黔古盐道食盐运销的发展,川黔古盐道沿线地区出现了一大批新兴的贸易集镇。如复兴、丙滩、葫市、猿猴、土城、长沙、官渡、石堡寺、马桑坪、合马、沙滩、二合、茅台、坛厂、长岗、鲁班、吴马口、枫香、白蜡坎、鸭溪、八里水、懒板登、螺蛳堰、刀靶水、老君关、乌江渡等。这些场镇不仅成为商品交换中心,同时也成为周边民族的文化交流中心,成为民族文化交流的窗口。从民族学的角度看,一个场镇就是一个大的文化丛,在这个文化丛之下还有许多的群体文化的认同。如纤夫、背夫、船夫等群体都有自己对群体的认同,最后成立了诸多帮会,每个帮会都是一个族群的认同。川黔古盐道上的盐运主体来自不同民族、不同地域,他们却因盐运而拥有共同的经济生活,并且共同生活在同一地域,使用共同的语言,拥有共同的行业文化心理,形成一个新的群体,"对于一个感觉到共享同一种文化的群体来说,他们会把这种文化的一个事象和多个事象作为具有族群成员资格的基本凭据。"[1] 人是群居的动物,群体性存在可以给人带来安全感和自信心。盐运工作要求有团结协作性,这些盐运主体来自不同民族,但其中可能是同乡同村或是同宗同族或是来自农村的贫苦大众,在地位和文化背景上没有明显差别,各成员间往往有血缘或地缘关系,大多是沾亲带故,这种族群产生的文化同源性更能让他们相互认同,凝聚成一个社会团体,互帮互助,自由交流。从族缘性、地缘性和族群性这个角度来讲,背夫之间没有明显的利益冲突发生,他们之间不仅有传统道德伦理的约束,还有同为一族的族群认同。[2] 所以,共同的经济生活方式促进了川黔古盐道沿线地区各民族的认同。

---

[1] 斯蒂文·郝瑞:《田野中的族群关系与民族认同——中国西南彝族社区考察研究》,广西人民出版社,2000,第22页。
[2] 满黎、杨亭:《消失的背夫:对巴盐古道盐运主体的人类学考察》,《四川理工学院学报》(社会科学版)2014年第2期,第21页。

（三）政治认同

古盐道盐运的兴起反映了地方经济的发展，同时还反映出国家政权对地方政权有效控制的加强。贵州无盐，因此，明清以前，中央王朝在贵州实行羁縻制度，所实行的皆是以经济方式统治为主，其中以盐作为统治手段一直是其主要的手段之一。《宋史·南蛮下》就记载宋真宗咸平五年，"天赐州蛮向永丰等二十九人来朝。夔州路转运使丁谓言：溪蛮入粟实缘边砦栅，顿息施、万诸州馈饷之弊。臣观自昔和戎安边，未有境外转粮给我戍兵者。先是，蛮人数扰，上召问巡检使侯廷赏，廷赏曰：蛮无他求，唯欲盐尔。上曰：此常人所欲，何不与之？乃诏谕丁谓，谓即传告陬落，群蛮感悦，因相与盟约，不为寇钞，负约者，众杀之。且曰：天子济我以食盐，我愿输与兵食。自是边谷有三年之积"。因统治王朝给予盐，少数民族自愿纳粮供养来民族地区戍边的军队。同时也可看出，在宋朝时期，川黔古盐道上的民族已开始对国家具有一定的认同。明清时期，封建王朝将贵州正式作为其开发的对象。明朝在贵州实行"开中"制度。清朝初期采用"官督商销制"。为进一步开发贵州，从而开通赤水河、乌江作为盐运道路，使盐道得以发展壮大，促进了这些地区的贸易发展；进而使贵州布商"西走蜀之重庆、泸、叙，南走咸宁、平远、极于金川"，[①] 绸商"北以贾蜀，东以市楚"[②] 得以实现，同时也促使国家加强了对川黔古盐道上各民族的管理。

作为商贸和民族迁徙的重要纽带，古盐道的发展在一定程度上体现着国家意志。在区域与族群的发展中，古盐道是对古盐道沿线地区各民族融合进程清晰而完整的反映。国家对川黔古盐道的统辖、管理也反映了中央王朝与古盐道沿线少数民族地区的关系。

作为交通要道，古盐道沿线地区民族文化不断相互影响，频繁贸易，移民活动不断，形成了复杂多样的民族关系。这些民族在相互来往中互通婚

---

① 郑珍、莫友之：《遵义府志》，遵义市志编纂委员会办公室，1986，第502页。
② 黄家服、段志洪：《中国地方志集成·贵州府县志辑48》，巴蜀书社，2006，第622页。

姻。光绪《增修仁怀直隶厅志》中记载"杨氏，苗民王大妻也。乾隆三十一（1766年）四月，王大死，杨氏自缢殉节。署通判高伟详请，旌表"。①通过记载，可以看出封建时期的妇女婚姻生活的悲惨，不过从记载看，虽然没有记载婚姻过程，但从结果上看，当时汉族与少数民族通婚已时有发生，而通婚是民族融合最直接的方式之一。

古盐道沿线各民族曾共同斗争，逐渐形成了民族国家认同。贵州各族人民在反剥削斗争的过程中，参加人员突破了某一民族的范围，许多民族一起参与斗争、共同战斗，增进了民族友谊，增强了整个民族认同。特别是在抗日战争时期这种情况更明显。1937年，日本发动全面侵华战争，国民党政府被迫迁都重庆。自此，古盐道沿线地区各族人民除了承担大部分食盐运输之外，同时还担负着战时的各种物资运输，为抗日战争做出应有的贡献。如1939年1月，贵州省政府协调各地盐务部门，发动盐运古道沿线地区各族民众参与赶运川盐。按照财政部1938年10月电令贵州省政府"发动民众力量，以敏捷手段尽量多运食盐，分存各地济销"要求，贵州省政府指令赤水县政府征集民夫1500人，交由驻赤税警第十八大队第七分队点收，充作船夫之用，同时指出："现在赤水存盐甚多，亟须大批纤夫挽运"，要赤水县政府"迅将上开应摊夫额，分批拨由该分队部应用"。1939年8月21日，贵州省政府再令赤水县政府，在组织民夫赶运食盐时，组织"三十九岁以上，能负盐、整船、使用板车之人夫，编队拨给运销局派用，并严禁借故避匿"。②古盐道沿线地区各族人民在抗日战场的大后方支持抗日战争，为抗日战争的胜利做出了巨大贡献，古道沿线地区各族人民在抗日战争之中荣辱与共、同仇敌忾，对中华民族共同体的认同进一步加强。

多元信仰文化的并存在一定程度上缓和了各民族之间因文化不同而产生的矛盾，从而促进民族认同、国家认同。"国家利用商人团体、庙会组织、

---

① 崇俊修，王椿纂《增修仁怀直隶厅志》，王培森校补，赤水市档案局、赤水市地方志办公室点校，中国文化出版社，2015。

② 苏林富：《抗战时的赤水河川盐运输》，《贵州文史丛刊》2015年第2期，第42页。

神话以及大众文化中的象征性资源等渠道深入下层社会",① 如祭祀仪式使会馆、帮会组织神圣化,从而赋予这些组织更大的权威,并得到会众的承认,这样像镇江王爷、娘娘会、灯会等组织不只是区域团体,而且是权威的象征。随着盐运经济不断发展,古盐道被统治阶级有目地纳入官方话语中,并作为国家经济的一部分,国家因此不断借助古盐道发展为政治统治与军事服务,同时也为政府实施民族政策以及为民族地区的经济管理提供了便利。上述行为对维护古盐道沿线地区各民族社会稳定起到了积极作用,同时也将各民族拉入一个更大的民族群体,使各民族逐步融合为中华民族共同体。

川黔古盐道对西南地区不同区域、不同民族交往起着至关重要的作用。川黔古盐道不仅有利于中央王朝对西南地区的管理,更促进了西南民族地区的政治、经济、文化等的联系。古盐道的形成和发展反映了整个西南地区,特别是贵州省政治地位的提升进程,对贵州的发展起着重要作用,同时其亦成为连接不同地域、不同民族文化的纽带。其重要的历史作用不亚于"茶马古道""丝绸之路"。

自川黔古盐道开辟以来,各民族经济、文化都得到较快发展,省外商旅及民众不断迁入西南地区,并与沿线地区的彝族、苗族、汉族、布依族、仡佬族等民族杂居,促进了各民族交往交流交融。

川黔古盐道沿线地区的民族城(场)镇为各民族间经济、文化的交流提供场所,为各民族人民展现自己的文化提供机会。川黔古盐道城(场)镇成为各民族关系的重要纽带,促使各民族自觉或不自觉地参与古盐道的开发建设,并相互交流、学习。共同的生产生活地域、广泛的经济生活交往、密切的民族关系、风俗习惯的接近、民族文化的趋同等因素使各民族的文化差异逐步缩小,加深了各民族之间的联系,最终形成多元一体格局的民族分布格局。

---

① 杜赞奇:《文化、权力与国家:1900~1942年的华北农村》,王福明译,江苏人民出版社,1996,第22页。

结　语

　　川黔古盐道是西南地区重要的古官道商路，其中千里乌江的古盐道堪称"西南丝绸之路"。该古盐道不仅是川盐入黔、销黔重要通道，而且是西南地区极具重要意义的政治、经济、文化、民族融合通道，对西南地区政治国家化内地化、经济近代化、文化多样化、民族融合加强等多方面具有重要作用。

　　川黔古盐道的兴衰历史，既是西南地区尤其是川、黔两省交通发展史，又是西南地区尤其是贵州的政治发展史；同时也是西南地区各民族生产生活文化交流史，更是西南地区人们与自然的斗争史、经济社会发展的进步史。川黔古盐道对西南地区经济社会发展产生了重大影响。

一　经贸往来的生命线

　　"民以食为天，百味盐为先"。盐道的形成和发展关乎民生大计。川黔古盐道是历史上跨区域配置食盐资源的生命线，也是沿线经贸往来的主要通道，重要性可与"丝绸之路""茶马古道"媲美。川黔古盐道的开通与发展，促进了沿线地区经济的快速发展，直接影响着贵州大部分地区乃至西南地区经济社会发展。

　　在现代公路运输诞生以前，川黔古盐道是西南地区的交通大动脉之一，更是贵州与西南地区经济贸易联系的主要走廊。早在19世纪中期，古盐道沿线地区的商品交易就开始盛行。19世纪70年代后，贵州输入的主要商品有食盐（以川盐为主）、纱、布（以洋货为主）、棉花、绸缎和日用杂货等生活必需品。其中尤以食盐对人民生活的影响较大。贵州主要输出木材、矿产品、农副土特产品等。盐商们为了实现利益最大化，在运送食盐入黔时也捎带贵州紧缺的商品，尤其是工业品；返回时为避免空载而归，也捎带一些贵州的特产山货到成都、重庆等地进行销售。其中，涪边古盐道堪称古代贵州的一条黄金通道。满载食盐和其他工业品的船只溯乌江上运至思南再转销贵州各地，顺江而下的船只则装载桐油、生漆、五倍子等土特产品水运出黔，运销到川、渝。

  盐为人们生活的必需品，川黔古盐道民众用有限的收入或本地土货交换得盐。诸多大盐商将川黔古盐道沿线土特山货运销外省，同时将食盐或者外省洋货运入川黔古盐道沿线地区。此促进了经济交流，增强了经济联系，丰富了人们生活。

  古盐道的开通建设促进了交通的发展。贵州陆路崎岖难行，河道亦滩险水急，尽管贵州运道艰难，但鉴于食盐运输的重要性，政府也不敢懈怠，尽量挤出一些财力和物力来加强道路建设，疏通盐道，这在一定程度上推动了贵州水路、陆路等交通建设，如修建码头，整治河道，畅通航道，促进了贵州航运业的发展，进而促进了西南地区交通的发展。

  川黔古盐道在历史上有着不可磨灭的重大贡献，特别是在抗日战争时期，在西南地区发展史上存在着同京杭大运河同样重要的意义。抗日战争全面爆发后，贵州人口激增，食盐需求量猛增，为解决猛增人口的食盐问题，贵州省盐务机构在国民政府的领导下，在贵州省政府的大力支持下，对贵州食盐的运道，尤其是水运进行大规模的整治，从而使贵州的交通运输有了较大的改观，航运和公路建设亦都有较大的发展，使贵州往来四川、重庆等地更加方便，加强了西南地区的交通联系。

二　政治联系的黏合剂

  食盐是人们生活的必需品。自春秋开始，历朝历代都将食盐作为国家资源对其产销进行严格控制。盐政一直是古代政治制度的重要组成部分,盐税是国家财政的主要来源之一。盐的销售受到历代政府的严格控制,一直实行专卖制。因此,盐的管理、运输、销售都具有很重要的政治意义。

明朝采用"盐引制"调动商人帮助解决贵州驻军、官员经费问题。清政府实行"协款"制度,"清廷安排由四川、湖广协助饷银,以养活军政人员。"[1] 而产盐川、粤两省对不产盐的贵州实行"以盐补饷",实际是"以出场价将盐销给贵州"。[2] 而"四川以盐补饷较多,故占据了大部分销区;少数县为粤、淮、滇盐的销区,都允许盐商纳税后,可以专利运销贵州"。[3] 看起来好像是经济问题,但是实际上还是政治问题,是政治协调、政治互动的结果。

古盐道盐运的兴起发展既体现了地方经济的发展,也体现了地方政府与中央政府联系的加强,体现了盐道沿线地区各族对国家的认同加强。明清以前,中央王朝在贵州实行羁縻制度,所实行的皆是以经济方式统治为主,其中,控制运盐、销盐一直是重要手段。明朝以"开中"和"屯田"并行,加强对古盐道的开发,进而加快对贵州的开发和政治控制。清朝初期,采用"官督商销制",疏通赤水河、乌江等水运通道,使盐路更畅通发达,使贵州布商"西走蜀之重庆、泸、叙,南走威宁、平远,极于金川"[4],绸商"北以贾蜀,东以市楚"[5] 得以实现,同时也加强了国家对川黔古盐道上各民族的管理。

川黔古盐道沿线形成众多历史文化古镇。涪边古盐道沿线典型古镇有思塘镇、沿河镇、龚滩镇、淇滩镇等。仁边古盐道沿线有土城镇、打鼓新场镇、茅台镇、猿猴镇、丙安镇等。綦边古盐道沿线地区中具代表性的城(场)镇有郭扶镇、中山镇、赶水镇、松坎镇、新站镇等。永边古盐道沿线

---

[1] 贵州省地方志编纂委员会:《贵州省志·商业志》,贵州人民出版社,1990,第274页。
[2] 贵州省地方志编纂委员会:《贵州省志·商业志》,贵州人民出版社,1990,第274页。
[3] 贵州省地方志编纂委员会:《贵州省志·商业志》,贵州人民出版社,1990,第274页。
[4] 郑珍、莫友之:《遵义府志》,遵义市志编纂委员会办公室,1986,第502页。
[5] 黄家服、段志洪:《中国地方志集成·贵州府县志辑48》,巴蜀书社,2006,第622页。

较为典型的古镇有瓢井镇、清池镇、乐道镇、岩脚古镇等。这些古镇在当时不仅是商业中心和文化中心，更是政治中心和民间组织会馆与帮会的所在地。古道沿线各城镇政治中心的形成、发展及其之间的交流，加强了边远地区、农村地区间的相互联系，打破、改变了各民族原来的分布，进而促使贵州省政府加强了对这些边远山区、农村地区、民族地区的控制和管理，从而使省与属地之间、各地方之间的政治联系进一步加强。

往来于川黔古盐道上的食盐，对不产盐的贵州而言更是政治商品，不仅关系民生日用，更关系贵州的社会稳定。明朝采用"盐引制"，政府将食盐作为重要物资，以满足国家战略需求。1935年以前，贵州交通极不方便，且经济文化比较落后，再加上贵州为食盐纯销区，盐政一直未归中央政府直接管辖，主要由邻省盐务机构代管，贵州省政府协管。1936年，南京国民政府以150万元的协款和12万元教育附加费将贵州盐政管理权收归中央，这是贵州盐政管理纳入中央政府统一管理体系的标志。川黔古盐道的政治影响深刻地体现在密切了贵州地方政府与中央政府的联系，促进了贵州地方间的政治联系，也提高了贵州在西南地区的政治地位。

三　文化传播交融的通道

川黔古盐道既是食盐运销的通道，又是承载文化传播交流的通道，如涪边古盐道的主干线乌江干流。川盐入黔的运销活动，促进了巴文化与乌江流域文化相互交流与影响，极大地丰富了乌江流域文化，如四川的傩戏、阳戏、花灯戏等剧种随盐运先后传入乌江流域，并与乌江流域民情、风俗相结合，形成了具有乌江流域特色的地方剧种。

许多背盐工外出谋生或者盐商外出做生意，或多或少都会接触外部社会的各种文化信息，由此带来的是各民族文化间的相互交融，取长补短。川黔古盐道不仅是食盐流通的商道，在某种意义上它是承载文化传播交流的通道。在古盐道上的经济贸易活动过程中，一些盐商在重大活动时请一些家乡艺人或戏班进行庆祝活动，或者邀请民间艺人进行交流，这些均促进了各地各族人民之间的文化交流。川黔古盐道增强了西南地区各民族间的文化交流，作为中原文化、巴文化"引进来"，贵州文化"走出去"的重要交通要道，是中央对贵州地区官道的重要补充，是连接贵州各地区、连接贵州与西南地区各民族间文化交流、发展、融合的重要纽带。

此外，川盐古道对沿线地区各民族的饮食文化、节日文化、信仰文化均产生重要影响。促进了这些地区文化的发展，衍生出独特的民俗形态，如民间交易和运输的民俗、地区生活仪式习俗及民间信仰，形成了一些独特的节日文化。

一些盐商曾把部分资金转移到文化教育领域，兴办学校、印刷厂及报刊，推动了古盐道沿线地区文化教育事业的发展。如贵州大盐商华氏家族以创办文通书局最为著名。在抗日战争期间，华问渠看准当时全国人才汇集西南的机会，策划建立了"贵阳文通书局编辑所"，一跃成为具有全国水平的集编辑、出版、营销于一体的文化出版集团，跻身于全国本行业巨擘之列。

四 民族融合的润滑剂

在川黔古盐道开通以前，沿线地区的大部分民族村落均是以地域为基础，以亲族作为纽带建立起来的一个共同体。在这个共同体内部，人们之间的交往交流比较单一，主要属于族属内部之间的交往，尽管在一些村落里居住着不同民族，其族际的交往也仅限于这一区域间的交往。由于自然、经济、交通等各方面的因素，其对于共同生存区域之外的、与其他民族的交往交流更为有限。

川黔古盐道开通之后，许多川商、秦商，部分粤商、滇商往来于川黔之间，或经商、或旅居、或移民；许多贵州以外的西南各省穷苦人们来到古盐道沿线的码头、城镇谋生定居。他们沿着古盐道进入贵州腹地，与原来长期居住在这片土地上的土家族、布依族、仡佬族、苗族、侗族、汉族等民族交往、杂居，促进了民族地区场镇的形成与发展，带动了这些民族地区的经济文化交流乃至民族融合。许多民族自觉或不自觉地参与了古盐道的开通建设，促进了古道沿线地区民族文化认同，促进了多元一体民族分布格局的形成与发展。

川黔古盐道沿线地区各民族共同奋斗，协同发展，增强了民族凝聚力，增强了对中华民族的共同认同。抗日战争时期，虽地处抗日战场的大后方，古盐道沿线地区各民族提供兵员、提供物力和财力，大力支持抗日战争，为抗日战争的胜利做出贡献，增强了中华民族共同体的凝聚力。

川黔古盐道沿线地区各民族的杂居交往改变了古盐道沿线原来的民族居住结构。他们之间自觉或不自觉在经济、文化、政治等方面上进行交往交流，促进了该地区的民族交融，形成了民族关系新特点。与此同时，古道沿线往来民众与当地各民族广泛联系，互相借鉴，取长补短，在一定时期一定地区形成新的民族交流、融合的民族关系，从而促进古盐道的发展。

综上可以看出，川黔古盐道是明清以至近代西南地区经贸往来的生命线、政治联系的黏合剂、文化传播交融的通道、民族融合的润滑剂，促进了沿线地区经济社会发展、区域开发、民族发展进程及文化交融与互动。川黔古盐道是新中国成立前西南地区经济、政治、文化、社会等发展状况的重要观测点，深入开发利用川黔古盐道文化遗产，必将为新时代西南地区经济社会发展增添亮丽色彩。

参考文献

资料选辑或汇编

南开大学经济研究所经济史研究室：《中国近代盐务史资料选辑》第一册，南开大学出版社，1985。

南开大学经济研究所经济史研究室：《中国近代盐务史资料选辑》第二册，南开大学出版社，1991。

南开大学经济研究所经济史研究室：《中国近代盐务史资料选辑》第三册，南开大学出版社，1991。

南开大学经济研究所经济史研究室：《中国近代盐务史资料选辑》第四册，南开大学出版社，1991。

中国第二历史档案馆：《中华民国档案资料汇编》第三辑，江苏古籍出版社，1991。

中国第二历史档案馆：《国民党政府政治制度档案史料选编》（上下册），安徽教育出版社，1994。

地方志

四川南充盐业志编纂委员会：《南充盐业志》，四川人民出版社，1991。

贵州省赤水县志编纂委员会：《赤水县志》，贵州人民出版社，1990。

贵州省地方志编纂委员会：《贵州省志·交通志》，贵州人民出版社，1991。

贵州省地方志编纂委员会：《贵州省志·大事记》，贵州人民出版社，2007。

贵州省地方志编纂委员会：《贵州省志·人事志》，贵州人民出版社，1997。

贵州省地方志编纂委员会：《贵州省志·农业志》，贵州人民出版社，2001。

贵州省地方志编辑委员会：《贵州省志·财政志》，贵州人民出版社，1993。

贵州省兴仁县编史修志委员会：《兴仁县志》，贵州人民出版社，1991。

贵州省麻江县志编纂委员会：《麻江县志》，贵州人民出版社，1992。

贵州省遵义县志编纂委员会：《遵义县志》，贵州人民出版社，1992。

贵州省思南县志编纂委员会：《思南县志》，贵州人民出版社，1992。

贵州省镇远县志编纂委员会：《镇远县志》，贵州人民出版社，1992。

贵州省雷山县志编纂委员会：《雷山县志》，贵州人民出版社，1992。

贵州省黄平县志编纂委员会：《黄平县志》，贵州人民出版社，1993。

贵州省湄潭县志编纂委员会：《湄潭县志》，贵州人民出版社，1993。

贵州省晴隆县县志编纂委员会：《晴隆县志》，贵州人民出版社，1993。

云南省地方志编纂委员会：《云南省志·盐业志》，云南人民出版社，1993。

贵阳市志编纂委员会：《贵阳市志·商业志》，贵州人民出版社，1994。

贵州省台江县志编纂委员会：《台江县志》，贵州人民出版社，1994。

贵州省水城县地方志编纂委员会：《水城县（特区）志》，贵州人民出版社，1994。

贵州省毕节地区地方志编纂委员会：《毕节地区志·商业志》，贵州人民出版社，1995。

贵州省习水县地方志编纂委员会：《习水县志》，贵州人民出版社，1995。

贵州省龙里县志编纂委员会：《龙里县志》，贵州人民出版社，1995。

四川省自贡市盐务管理局：《自贡市盐业志》，四川人民出版社，1995。

贵州省贵定县志编纂委员会：《贵定县志》，贵州人民出版社，1995。

贵州省毕节县志编纂委员会：《毕节县志》，贵州人民出版社，1996。

贵州省独山县志编纂委员会：《独山县志》，贵州人民出版社，1996。

贵州省织金县志编纂委员会：《织金县志》，方志出版社，1997。

贵州省桐梓县志编纂委员会：《桐梓县志》，方志出版社，1997。

贵州省兴义县志编纂委员会：《兴义县志》，贵州人民出版社，1998。

贵州省普安县志编纂委员会：《普安县志》，贵州人民出版社，1999。

贵州省榕江县志编纂委员会：《榕江县志》，贵州人民出版社，1999。

贵州省纳雍县志编纂委员会：《纳雍县志》，贵州人民出版社，1999。

贵州省普定县志编纂委员会：《普定县志》，贵州人民出版社，1999。

贵州省赫章县志编纂委员会：《赫章县志》，贵州人民出版社，2001。

贵州省望谟县志编纂委员会：《望谟县志》，贵州人民出版社，2001。

贵州省亨册县志编纂委员会：《亨册县志》，贵州人民出版社，2002。

著作

田秋野、周维亮：《中华盐业史》，台湾商务印书馆，1949。

李建昌：《官僚资本与盐业》，三联书店，1963。

张学君、冉光荣：《明清四川井盐史稿》，四川人民出版社，1984。

李绍基：《民族学》，四川民族出版社，1986。

贵州军阀史研究会等：《贵州军阀史》，贵州人民出版社，1987。

陈锋：《清代盐政与盐税》，中州古籍出版社，1988。

抗日战争时期国民政府财政经济战略措施研究课题组：《抗日战争时期国民政府财政经济战略措施研究》，西南财经大学出版社，1988。

宋良曦、钟长永：《川盐史论》，四川人民出版社，1990。

王振忠：《明清徽商与淮扬社会变迁》，三联书店，1990。

李涵等：《缪秋杰与民国盐政》，中国科学技术出版社，1990。

陈然：《中国盐史论著目录索引》，中国社会科学出版社，1990。

丁长清：《民国盐务史稿》，人民出版社，1990。

侯绍庄、史继忠：《贵州古代民族关系史》，贵州民族出版社，1991。

韩大成：《明代城市研究》，中国人民大学出版社，1991。

吴永章：《中国南方民族史志要籍题解》，民族出版社，1991。

侯绍庄、史继忠、翁家烈：《贵州古代民族关系史》，贵州民族出版社，1991。

吴永章：《中南民族关系史》，民族出版社，1992。

夏鹤鸣、廖国平：《贵州航运史（古、近代部分）》，人民交通出版社，1993。

雷学华等：《中国少数民族简史》，河北教育出版社，1994。

张海鹏、王廷元：《徽商研究》，安徽人民出版社，1995。

贵州省档案馆：《贵州社会组织概览（1911~1949）》，贵州人民出版社，1996。

何静梧、龙尚学：《贵阳人物续》，贵州教育出版社，1996。

（美）杜赞奇：《文化，权力与国家——1900~1942年的华北农村》，王福明译，江苏人民出版社，1996。

吴慧、李明明：《中国盐法史》，台湾文津出版社，1997。

郭正忠：《中国盐业史·古代编》，人民出版社，1997。

林耀华：《民族学通论》，中央民族大学出版社，1997。

卢惠龙：《贵州六百年经济史》，贵州人民出版社，1998。

韦明桦：《两淮盐商》，福建人民出版社，1999。

费孝通：《中华民族多元一体格局》，中央民族大学出版社，1999。

韦东超等：《中国民族流变史》，湖北人民出版社，2000。

卢勋：《中华民族凝聚力的形成与发展》，民族出版社，2000。

朱正海：《盐商与扬州》，江苏古籍出版社，2001。

张小也：《清代私盐问题研究》，社会科学文献出版社，2001。

周均美：《中国会馆志》，方志出版社，2002。

刘经华：《中国盐务现代化：民国初盐务改革研究》，中国科学技术出版社，2002。

王日根：《明清民间社会的秩序》，岳麓书社，2003。

林文勋、黄纯艳：《中国古代专卖制度与商品经济》，云南大学出版社，2003。

何仁仲：《贵州通史》第4卷，当代中国出版社，2003。

刘锋：《百苗图疏证》，民族出版社，2004。

吴泽霖、陈国钧等：《贵州苗夷社会研究》，民族出版社，2004。

莫子刚：《贵州企业公司研究（1939~1944）》，贵州人民出版社，2005。

王文光等：《中国西南民族关系史》，中国社会科学出版社，2005。

尤中：《中国西南民族地区沿革史》，民族出版社，2005。

肖良武：《云贵区域市场研究（1889~1945）》，中国时代经济出版社，2007。

张建民：《明清长江流域山区资源开发与环境演变》，武汉大学出版社，2007。

尤中：《中国西南民族史》，云南大学出版社，2009。

严奇岩：《竹枝词中的清代贵州民族社会》，巴渝书社，2009。

田永国、罗中玺、赵斌：《贵州近现代民族文化思想研究》，浙江大学出版社，2012。

李浩：《国民政府主黔时期贵州盐政研究（1935~1949）》，中国经济出版社，2012。

李中清：《中国西南边疆的社会经济（1250~1850）》，林文勋，秦树才译，人民出版社，2012。

赵斌、田永国：《贵州明清盐运史考》，西南财经大学出版社，2014。

论文

（新加坡）姜道章：《论清代中国的盐业贸易》，张世福、张莉红译，《盐业史研究》1989年第2期。

顾文栋：《贵州近代盐荒论》，《贵州文史丛刊》1984年第1期。

钟长永：《四川井盐发展概述》，《四川文物》1984年第2期。

顾文栋：《贵州近代盐荒论》，《贵州文史丛刊》1984年第1期。

刘佛丁等：《帝国主义控制中国盐政权始末》，《南开经济研究》1985年第1期。

张端甫：《抗日战争时期的四川盐业》，《四川地方志通讯》1985年第2期。

刘佛丁：《中国近代食盐运销制度的变化》，《南开经济研究所季刊》1985年第2期。

凌耀伦：《抗战时期的自贡盐业生产及其特点》，《井盐史通讯》1985年第2期。

李建昌：《中国近代盐政论的探索》，《盐业史研究》1986年第1期。

千家驹：《关于中国的盐务史研究》，《盐业史研究》1986年第1期。

王仲：《袁世凯时期的盐务和盐务改革》，《近代史研究》1987年第4期。

翁家烈：《清代贵州民族关系的变化》，《贵州文史丛刊》1987年第4期。

史继忠：《贵州汉民移民考》，《贵州文史丛刊》1990年第1期。

顾文栋：《民初川盐行黔实行自由运销制的评议》，《盐业史研究》1991年第4期。

颜月、张良友：《自贡盐场在抗日战争中的地位和作用》，《盐业史研究》1991年第4期。

徐著奇：《川盐衡量》，《盐业史研究》1992年第2期。

张生：《论南京政府初期的盐税改革》，《近代史研究》1992年第2期。

金普森、董振平：《试论1927-1937南京国民政府对盐税的整理》，《浙江社会科学》1992年第3期。

罗益章：《川盐运道概述》，《盐业史研究》1992年第3期。

黄培林：《民国年间滇盐的产制管理》，《盐业史研究》1992年第4期。

李福德：《四川盐业发展概略》，《盐业史研究》1992年第4期。

刘经华：《抗战前夕缪秋杰对川盐运销制度的改革》，《文史杂志》1992年第4期。

刘经华：《缪秋杰盐政思想初探》，《江汉论坛》1992年第9期。

费孝通：《边区民族社会经济发展思考》，《北京大学学报》1993年第1期。

赵元凯：《民国初年四川盐税改革风波》，《盐业史研究》1993年第1期。

顾文栋：《抗战初期贵州食盐运销体制的变革》，《盐业史研究》1993年第3期。

（日）左伯富：《清代盐政之研究》，《盐业史研究》1994年第4期。

丁长清：《抗日战争和解放战争时期国统区的盐业公司》，《盐业史研究》1994年第4期。

顾文栋：《从清末到民国时期贵州盐税及盐价变动的剖析》，《盐业史研究》1995年第1期。

顾文栋：《抗战时期贵州盐运纪略》，《盐业史研究》1995年第2期。

钟长永：《抗日战争时期的四川盐业经济》，《盐业史研究》1995年第2期。

房建昌：《一九三七~一九四五年间伪蒙疆政权时期盐务述略》，《盐业史研究》1995年第2期。

鲍连和：《日本侵华时期的长芦盐业的开发》，《盐业史研究》1995年第2期。

宋良曦：《自贡盐业在抗战经济中的作用和贡献》，《盐业史研究》1995

年第 3 期。

吴强：《抗战时的云南盐业》，《盐业史研究》1995 年第 3 期。

母光信：《川盐入黔与仁怀的经济文化》，《贵州文史丛刊》1996 年第 6 期。

赵小平：《唐继尧时期的滇系军阀》，《盐业史研究》1999 年第 4 期。

张莹：《民国时期盐务机构述略》，《民国档案》2000 年第 1 期。

曾凡英：《论张謇的盐业经济思想》，《盐业史研究》2000 年第 1 期。

廖家财、谢茂林：《民初盐业管理改革思想述评》，《民国档案》2000 年第 1 期。

董振平：《一九二七至一九三七年南京国民政府盐税改革述论》，《盐业史研究》2000 年第 2 期。

张荣生：《清末至民国年间淮南盐区盐垦事业始末》，《盐业史研究》2000 年第 2 期。

程龙刚：《民国初期川盐破岸均税制研究》，《盐业史研究》2001 年第 3 期。

董振平：《论抗战时）国民政府食盐专卖制度的形成》，《宁夏大学学报》2001 年第 3 期。

梁华：《民国初期专商引岸制度改革与寻租》，《江西社会科学》2001 年第 3 期。

鲁子健：《近代外债与中国盐政》，《盐业史研究》2001 年第 3 期。

金普森、董振平：《论抗战时期国民政府盐专卖制度》，《浙江大学学报》2001 年第 4 期。

谭刚、范旭东：《在自贡重建久大盐厂原因述评》，《盐业史研究》2001 年第 4 期。

董振平：《1937～1941 年国民政府食盐运输制度述论》，《盐业史研究》2002 年第 1 期。

钱雪梅：《论文化认同的形式和民族意识的特性》，《世界民族》2002 年第 3 期。

李德成：《南京国民政府前期（1927～1936）盐务管理述评》，《江西社会科学》2002年第3期。

刘经华：《民国初各大盐区改革绩效分析》，《中国经济史研究》2002年第4期。

刘经华：《辛亥革命时的盐务改革》，《厦门大学学报》2003年第1期。

易继苍：《南京国民政府的盐税与统税改革》，《杭州师范学院学报》2003年第2期。

董振平：《论1927～1937年国统区食盐专商制与自由贸易制之争》，《盐业史研究》2003年第4期。

刘经华：《民国初盐务改革思想论析》，《盐业史研究》2003年第4期。

彭红碧：《论抗战时期自贡盐业的发展》，《康定民族师范高等专科学校学报》2004年第6期。

王赛时：《明清时期的山东盐业生产状况》，《盐业史研究》2005年第1期。

李星星：《论"民族走廊"及"二纵三横"的格局》，《中华文化论坛》2005年第3期。

刘彦群：《川滇黔古盐道与旅游开发研究》，《盐业史研究》2005年第4期。

韦浩明：《"潇贺古道"与唐朝以前岭南地区的民族融合——潇贺古道系列研究之五》，《广西梧州师范高等专科学校学报》2006年第1期。

周智生：《李伟等．茶马古道发展启示与西部多民族地区和谐社会的构建》，《理论前沿》2006年第2期。

吴海波：《清代盐业史料述略》，《盐业史研究》2006年第3期。

吴佩林、邓勇：《清代四川南部县井盐业概论——以清代四川南部县衙门档案＞为中心的考察》，《盐业史研究》2008年第1期。

鲁子健：《抗日战争时期的四川盐业》，《盐业史研究》2008年第2期。

韩海华、周斌星等：《茶马古道：民族文化之路》，《茶叶》2008年第3期。

贺金瑞、燕继荣：《从民族认同到国家认同》，《中央民族大学学报》

(哲学社会科学版）2008 年第 3 期。

杨雪松、赵逵：《潜在文化线路——"川盐古道"》，《华中建筑》2009 年第 3 期。

蒋文中、仇学琴、龙翔等：《论茶马古道上的民族茶文化交流与和谐之美》，《楚雄师范学院学报》2010 年第 1 期。

高地：《茶马古道：民族交流的纽带》，《交通与运输》2011 年第 5 期。

裴恒涛：《川盐入黔与赤水河流域的社会互动》，《四川理工学院学报》（社会科学版）2012 年第 3 期。

罗进、魏登云：《仁岸川盐入黔路线及其作用研究》，《安徽农业科学》2012 年第 5 期。

彭恩：《川盐古道及文化初探》，《文学教育（中）》2012 年第 9 期。

苏林富：《盐运与赤水河中下游地区的发展》，《人口·社会·法制研究》2013 年第 2 期。

彭恩、阂廷均：《清代川盐入黔与赤水河流域交通和城镇开发》，《青年与社会》2013 年第 5 期。

刘玲娣：《论茶马古道的历史意义与民族精神》，《保定学院学报》2014 年第 1 期。

满黎、杨亭：《消失的背夫：对巴盐古道盐运主体的人类学考察》，《四川理工学院学报》（社会科学版）2014 年第 2 期。

赵逵、桂宇晖、杜海：《试论川盐古道》，《盐业史研究》2014 年第 3 期。

陆邹、杨亭：《"巴盐古道"在"国家化"进程中的历史地位》，《成都大学学报》（社会科学版）2014 年第 5 期。

李郭：《川鄂古道石柱段的盐运文化及国家力量的渗透》，《重庆文理学院学报》（社会科学版）2014 年第 6 期。

赵逵：《川盐古道的形成与线路分布》，《中国山峡》2014 年第 10 期。

邓军：《川盐古道研究刍论——基于川盐古道的实地考察》，《盐业史研究》2015 年第 2 期。

王佳翠、胥思省、梁萍萍:《论川盐入黔的历史变迁及其对黔北社会的影响》,《遵义师范学院学报》2015年第2期。

苏林富:《抗战时期的赤水河川盐运输》,《贵州文史丛刊》2015年第2期。

邓军:《川盐古道文化遗产现状与保护研究》,《四川理工学院学报》(社会科学版)2015年第5期。

黄玲:《言方行圆:盐马古道——沙溪区域的历史人类学考察》,《北方民族大学学报》(哲学社会科学版)2016年第1期。

陈学:《五代盐政研究》,陕西师范大学硕士学位论文,2005。

宋志东:《近代山东盐政研究》,山东师范大学硕士学位论文,2005。

纪丽真:《明清山东盐业研究》,山东大学博士学位论文,2006。

肖良武:《云贵区域市场研究(1889~1945)》,厦门大学博士学位论文,2007。

吴海波:《清中叶两淮私盐与地方社会》,复旦大学博士学位论文,2007。

赵逵:《川盐古道上的传统聚落与建筑研究》,华中科技大学博士学位论文,2007。

张毅:《明清天津盐业研究(1368~1840)》,南开大学博士学位论文,2009。

潘荣阳:《抗日战争时期福建盐业经济管理研究》,福建师范大学博士学位论文,2009。

杨斌:《明清以来川(含渝)黔交界地区插花地研究》,西南大学博士学位论文,2011。

杨永福:《滇川黔相连地区古代交通的变迁及其影响》,云南大学博士学位论文,2011。

袁轶峰:《反客为主:清代黔西南民族地区的客民研究》,华中师范大学博士学位论文,2013。

裴一璞:《资源博弈与群体互动:宋元时期四川盐业地理与区域社会研究》,西南大学博士学位论文,2014。

后　记

自 2007 年考入四川大学攻读中国近现代史博士之时，本人就确定专攻贵州盐政史，并选定《国民政府主黔时期贵州盐政研究》为博士论文题目。岁月如梭，一下子过了十多年了。毕业后，在贵州民族大学工作。由于在校办工作，有幸与贵州民族大学原副校长杨昌儒教授成为邻居。杨校长上班来得很早，下班却回得很迟。或在早上，或在下班后，只要他有空闲，我就抓住机会，去他办公室向他请教。与杨校长交往，我受益匪浅，如"认真地、长时间专注某一领域研究，就是专家"，"贵州地方历史研究大有可为"，"思考产生思想，思想转化成思路，思路决定出路，出路就是活路"，"做成事只有两步，起好步，走稳下一步"等。这十多年我一直专注盐业史研究。为此，也取得一丁点进步。关于盐业史的研究，我发表了论文 14 篇，出版了专著《国民政府主黔时期贵州盐政研究（1935～1949）》。运气真好，此书 2013 年还获得了"贵州省哲学社会科学优秀成果奖著作类三等奖"。虽然只是三等奖，但对我鼓励、鞭策作用很大，让我能在学术之旅中走长长的一段路。围绕盐业史研究，我做了三个课题，其中一个是校级课题，另一个是贵州省社科规划办课题，还有一个是国家社科规划办课题，此书就是国家课题结题的研究报告。

2015 年，我申报的《川黔古盐道与西南地区经济社会发展研究》有幸被国家社科规划办立项了。庆幸之余，也倍感惶恐，一则怕自己水平有限做不好而辜负专家和国家对我的期望；二则当时自己在办公室工作，怕没有时间去调研。当然，我非常珍惜这来之不易的机会。立项通知下来之后，我就加紧谋划如何去做好课题。于是，四年来，没有了周末，没有了寒假和暑假，也没有了其他爱好和娱乐。过程虽然苦了点，但是有时还是感觉到快乐的，尤其是论文发表时，有些收获的喜悦。

几经奔波、几经煎熬，风雨之后迎来了太阳。课题终于结题了，心中坦然了很多。

课题能完成，书稿将付梓，离不开领导、同事、老师、学长、亲人等的关爱、支持和帮助！

在这里，首先感谢党和国家，是党和国家给了我们这么好的工作、学习、生活的平台，让我们无忧生活、安心工作科研！

特别感谢陈廷湘老师在我的盐业史研究中所起的指引作用。感谢欧阳恩良老师，欧阳老师博学多才、治学严谨，引导我走进学术殿堂。在邵阳师专时，欧阳老师就成为我的人生导师和学术引路人，在那时我就下决心，好好学习，以他为榜样，像欧阳老师一样成为一名学有所成的大学老师。欧阳老师为人和蔼、不计得失、不图回报、乐于助人，我的每一个进步、每一点成就都倾注了欧阳老师的心血、鼓励和帮助。

要感谢贵州民族大学原副校长杨昌儒教授。从杨校长那里，我学到了许多学问之道和为人处世之理。杨校长既是学者型领导，又是和善的学术长辈。对于我这个外地人来说，杨校长还是我在贵阳的贵人，在我遇到各种困难时，他和他的夫人总是无私地帮助我。

感谢四年多以来在调研川黔古盐道过程中给我提供过帮助的所有人。调研途中问题多、困难多。在此，要特别感谢贵州省发改委的庞洪处长、省文化厅的刘伟民处长、省旅发委的陈品玉领导等，他们为我的课题提出了许多很好的建议，并提供了大量帮助。特别感谢赤水市档案馆的领导和工作人员，他们为我在遵义的调研提供了非常大的支持和帮助！他们不仅为查阅课题档案及相关资料提供便利，而且无私赠送我大量资料，有价值的资料多达200本。衷心感谢赤水市档案馆苏林富老先生，他把一生收集的宝贵资料（其中许多是老先生个人写作但还没有发表的文章）无私地赠送给我，令我非常感动，向苏林富老先生这种无私提携后辈之情怀致敬！感谢丙安镇人民政府、土城盐业档案馆、仁怀市档案馆、石阡文广局和档案馆、思南文广局和档案馆、沿河档案馆、德江档案馆等为调研提供的大量帮助。感谢重庆市图书馆、重庆市档案馆、自贡市档案馆、自贡市盐业博物馆、中国盐文化研究中心等单位为调研提供了诸多无私帮助。他们热忱的待人方式、专业的工作水准令人难以忘怀。特别感谢中国盐文化研究中心曾凡英主任以及中心的老师们，应他们邀请，我连续5年参加他们举办的盐业史研究学术年会。在每次会议中，我不仅获得了非常好的交流学习机会，而且品尝了川菜美食。

感谢贵州民族大学各级领导，如原校长办公室主任何兴发，民族学与历史学学院陈玉平书记、董强院长，原民族学与社会学学院李相兴书记等，他们对我的课题工作给予了大力支持，为我完成课题提供了诸多方便。

感谢我的研究生蒙锡正、邰建文、刘媛、李林照、黎弘毅等同学。在近五年来的暑假和寒假，他们冒着酷暑和严寒跟我一起下乡去调研。白天或去档案馆查阅资料或去访谈，晚上整理资料，常常忙到深夜，第二天清早就得出发，没有好好休息，更没有去看看近在咫尺的旅游景点，风雨兼程，毫无怨言，我时常深感内疚！

感谢一直以来默默支持我的家人！他们知道我工作压力大，时间紧，一般情况都不打扰我。多年来，我岳父、岳母任劳任怨，照顾小孩，不辞辛劳打理好我的小家。多年来，我年迈多病的母亲一个人在老家。我感觉到她虽然很渴望我常回家看看，但是每每通话时，总是说家里很好，不用担心、牵挂等。当然，最应该感谢的人就是我的爱人贺菊莲，多年来，跟着我受苦受累无数。记得2016年7月30日，我已经买好车票准备8月1日带学生去调研。怀孕八个月的她，多么希望我在家里陪陪她，在家既要带小孩，又要做家务，但是考虑到我平时工作非常繁忙，自己支配的时间非常少，她还是鼓励我下去调研。后来她一边带小孩，一边还要进行教学工作和科研工作，经常晚上熬夜，经常背着小孩做科研。很难想象，在怀孕、带小孩的三年内，她竟然主持完成62万字的国家社科研究报告等。其艰辛、其困难难以一一道来，其坚强无法用文字表达。如果没有我爱人的鼎力支持、无私奉献，我的课题肯定完成不了。感谢我的家人,他们是我完成课题的无限动力!

书稿能够尽快出版,还要感谢社会科学文献出版社老师们的努力。分社邓泳红社长、宋静老师、张超老师等为我书稿的付梓提供了大力支持和帮助。在整个沟通过程中给我的感受是,他们待人热情、爽快,办事认真、细致、周到和干脆,且善于为他人着想。虽然我们未曾谋面,只通过几次电话,但是我们就像多年的老朋友,交往很自然,交谈很亲切。对他们的辛劳和付出表示诚挚的谢意!

最后还要感谢为我的课题提供帮助的诸多学者、专家,在研究过程中,我或借鉴了,或引用了,或参考了他们的研究成果。可以说,我的研究是站在学术前辈研究成果基础上的一点点进步,是对前辈相关研究的继承、丰富和发展。关于本课题的研究,还有诸多尚需进一步探讨的话题,书中亦尚有不尽如人意之处,还请方家批评指正!

李 浩
2020 年 11 月 20 日

图书在版编目(CIP)数据

川黔古盐道与西南地区经济社会发展研究/李浩著.--北京：社会科学文献出版社，2021.6
 ISBN 978-7-5201-7212-7

Ⅰ.①川… Ⅱ.①李… Ⅲ.①食盐-贩运贸易-关系-区域经济发展-研究-西南地区 Ⅳ.①F724.782 ②F127.7

中国版本图书馆 CIP 数据核字（2020）第 164145 号

川黔古盐道与西南地区经济社会发展研究

著　　者 / 李　浩

出 版 人 / 王利民
责任编辑 / 张　超

出　　版 / 社会科学文献出版社·皮书出版分社（010）59367127
　　　　　　地址：北京市北三环中路甲 29 号院华龙大厦　邮编：100029
　　　　　　网址：www.ssap.com.cn

发　　行 / 市场营销中心（010）59367081　59367083

印　　装 / 三河市龙林印务有限公司

规　　格 / 开本：787mm × 1092mm　1/16
　　　　　　印张：17.25　字数：263 千字

版　　次 / 2021 年 6 月第 1 版　2021 年 6 月第 1 次印刷

书　　号 / ISBN 978-7-5201-7212-7
定　　价 / 128.00 元

本书如有印装质量问题，请与读者服务中心（010-59367028）联系

△ 版权所有 翻印必究